능력 향상 SEASON 6

쉽게 배우고
생활에 바로 쓰는

(주)지아이에듀테크 오상열 저

동영상편집 최강자
캠컷

쉽게 배우고 생활에 바로 쓰는
동영상편집 최강자 캡컷

초판 1쇄 발행 2025년 7월 12일
초판 2쇄 발행 2025년 9월 20일

지은이 (주)지아이에듀테크 오상열
펴낸이 한준희
펴낸곳 (주)아이콕스

디자인 프롬디자인, 홍정현
영업 김남권, 조용훈, 문성빈
경영지원 김효선, 이정민

주소 경기도 부천시 조마루로 385번길 122 삼보테크노타워 2002호
홈페이지 www.icoxpublish.com
쇼핑몰 www.baek2.kr (백두도서쇼핑몰)
이메일 icoxpub@naver.com
전화 032-674-5685
팩스 032-676-5685
등록 2015년 7월 9일 제 386-251002015000034호
ISBN 979-11-6426-267-0 (13000)

※ 정가는 뒤표지에 있습니다.
※ 잘못된 책은 구입하신 서점에서 교환해드립니다.

이 책은 저작권법에 따라 보호받는 저작물이므로 무단전재 및 복제를 금하며, 책의 내용을 이용하려면 반드시 저작권자와 ㈜아이콕스의 서면동의를 받아야 합니다. 내용에 대한 의견이 있는 경우 홈페이지에 내용을 기재해 주시면 감사하겠습니다.

저자의 말

36년째 컴퓨터와 스마트폰 강의를 하면서 늘 고민합니다. "더 간단하고 쉽게 교육할 수는 없을까? 더 빠르게 마음대로 사용하게 할 수는 없을까?" 스마트폰에 대한 지식이 없으며 한글도 영어도 모르는 서너 살 아이가 컴퓨터와 스마트폰을 사용하는 것을 보고 어른들은 감탄합니다.

무엇을 배울 때 노트에 연필로 적어가며 공부하던 아날로그적 방식으로 첨단 기기를 배우는 것보다, 어린 아이들처럼 직접 사용해 보면서 경험적으로 습득하는 것이 가장 빠른 배움의 방식입니다. 본 도서는 저의 다년간 현장 교육의 경험을 살려 꼭 필요한 방식으로 쉽게 접근할 수 있도록 했으며, 책만 보고 무작정 따라하다 발생할 수 있는 실수와 오류를 바로잡았습니다. 컴퓨터를 활용하는 데 꼭 필요한 핵심 내용을 중심으로 집필했기 때문에 예제를 반복해서 학습하다 보면 어느새 원리를 이해하고 활용할 수 있는 단계에 오르게 될 것입니다.

쉽게 배우고 생활에 바로 쓸 수 있게 집필된 본 도서로 여러분들의 능력이 향상되기를 바랍니다. 물론 본 도서는 여러분의 컴퓨터 능력을 향상시킬 수 있는 수많은 방법 중 한 가지라는 말씀도 드리고 싶습니다.

교육 현장에서 늘 하는 말이 있습니다.
"컴퓨터는 종이다. 종이는 기록하기 위함이다."
"단순하게, 무식하게, 지겹도록, 반복하세요. 단.무.지.반! 하십시오."
처음부터 완벽하지는 않겠지만 차근차근 익히다 보면 어느새 만족할 만한 수준의 사용자로 우뚝 서게 될 것입니다.

끝으로 이 책이 나올 수 있도록 도움을 주신 지아이에듀테크, ㈜아이콕스의 임직원 여러분들께 감사의 마음을 전합니다.

㈜지아이에듀테크 오상열

QR 코드 사용법

★ 각 CHAPTER 마다 동영상으로 더 쉽게 학습할 수 있도록 QR 코드를 담았습니다. QR 코드로 학습 동영상을 시청하는 방법은 다음과 같습니다.

01 Play스토어에서 네이버 앱을 ❶**설치**한 후 ❷**열기**를 누릅니다.

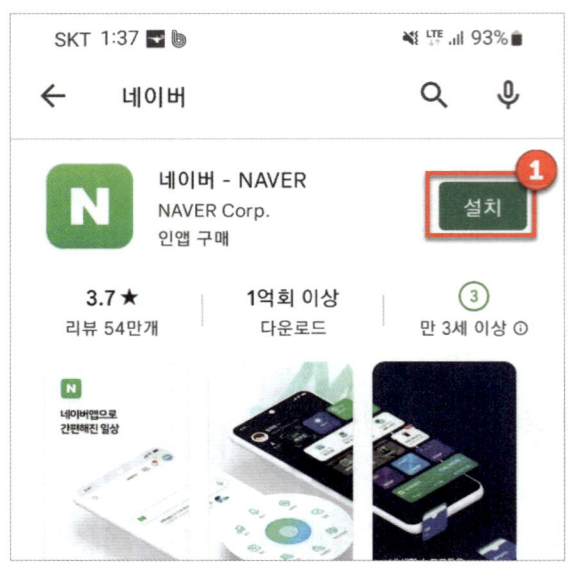 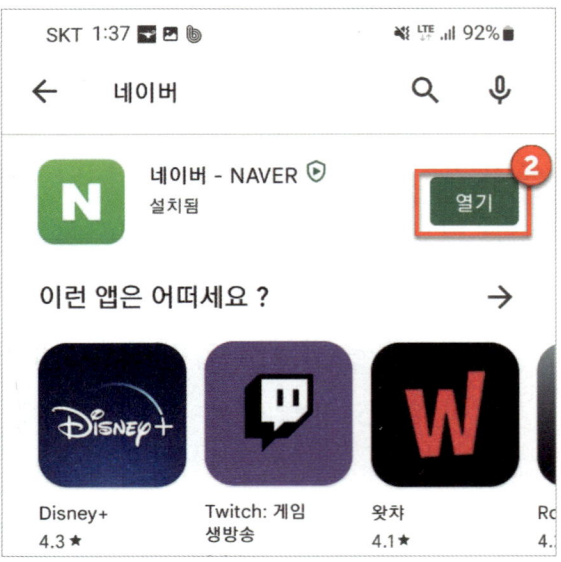

02 네이버 앱이 실행되면 검색상자의 ❸**동그라미(그린닷)** 버튼을 누른 후 ❹**QR바코드** 메뉴를 선택합니다.

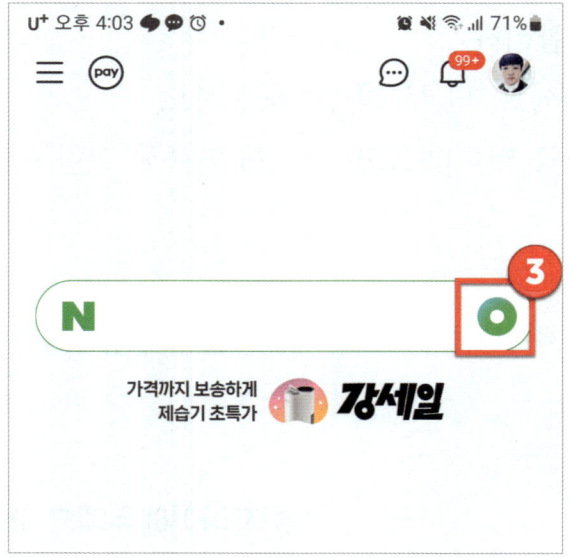 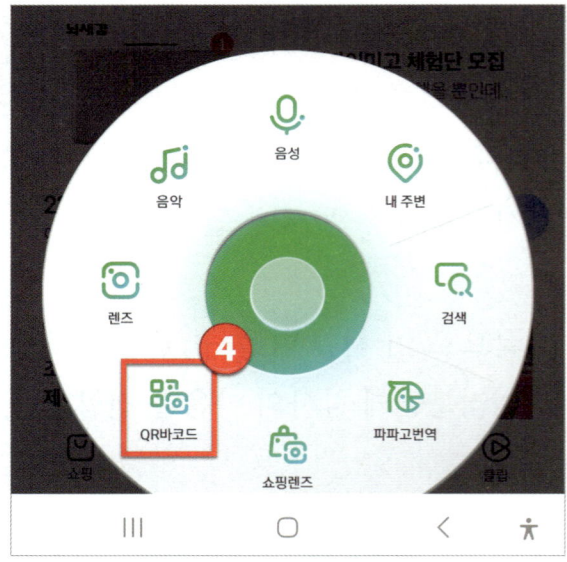

03 본 도서에서는 **Chapter**별로 상단 제목 왼쪽에 ❺**QR 코드**가 있습니다. 스마트폰의 화면에 QR 코드를 사각형 영역에 맞춰 보이도록 하면 QR 코드가 인식되고, 상단에 동영상 강의 링크 주소가 나타납니다. ❻**동영상 강의 링크 주소**를 눌러 스마트폰으로 학습할 수 있습니다.

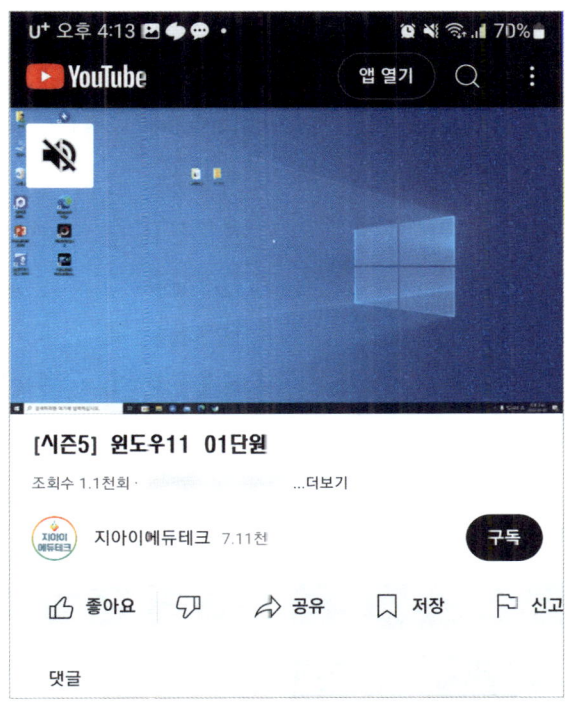

※ 유튜브에서 동영상 강의 찾기

유튜브(www.youtube.com)에 접속하거나, **유튜브 앱**을 사용하고 있다면 **지아이에듀테크**를 검색하여 동영상 강의를 들을 수 있습니다. **재생목록** 탭을 누르면 과목별로 강의를 찾아볼 수 있습니다.

목 차

CHAPTER 01 캡컷 설치와 화면 구성

STEP 1	캡컷 다운로드하기	011
STEP 2	캡컷 설치하고 실행하기	013
STEP 3	한글 버전 설정하기	015
STEP 4	대시보드 살펴보기	017
STEP 5	편집화면 알아보기	018
STEP 6	프로젝트 만들기	019

CHAPTER 02 클립 분할하기

STEP 1	오디오 클립 분할하기	024
STEP 2	영상 클립 분할하기	027
STEP 3	트랙 편집 창 마그넷 기능	033
STEP 4	편집 창 도구	038
STEP 5	편집 창 트랙 도구	041
STEP 6	클립 분할과 선택	043

CHAPTER 03 얼굴 가려 보호하기

STEP 1	스티커 분할로 작업하기	048
STEP 2	트래킹 작업하기	051
STEP 3	마스크로 블러 처리하기	053
STEP 4	배경만 흐리게 작업하기	056
STEP 5	신체 효과로 가리기	059

CHAPTER 04 영상 합성하기

STEP 1	배경 제거(오려내기)	062
STEP 2	배경 제거 클립 효과 주기	066
STEP 3	크로마키 합성하기	067
STEP 4	크로마키 영상 만들기	073

CHAPTER 05 캡컷 환경 설정하기

STEP 1	프로젝트 저장 위치 변경하기	077
STEP 2	프로젝트 파일 삭제하기	080
STEP 3	프로젝트 파일 찾아서 옮기기	082
STEP 4	프록시 관리하기	083
STEP 5	캐시 관리하기	091

CHAPTER 06 템플릿 사용하기

| STEP 1 | 템플릿 처음 사용하기 | 093 |
| STEP 2 | 템플릿 작업 후 커버 만들기 | 100 |

CHAPTER 07 클립 전환 효과

STEP 1	기본 전환 효과 살펴보기	113
STEP 2	많이 사용하는 전환 효과	116
STEP 3	텍스트 전환 효과 주기	118
STEP 4	클리핑 마스크 효과	122

CHAPTER 08 애니메이션 활용하기

STEP 1	미디어 클립 애니메이션	127
STEP 2	텍스트 애니메이션	133
STEP 3	키프레임 애니메이션	138
STEP 4	마스크 애니메이션	143

CHAPTER 09 텍스트 자동 캡션

STEP 1	클립다운 유튜브 영상 다운로드	153
STEP 2	동영상에 자동 캡션 넣기	155

CHAPTER 10 캡컷 인공지능 사용하기

STEP 1	캡컷에 로그인하기	162
STEP 2	AI 이미지 생성하기	164
STEP 3	쇼케이스 프롬프트 이용하기	166
STEP 4	AI 생성과 보정 작업	169
STEP 5	얼굴 캐릭터 만들기	174
STEP 6	음성 변조기	176

교재예제 다운로드하기

본 도서의 예제 파일은 출판사 홈페이지에서 다운로드할 수 있습니다.
▶ 아이콕스 홈페이지(www.icoxpublish.com)
▶ 자료실 > 도서부록소스 메뉴에서 도서 제목을 찾아 다운로드하세요.
▶ 다운로드한 파일의 압축을 해제하고, 로컬 디스크(C:)로 복사해 사용합니다.

CHAPTER 01
캡컷 설치와 화면 구성

캡컷(CapCut)은 2020년 4월10일, 바이트댄스에서 개발하고 출시한 동영상편집 프로그램입니다. 스마트폰용 앱과 PC용 버전을 모두 사용할 수 있으며, 다른 앱과 비교하여 막강한 편집 기능을 가졌으며 무엇보다 무료 앱이지만 워터마크가 전혀 없어 인기가 높습니다.

결과화면 미리보기

무엇을 배울까?

❶ 캡컷 다운로드하기
❷ 캡컷 설치하고 실행하기
❸ 한글 버전 설정하기
❹ 대시보드 살펴보기
❺ 편집화면 알아보기
❻ 프로젝트 만들기

 ## 최소 사양

캡컷 PC 버전을 설치하여 사용하기 위해서는 다음과 같은 최소 사양의 컴퓨터가 필요합니다.

- 운영체제 : 윈도우7 이상
- 프로세서 : 인텔i5 6세대, AMD 라이젠3 이상
- 램(RAM) : 최소 4GB
- 저장공간 : 5GB 이상의 여유 디스크 공간

 ## 권장 사양

PC 버전 기준이며 개인용 10분 이내의 짧은 영상 제작 기준입니다.

- 운영체제 : 윈도우7, 10, 11
- 프로세서 : 인텔i5 10세대 이상, AMD 라이젠5 이상

- 램(RAM) : 최소 8GB (램 2개 사용하면 2채널로 사용됨)

- 저장공간 : 100GB의 여유있는 저장공간(NVMe M.2)

STEP 1 ▶ 캡컷 다운로드하기

01 바탕화면에서 웹 브라우저를 실행합니다. 여기서는 Chrome 브라우저를 더블클릭해서 실행한 후, 검색상자에 **"캡컷"**을 입력한 후 Enter 를 누릅니다. 그 후에 검색된 **캡컷 사이트**를 클릭해서 이동합니다.

02 캡컷 사이트가 열리면 다음과 같이 [다운로드] 버튼을 클릭합니다. 사이트의 모습은 시기에 따라 변경되어 다르게 표시될 수도 있습니다.

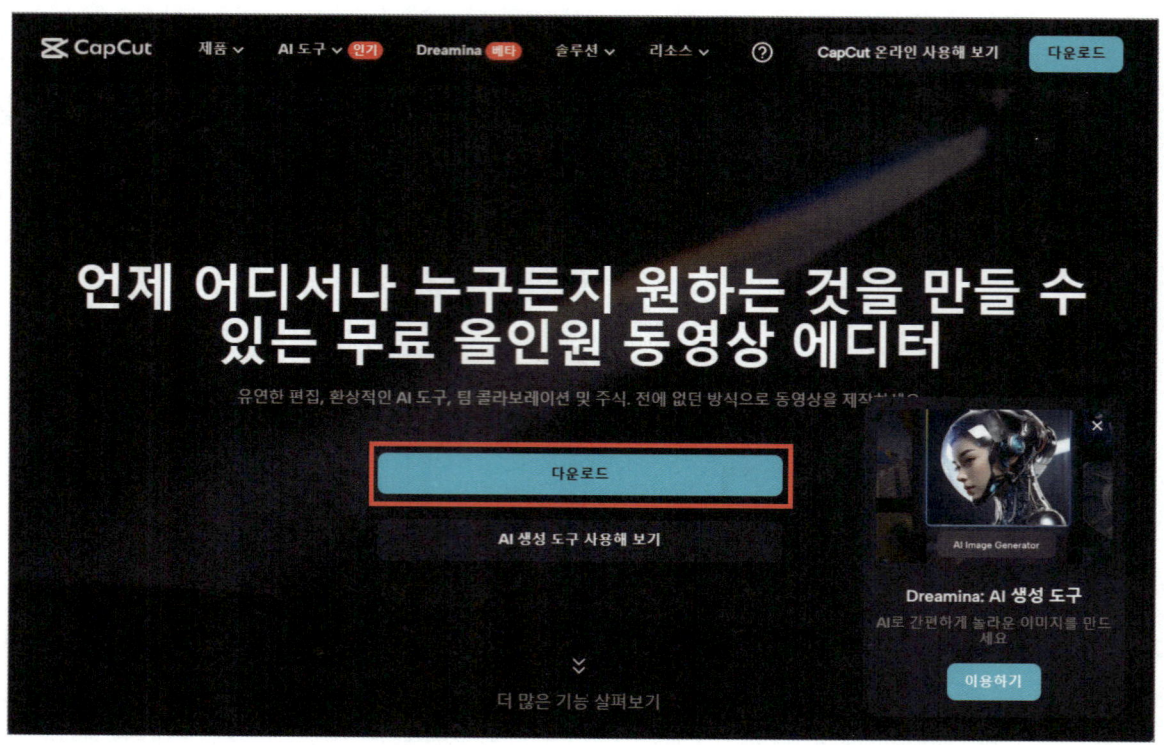

03 설치 파일을 저장합니다. 아래와 같이 다운로드 대화상자가 나오기도 하지만 브라우저 우측 상단에 다운로드가 완료된 것으로 표시되기도 합니다.

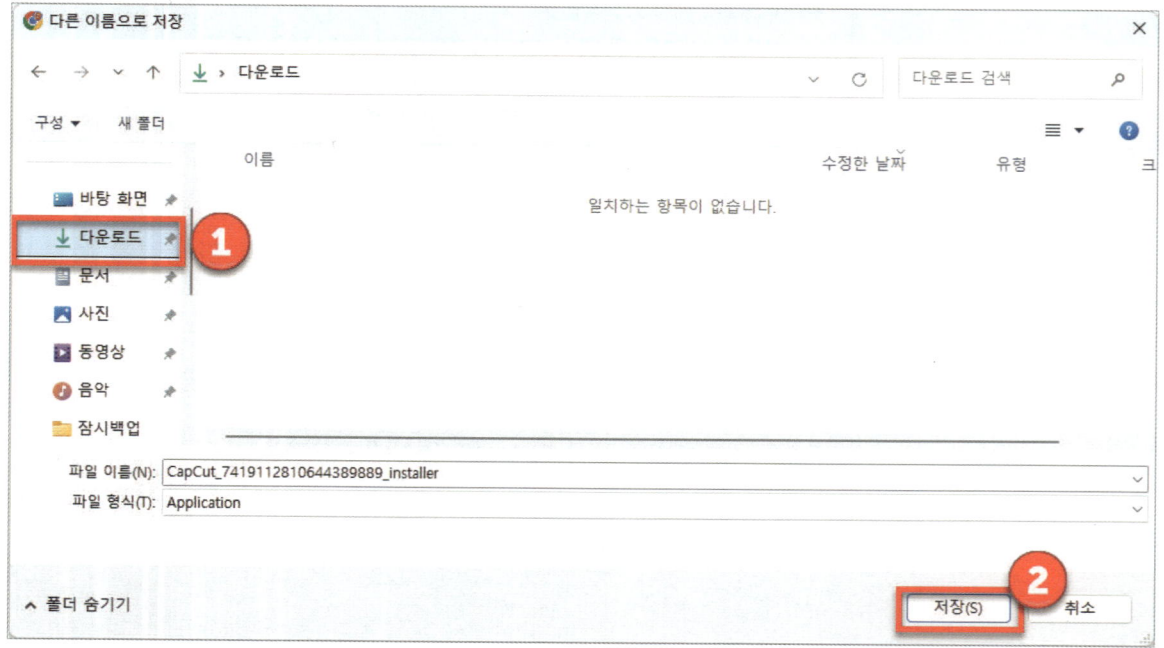

STEP 2 ▸ 캡컷 설치하고 실행하기

01 다운로드한 파일을 실행하면 아래와 같은 화면이 나옵니다. 진행상황이 표시되는 곳에 **95%에 멈춰 보일 경우**가 있는데, 설치를 계속 진행하고 있는 것이므로 **100%가 될 때까지 기다립니다.**

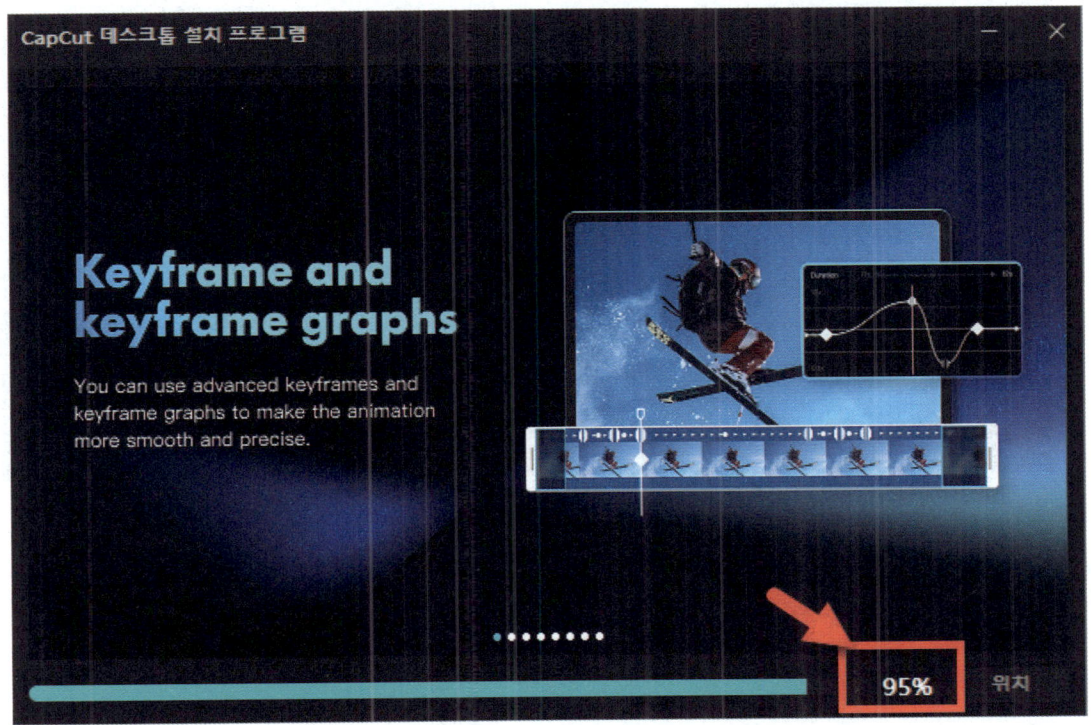

02 캡컷을 사용할 수 있는지 PC 환경을 테스트한 후, 아래와 같이 나오면 **[확인(Confirm)]** 버튼을 클릭하면 캡컷이 실행됩니다.

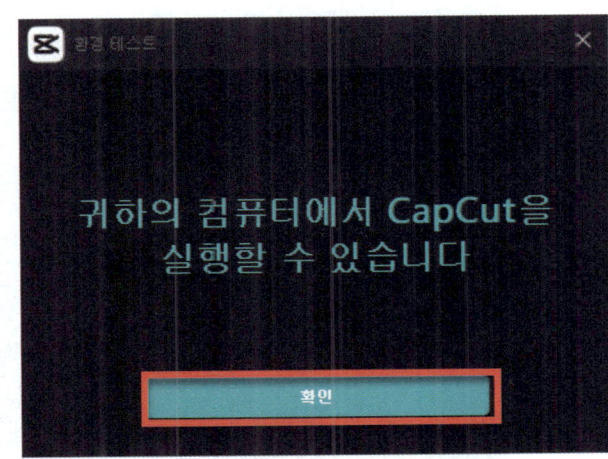

> 이후에는 윈도우의 시작 버튼을 클릭하고 [Capcut]을 찾아 클릭하면 캡컷을 실행할 수 있습니다.

03 캡컷 이용 정책에 관한 동의 화면이 표시되면 **[동의 및 계속 (Agree and continue)]** 를 클릭해서 계속 진행합니다.

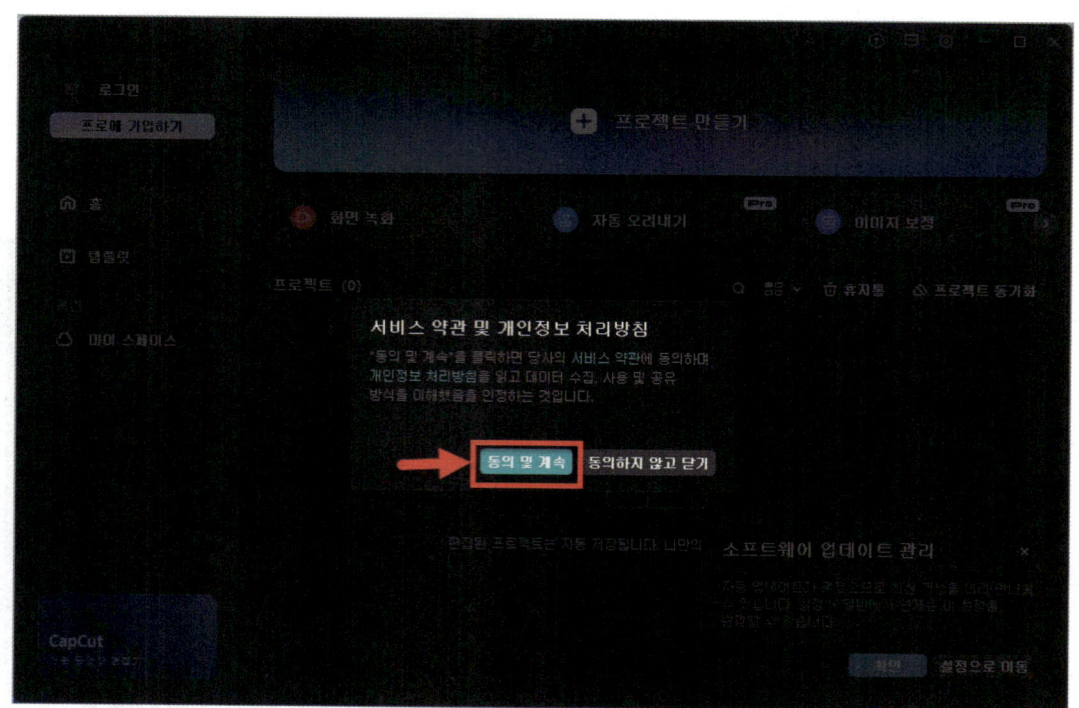

04 아래와 같이 소프트웨어 업데이트 관리 창이 나올 수도 있는데, 여기서는 **[X (닫기)]**를 클릭합니다.

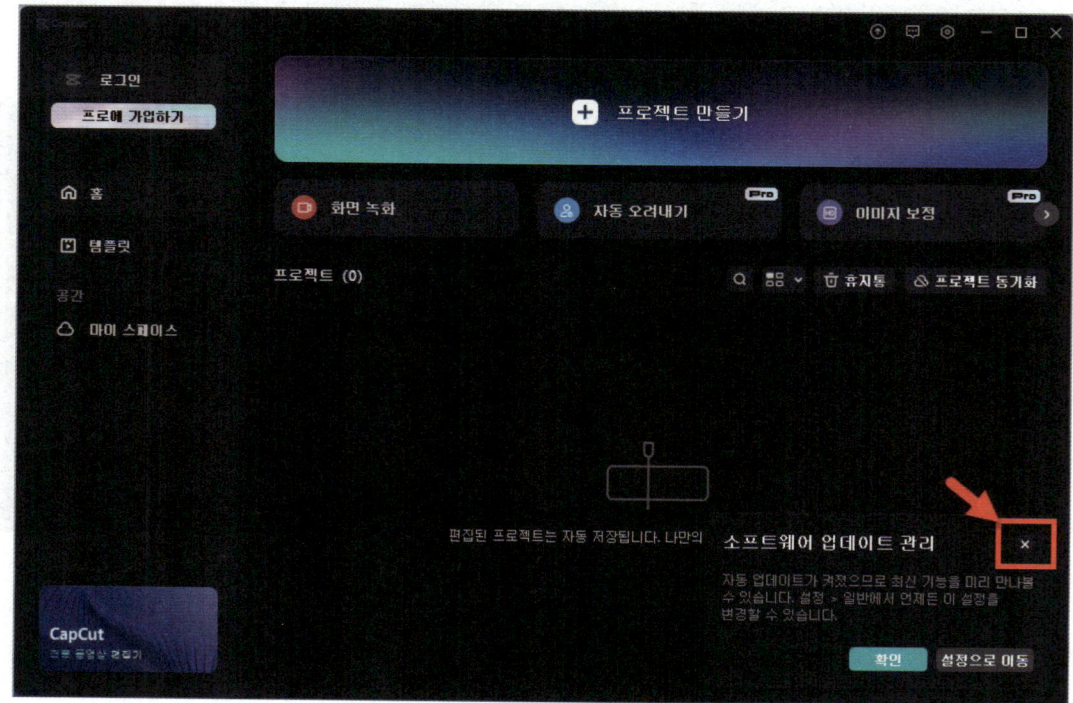

STEP 3 ▶ 한글 버전 설정하기

01 캡컷이 영어로 나올 때는 오른쪽 상단에 있는 **[설정]** 버튼을 클릭한 후 **[Settings]** 메뉴를 클릭합니다.

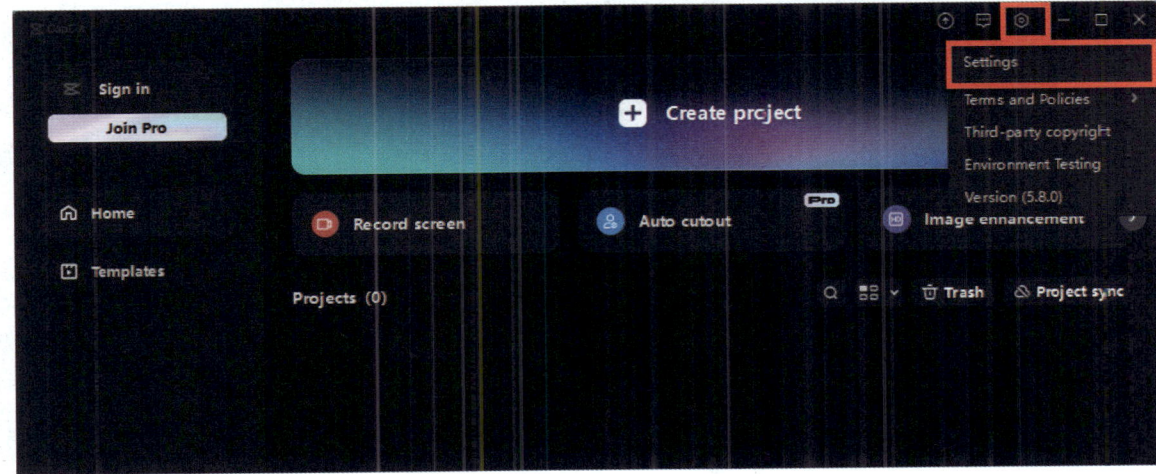

02 설정 화면에서 **General** 탭 ▶ **Language** 그룹 ▶ **한국어**를 선택하고 **[Save]** 버튼을 클릭합니다(버전이 변경되면 위치가 다를 수도 있습니다).

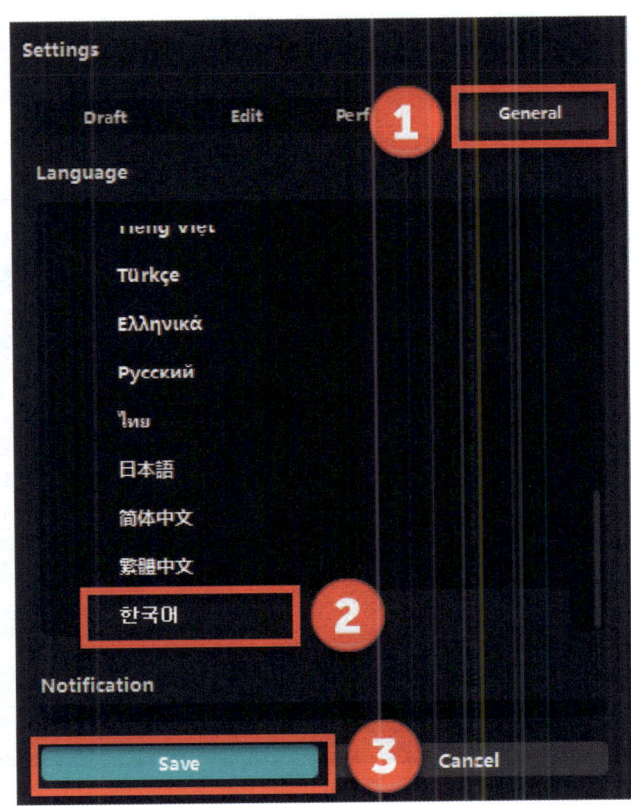

CHAPTER 01 캡컷 설치와 화면 구성

03 변경된 언어를 적용하려면 **[Restart]** 버튼을 클릭해서 다시 시작해야 합니다. 다시 시작된 후 [알림] 창이 표시될 수도 있는데, 내용을 읽고 적당한 항목을 선택합니다.

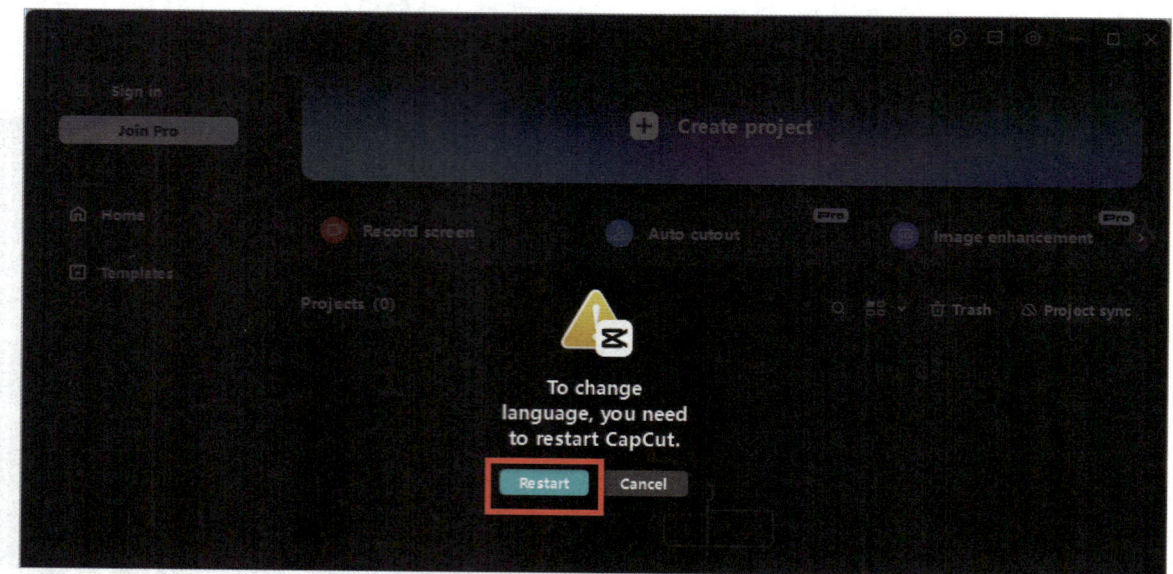

04 캡컷은 수시로 **자주 업데이트**를 하고 있으니 **최신 버전**을 유지하는 것이 좋습니다.

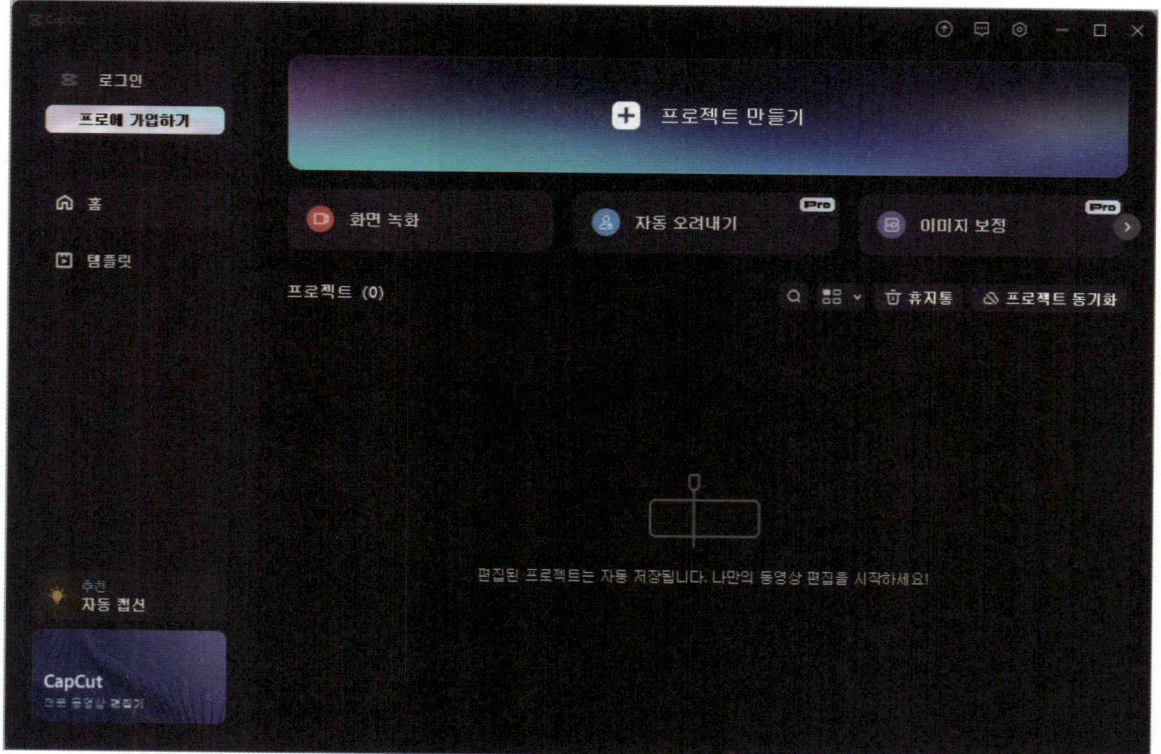

STEP 4 ▶ 대시보드 살펴보기

01 캡컷을 실행했을 때 표시되는 다음과 같은 화면을 **"대시보드"**라고 부르며, 다양한 작업 결과물들을 펼쳐서 살펴보고 관리할 수 있습니다.

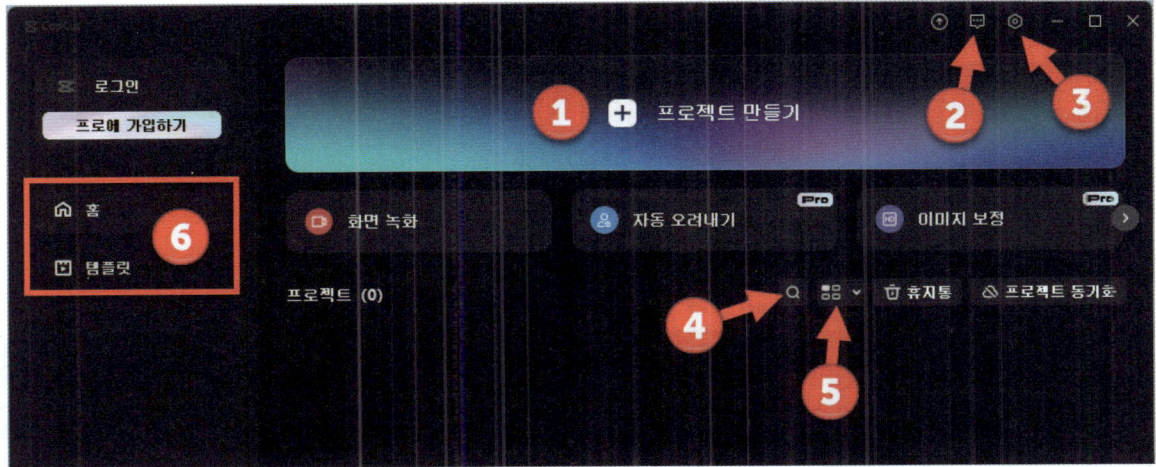

❶ **프로젝트 만들기**: 새로운 영상 작업을 만들 수 있습니다.
❷ **피드백**: 사용하다 문제가 발견되면 신고하고, 답변을 받아볼 수 있습니다.
❸ **설정**: 캡컷의 다양한 설정 작업을 변경할 수 있습니다.
❹ **프로젝트 찾기**: 제작된 프로젝트가 많을 경우 검색할 수 있습니다.
❺ **프로젝트 보는 방식 변경**: 제작된 프로젝트를 보여주는 것으로 격자와 목록 방식이 있습니다.
❻ **홈/템플릿**: 제공된 템플릿을 살펴보거나 다시 대시보드로 돌아오는 기능입니다.

STEP 5 ▶ 편집화면 알아보기

대시보드에서 [프로젝트 만들기]를 클릭하면 편집화면이 표시됩니다. 다음 화면은 **처음 실행할 때만** 나오는 것으로 캡컷 작업하는 순서를 알려주는 것입니다. **[끝내기]**를 클릭합니다.

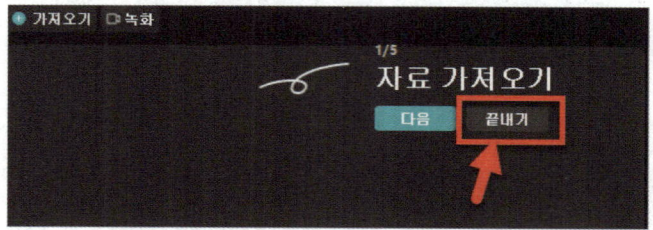

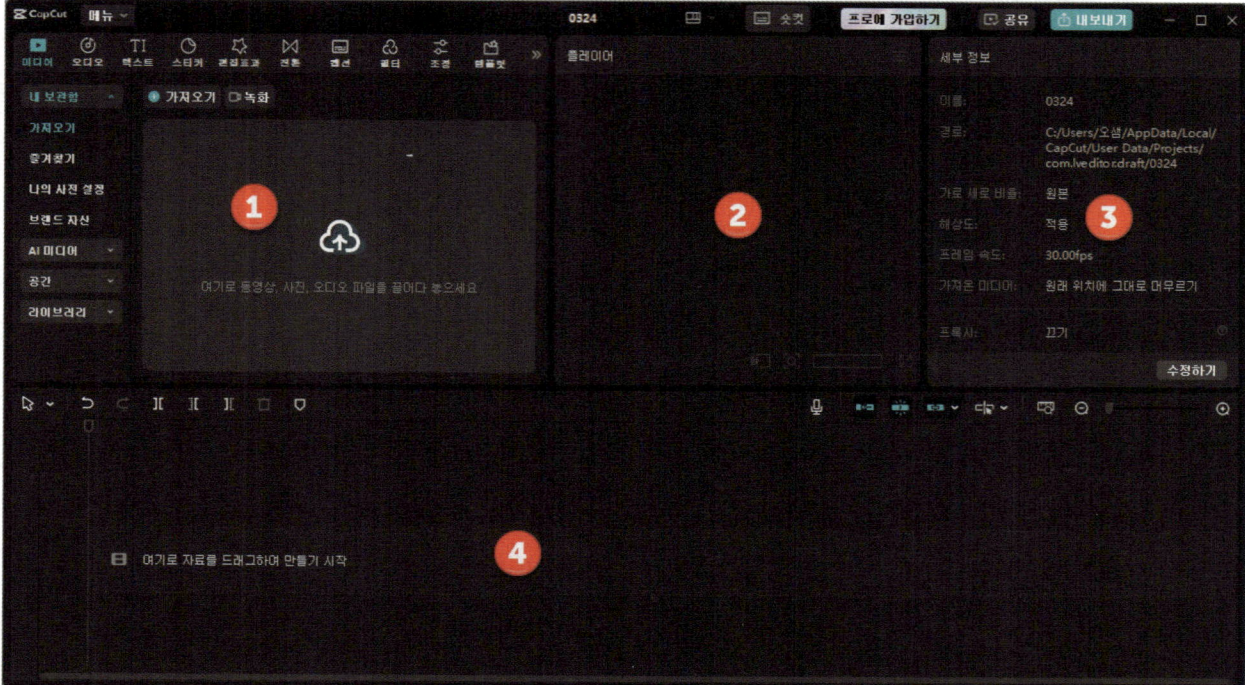

❶ **데이터가 있는 각종 패널(룸:ROOM)**: 편집에 사용할 다양한 자료를 가져와 보관하는 장소입니다.

❷ **플레이어(미리보기)**: 영상을 미리보기하는 플레이어입니다.

❸ **세부 정보**: 클립과 레이어에 대한 다양한 편집 작업을 하는 장소입니다.

❹ **레이어(트랙) 작업창**: 영상 작업을 편집 및 구성하는 장소입니다.

STEP 6 프로젝트 만들기

01 왼쪽 상단 ❶[미디어] 메뉴 ▶ ❷[가져오기]를 클릭합니다.

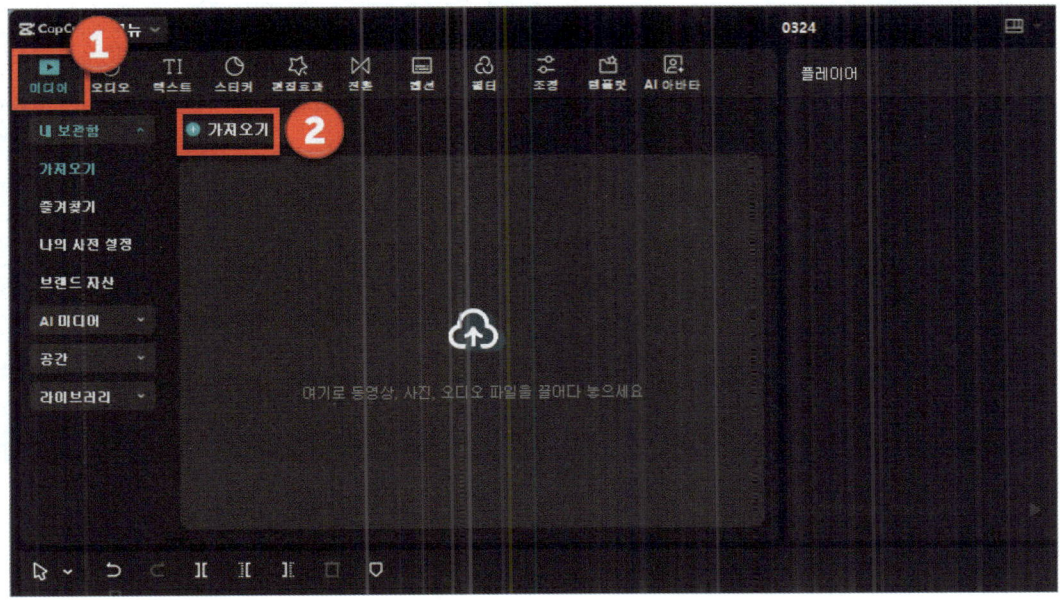

02 아이콕스 출판사 자료실에서 다운로드한 샘플파일이 저장되어 있는 **[캡컷동영상편집]** 폴더를 열어서 아래와 같이 7개의 파일(01로 시작하는 파일들)을 가져옵니다. Ctrl **키를 누른 채 각각 클릭**하는 방법으로 파일을 차례차례 선택한 후 **[열기]**를 클릭합니다.

03 첫 이미지는 ❶ **클릭**, 6번째 이미지는 ❷ Shift + **클릭**으로 선택하여 이미지만 선택합니다.

04 **선택한 6개의 이미지**를 트랙 편집창의 "여기로 자료를 드래그하여 만들기 시작"이라고 적힌 곳으로 **드래그&드롭**합니다.

05 **음악파일(애국가)을 선택**한 다음 아래처럼 **편집창에 드래그**한 후 놓으면 자동으로 아래 트랙으로 오디오 항목이 들어갑니다.

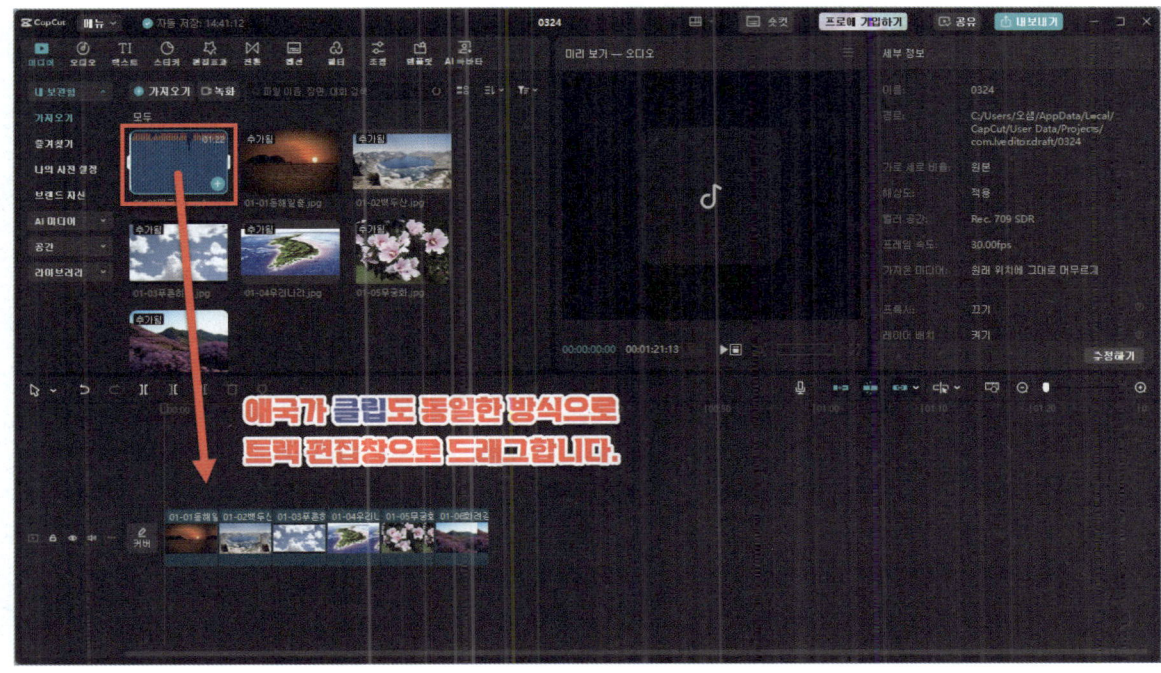

06 화면 가장 상단의 **오늘 날짜**로 파일명이 지정되어 있습니다. 클릭해서 **"애국가"를 입력**한 후 Enter 를 누릅니다. 캡컷 프로젝트 이름을 '애국가'로 지정한 것입니다.

07 플레이어 창에서 **재생(▶) 버튼**을 클릭하면 사진이 5초씩 재생되며, 음악이 흘러 나오게 됩니다.

08 여기까지는 단순히 편집 과정만을 보여준 것이며, 동영상 재생 파일을 제작한 것은 아닙니다. **[프로젝트 닫기]**를 눌러 대시보드로 되돌아갑니다.

CHAPTER 02
클립 분할하기

동영상 편집에 사용하는 영상, 사진, 오디오 등과 같은 미디어를 '클립(Clip)'이라고 합니다. 클립 분할은 동영상 편집 작업 시 가장 중요한 기능으로, 대부분의 영상 편집 프로그램에서 비슷한 방식을 사용합니다.

결과화면 미리보기

무엇을 배울까?

1. 오디오 클립 분할하기
2. 영상 클립 분할하기
3. 트랙 편집 창 마그넷 기능
4. 편집창 도구
5. 편집창 트랙 도구
6. 클립 분할과 선택

STEP 1 ▶ 오디오 클립 분할하기 (Ctrl + B)

01 캡컷을 실행한 다음 대시보드의 프로젝트 항목에서 1장에서 만들었던 **애국가** 프로젝트를 클릭하여 프로젝트 편집 화면을 표시합니다.

02 화면 아래에 보이는 트랙(레이어) 편집창을 보면, 영상 트랙보다 오디오 트랙의 길이가 길어서 영상이 끝나도 음악이 나오게 됩니다.

03 이미지 클립의 재생 시간을 늘려도 되지만 여기서는 오디오 클립의 길이를 줄여 영상과 음악의 길이를 맞추어 보겠습니다. **플레이 헤드**를 이미지 클립의 끝으로 드래그하면 **자석처럼** 클립 끝으로 이동합니다.

04 오디오 트랙인 **[애국가] 트랙을 선택**한 후, Ctrl + B 를 눌러서 **오디오 클립을 분할** 합니다.

05 2개로 분리된 클립 중 뒤쪽에 분리된 클립이 선택된 상태입니다. Delete 키를 눌러서 ❶뒤쪽에 분리된 오디오 클립을 삭제한 후 다시 ❷[재생]해 보세요.

06 음악이 갑자기 뚝 끊기면서 영상이 끝나게 되므로, 오디오 클립에 페이드 아웃 효과를 주기위해 ❶오디오 클립을 선택한 후, ❷페이드 아웃 시간을 3초로 드래그해서 설정한 후 ❸[재생]해 봅니다.

STEP 2 ▶ 영상 클립 분할하기

01 무료 영상 클립을 다운로드하기 위하여, 크롬 브라우저에서 **픽사베이** 사이트로 이동합니다.

02 분류는 ❶**비디오**로 선택한 후 검색할 단어는 ❷**"여행"**을 입력하고 아래와 같은 비디오 파일을 찾아서 클릭합니다.

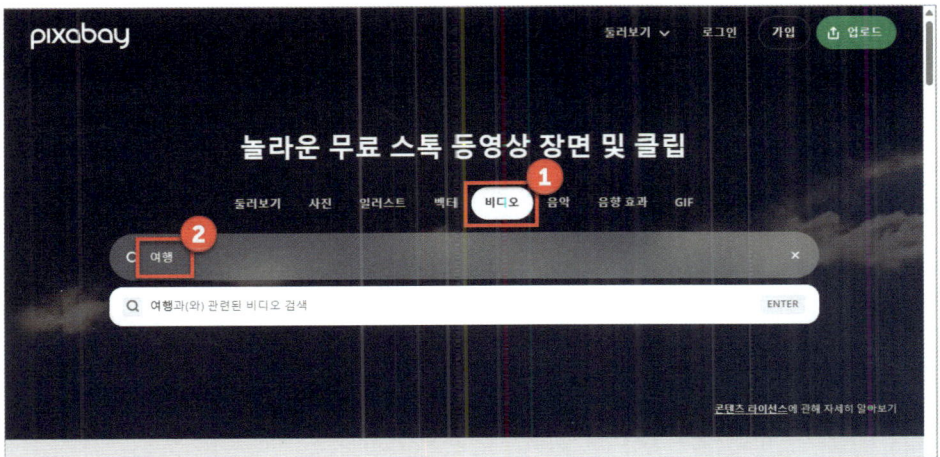

03 ❸**다운로드**를 클릭하면 해상도 선택 목록이 표시되는데, 여기에서는 그냥 기본 선택된 상태로 ❹**다운로드**합니다.

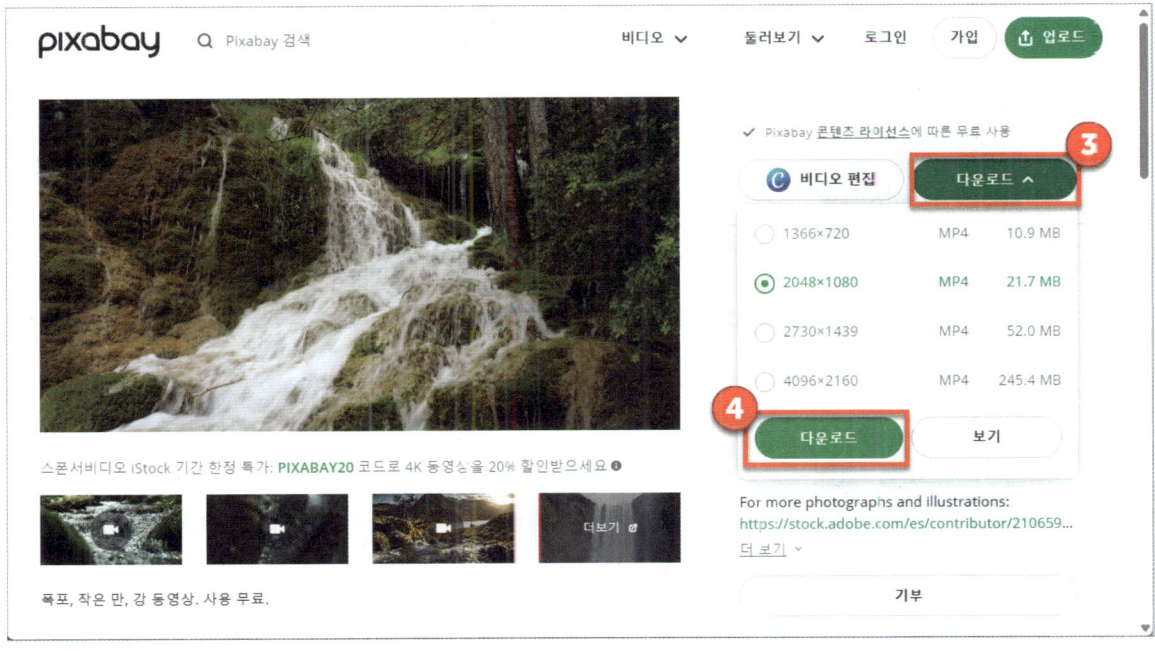

04 아래와 같이 ❺**저장할 폴더**를 지정한 후 ❻**[저장]**을 클릭합니다. 브라우저에 따라 곧바로 **[다운로드]** 라이브러리에 저장되기도 합니다. 이후 캡컷에서 불러와 사용할 것이므로 저장한 폴더를 잘 기억해 두세요.

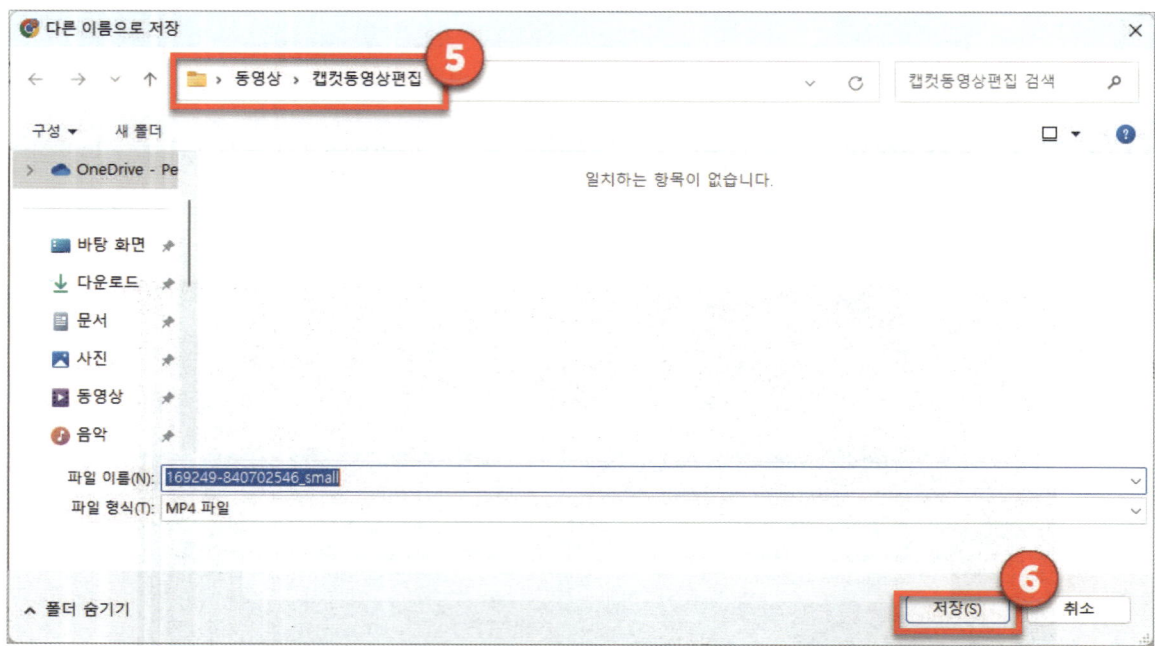

05 [감사함을 전하세요]라는 메시지 창이 나오면 **닫기**를 클릭하거나, 브라우저의 창을 닫아줍니다.

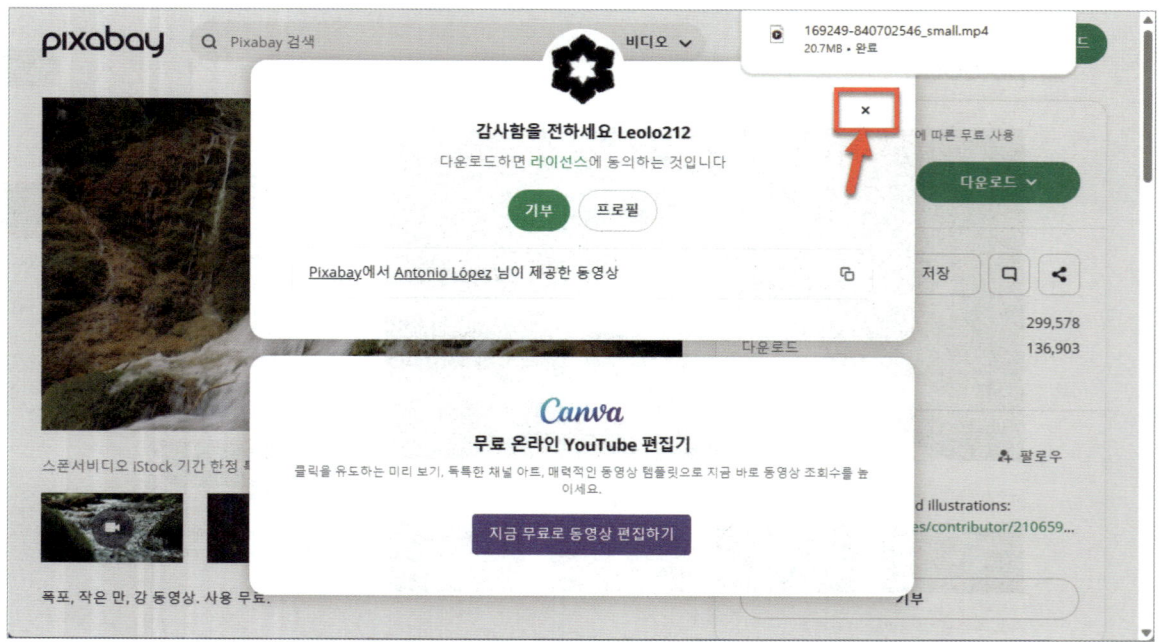

06 캡컷을 실행한 후 대시보드에서 **[프로젝트 만들기]**를 클릭합니다.

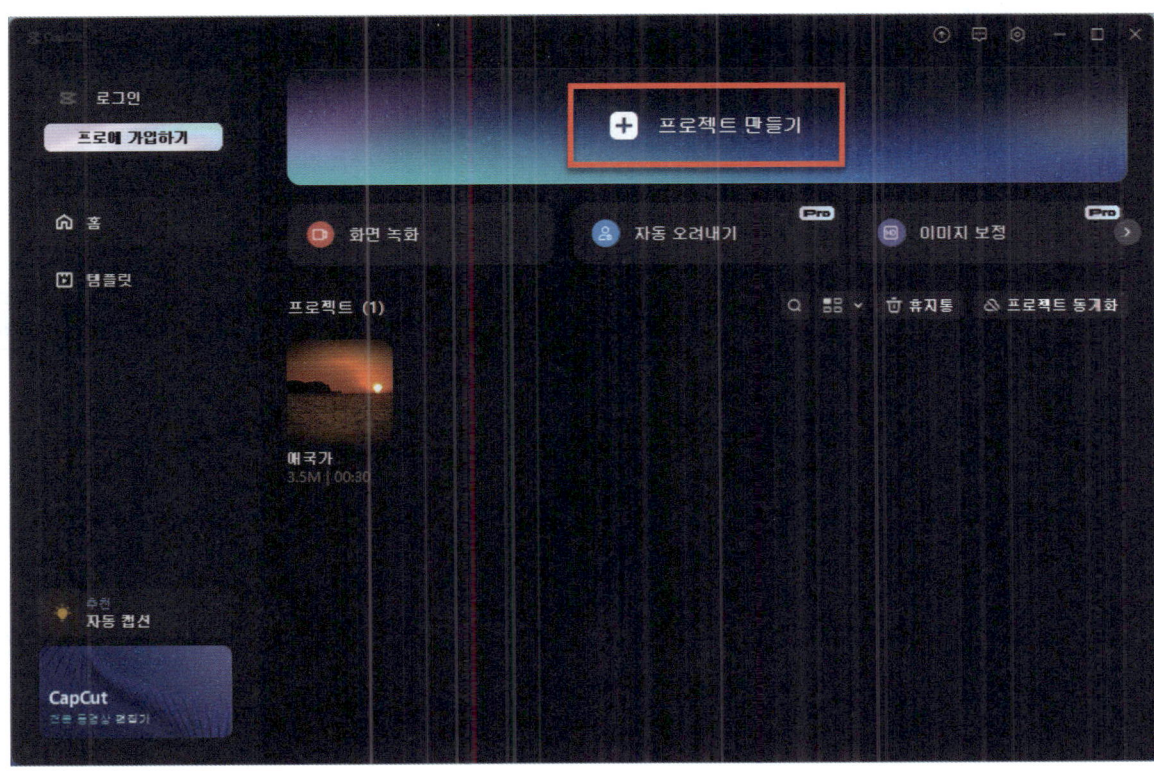

07 **미디어** 패널에서 **가져오기** 버튼을 클릭합니다. 앞의 과정을 통해 픽사베이에서 다운로드한 영상을 찾아서 가져올 것입니다.

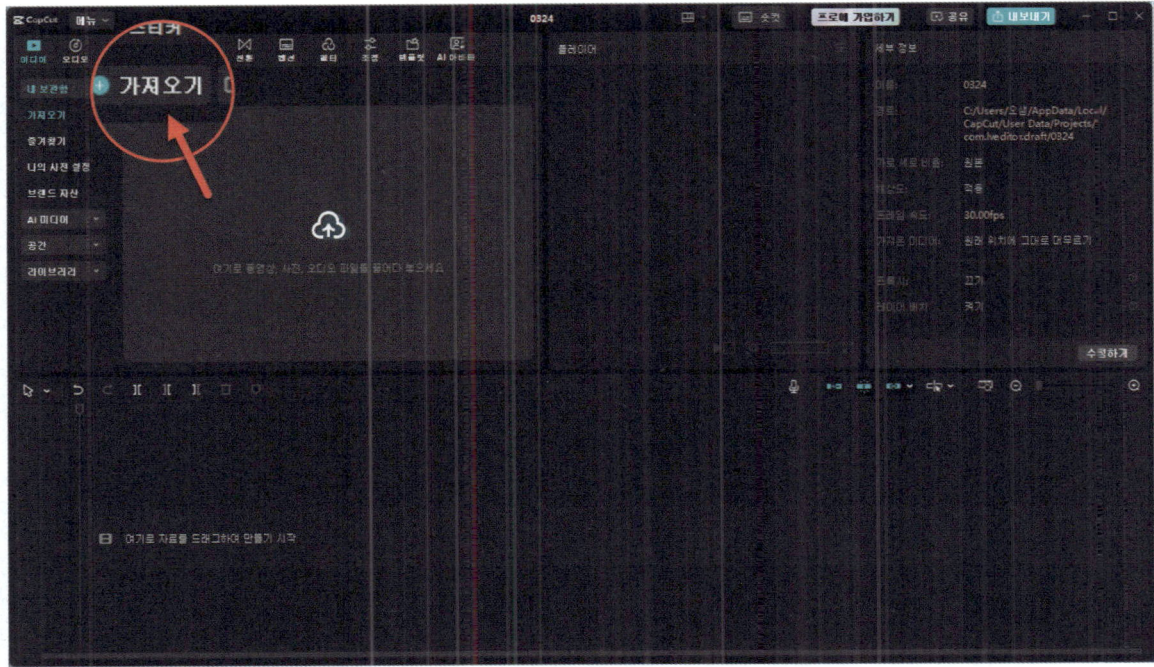

08 ❶동영상>캡컷동영상편집 폴더에서 ❷다운로드한 영상을 선택한 후 ❸[열기]를 클릭합니다.

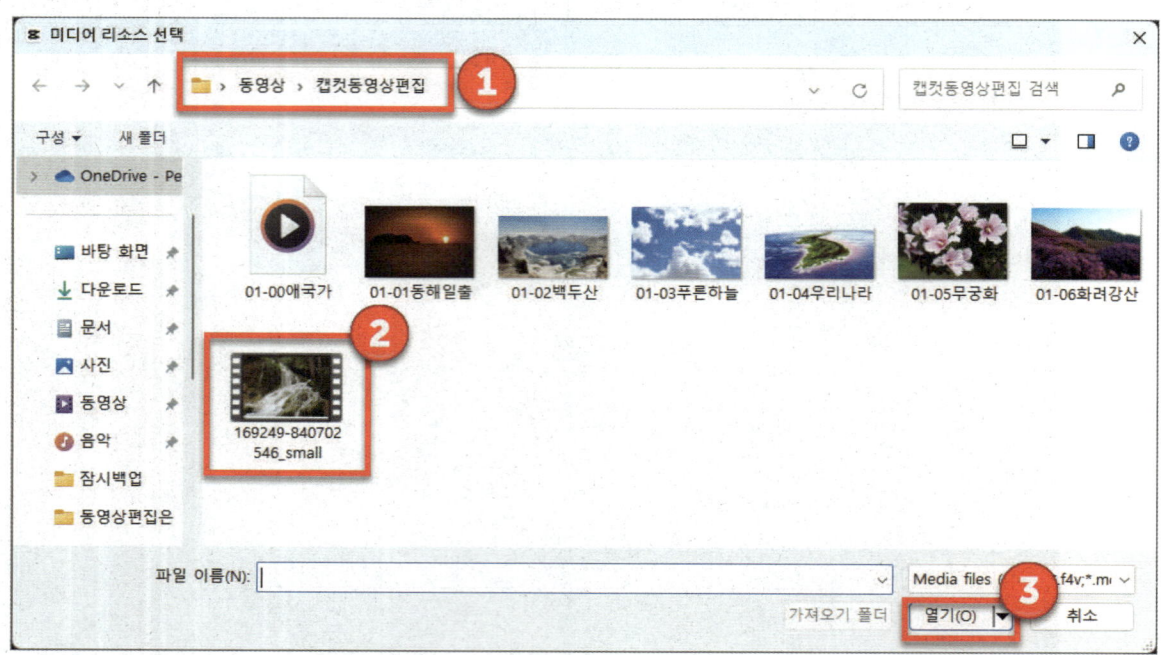

09 가져온 영상 클립을 트랙 편집 작업창으로 드래그해서 추가합니다. 영상 클립에 마우스를 올려놓으면 나타나는 ⊕(트랙에 추가)를 클릭해도 동일한 작업이 진행됩니다.

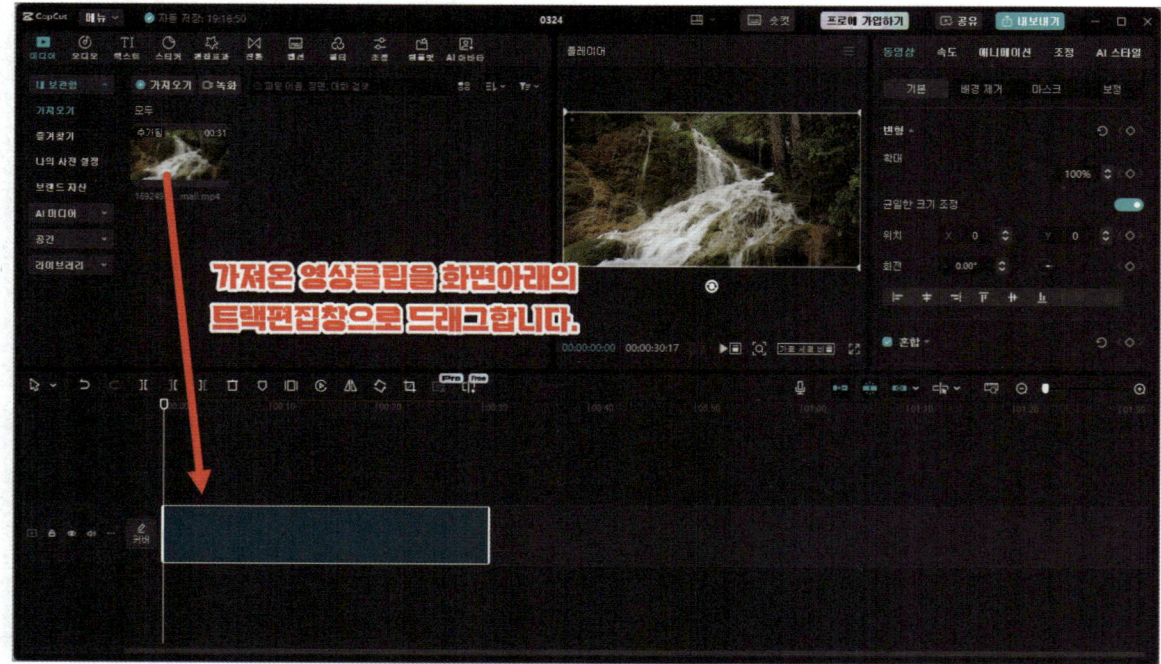

10 영상의 길이는 **30초 17프레임**입니다. **❶플레이 헤드**를 드래그해 10초 0프레임으로 이동시킵니다. **❷위치**에서 플레이 헤드 위치를 확인할 수 있습니다. **(1 프레임씩 이동하려면 방향키 ←, → 를 이용합니다.)**

11 **(분할) 버튼**을 클릭(Ctrl + B)한 후, 20초 위치로 플레이 헤드를 이동한 다음 다시 분할 작업을 해 줍니다.

12 프로젝트 작업창 상단에서 날짜로 표시된 프로젝트 파일명을 ❶"이끼계곡"으로 지정한 다음 ❷닫기를 눌러 창을 닫아줍니다.

13 저장된 프로젝트 파일명을 변경하기 위해 ❸마우스 우클릭한 후 ❹[이름 변경]을 클릭합니다.

14 바꾸려는 프로젝트 파일명으로 "**폭포**"를 입력하고 Enter 를 누릅니다. 만약 프로젝트 파일명을 지정하지 않고 나왔다면 이렇게 변경하세요.

STEP 3 트랙 편집 창 마그넷 기능

01 **프로젝트 만들기**를 클릭해서 새 프로젝트 창을 열고 **가져오기**를 눌러서 아래와 같이 **캡컷동영상편집** 폴더에서 이미지 6개를 가져옵니다.

02 **첫 번째 이미지**를 클릭하고 마우스를 올려놓았을 때 썸네일 이미지 우측 하단에 표시된 ⊕(트랙에 추가)를 클릭하면 플레이 헤드(**인디케이터 바: indicator bar**)가 위치한 타임에 추가됩니다.

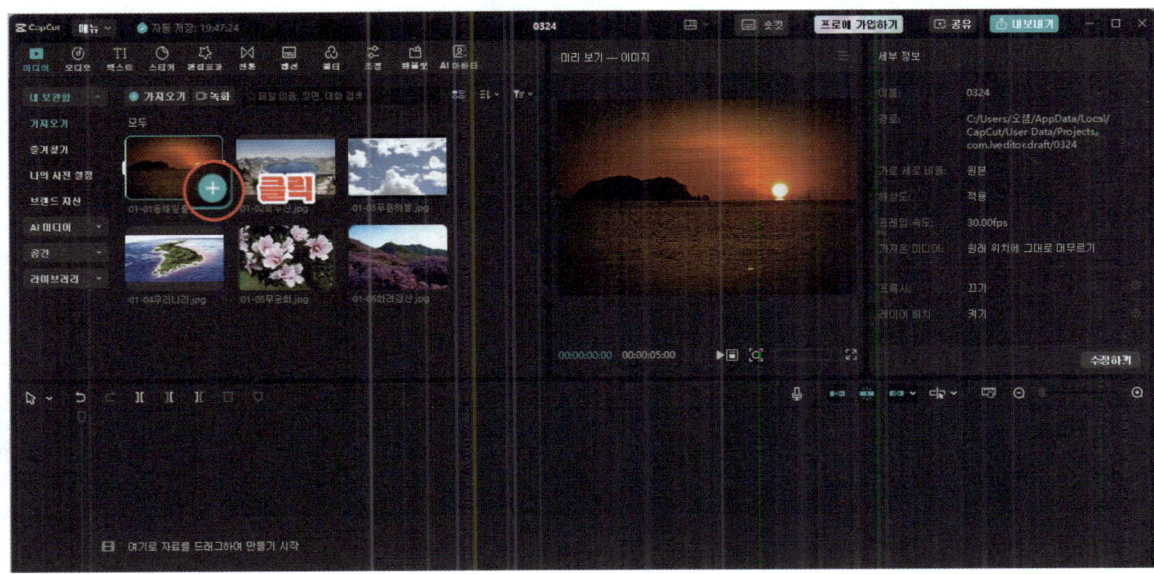

03 플레이 헤드를 아래와 같이 **클립 끝보다 앞에 위치**시켜 줍니다. 클립이 어디에 추가되는지 확인하기 위해서입니다.

04 가져오기 한 **두 번째 이미지** 클립에 마우스를 올려 놓은 후 ⊕(트랙에 추가)를 클릭해서 **추가**해 줍니다. 여기서 추가와 삽입이라는 단어를 생각해 봐야 합니다. 추가는 메인 트랙에 추가되는 것을 의미합니다.

05 아래와 같이 메인 트랙에 추가가 되는데, 플레이 헤드(인디케이터 바: indicator bar)의 타임라인 위치에 관계없이 클립 뒤에 추가되는 것을 확인할 수 있습니다. Delete 를 눌러서 **추가된 클립을 제거**합니다.

06 편집 창의 오른쪽에 위치한 **메인 트랙 마그넷** 버튼이 켜져 있는데 클릭해서 꺼 줍니다. (마그넷은 3개가 있는데 첫 번째 것)

07 다시 한번 **두 번째 이미지** 클립에서 ⊕(트랙에 추가)를 눌러서 **추가**합니다. 캡컷에 영상을 추가할 때 매우 중요한 기능이므로 잘 확인하세요.

08 메인 트랙에 클립이 추가되지 않고 **또 하나의 트랙**이 추가된 후 플레이 헤드 위치에 클립이 추가된 것을 확인할 수 있습니다.

 ## 마그넷 기능

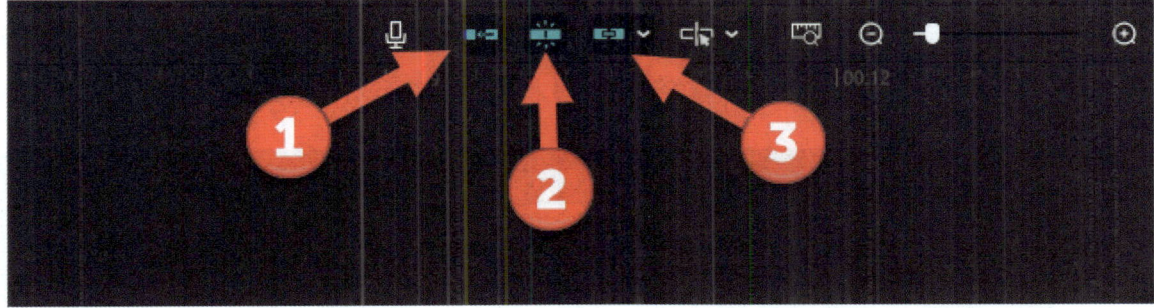

❶ **메인 트랙 마그넷 켜기/끄기**: 끈 후에 ➕(트랙에 추가)를 누르면 플레이 헤드 위치에 클립이 트랙으로 구성해서 오게 되지만, 가져온 클립을 드래그해서 넣으면 켜져 있거나 꺼져 있어도 플레이 헤드와 관계없이 자석처럼 달라 붙음

❷ **자동 스냅 켜기/끄기**: 클립을 드래그할 경우 앞의 클립에 들라 붙도록 함.
❸ **연결 켜기/끄기**: 메인 트랙과 효과 레이어를 하나로 붙어서 이동하도록 함.

STEP 4 ▶ 편집 창 도구

01 Ctrl 키를 누른 상태에서 **마우스 휠**을 아래로 굴려 **트랙을 축소**할 수 있습니다. 아래처럼 클립 6개를 모두 가져옵니다.

02 두 번째 클립에 플레이 헤드를 위치시킨 후, Ctrl 을 누른 상태에서 마우스 휠을 굴립니다. **해당 클립을 중심으로 확대**되는 것을 알 수 있습니다.

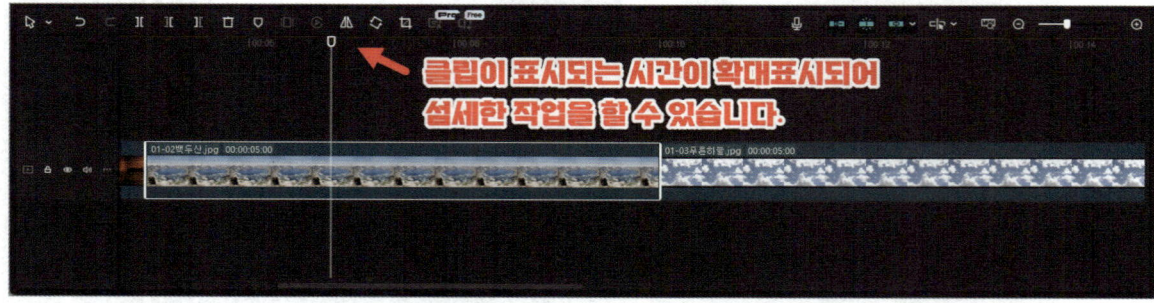

03 트랙편집 창의 뒤쪽에 있는 **타임라인에 맞게 크기조정** 버튼을 클릭하면 편집 창 너비에 맞도록 클립이 다 보이도록 조정됩니다. 줌 인/아웃을 잘 활용하도록 연습하세요.

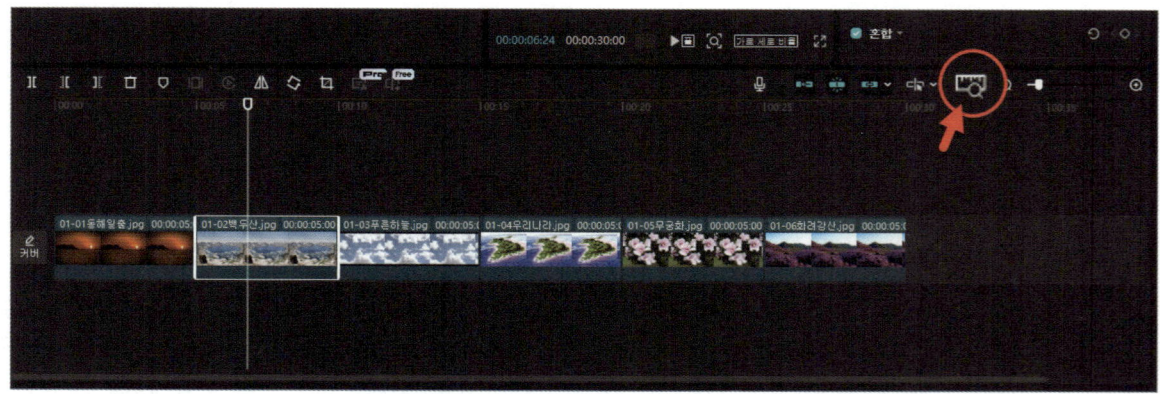

04 **미리보기 축 켜기**를 누르면 편집 창에 노란 축 라인이 보이게 됩니다. 타임라인에 맞춰 플레이어 미리보기가 자동으로 보이는 것을 확인할 수 있습니다. 보통은 플레이 헤드를 이동해야 보입니다.

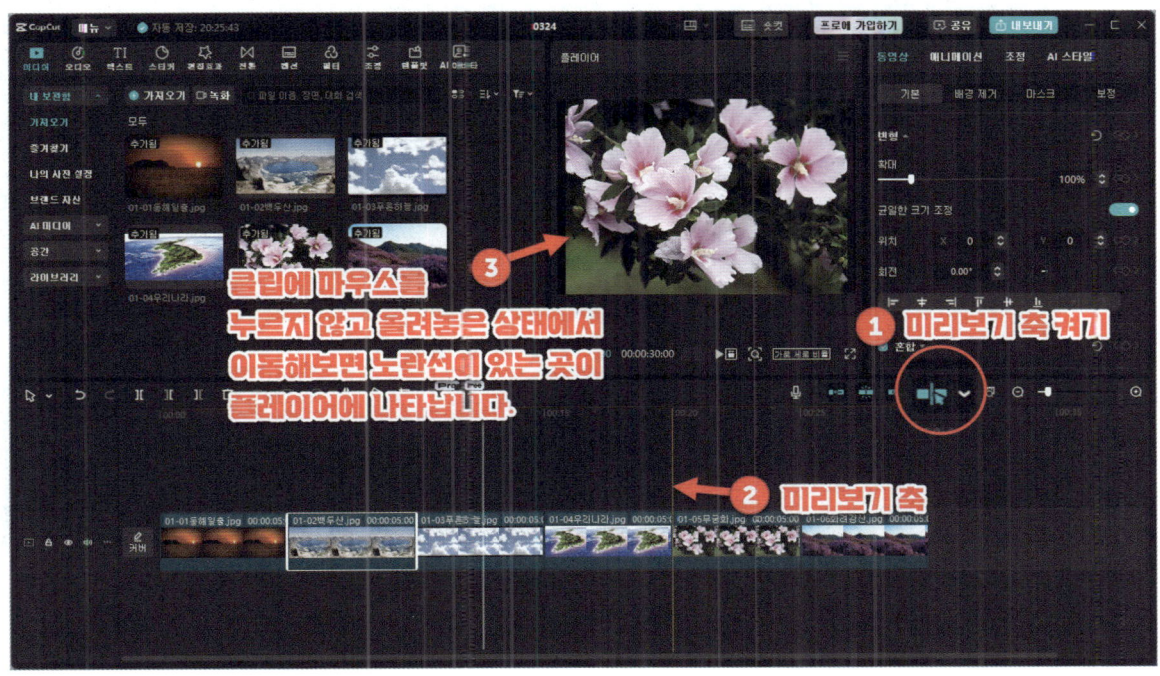

05 미리보기 축을 1번째 클립의 ❶**시작 위치로 이동**해 클릭한 후 ❷**마커 추가**를 클릭합니다. 마커를 해 두게 되면 해당 시점을 찾기 편리하도록 작업할 수 있습니다.

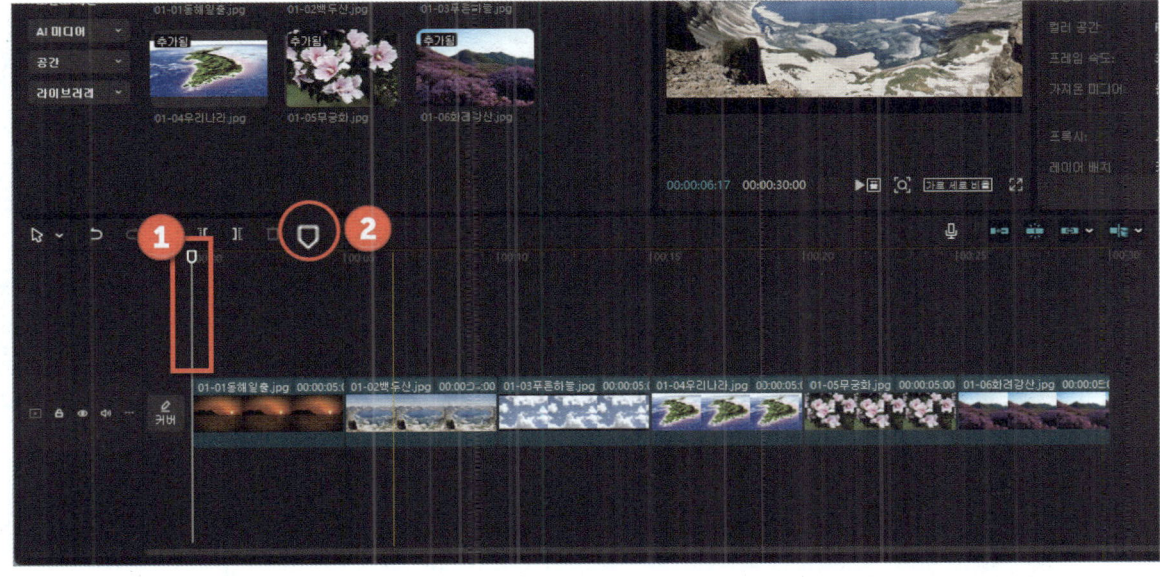

06 추가된 **파란 마커**에 마우스를 올려 놓은 후 ❶**마우스 우클릭**해서 ❷**[마커 편집]**을 선택합니다.

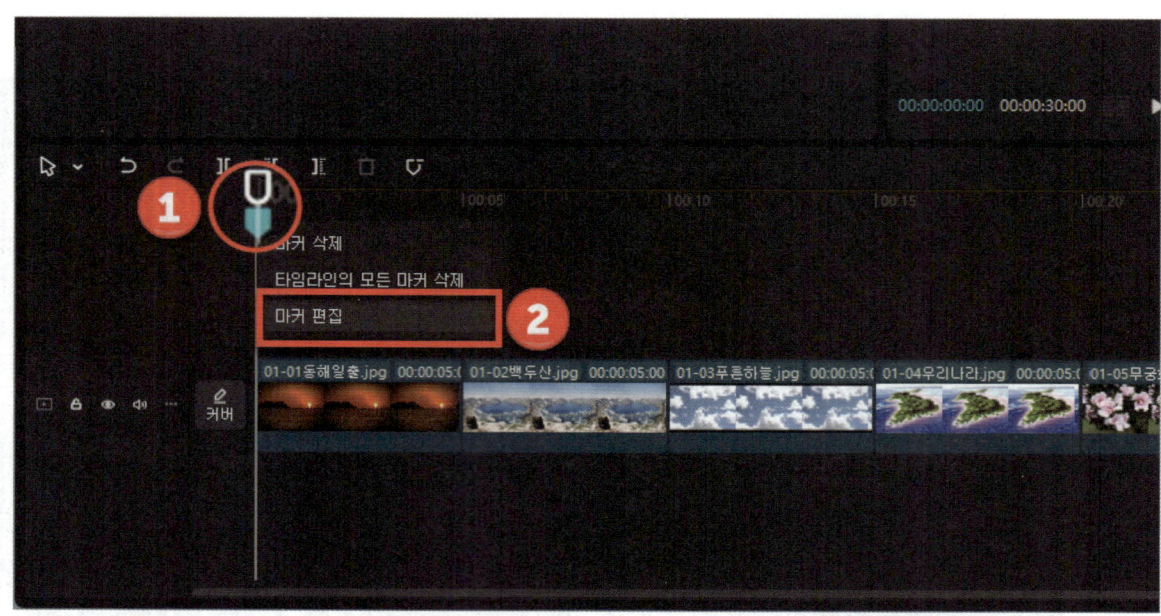

07 ❸"1번클립"이라고 마커 이름을 입력한 후 ❹[완료]를 클릭합니다. 같은 방법으로 2번 클립, 3번 클립, 4번 클립에 마커를 추가해 봅시다.

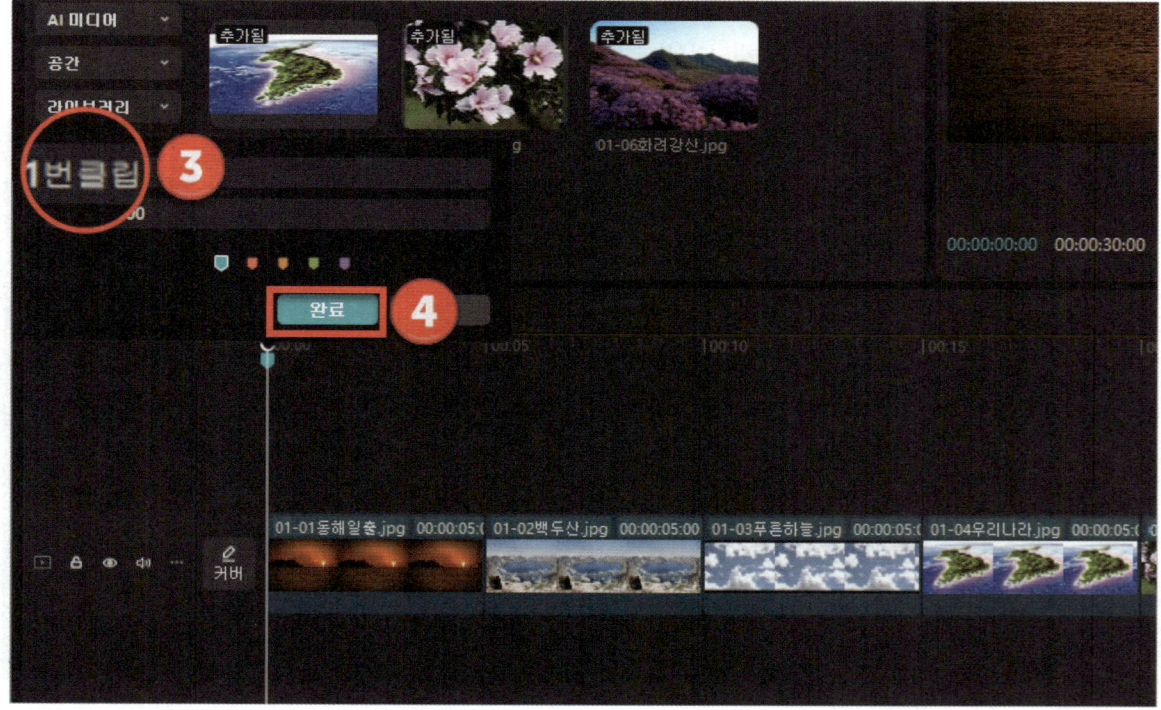

STEP 5 - 편집 창 트랙 도구

01 예를 들어 아래와 같이 트랙을 구성한 경우라면, 가장 위에 있는 트랙의 클립이 플레이어의 미리보기로 보입니다.

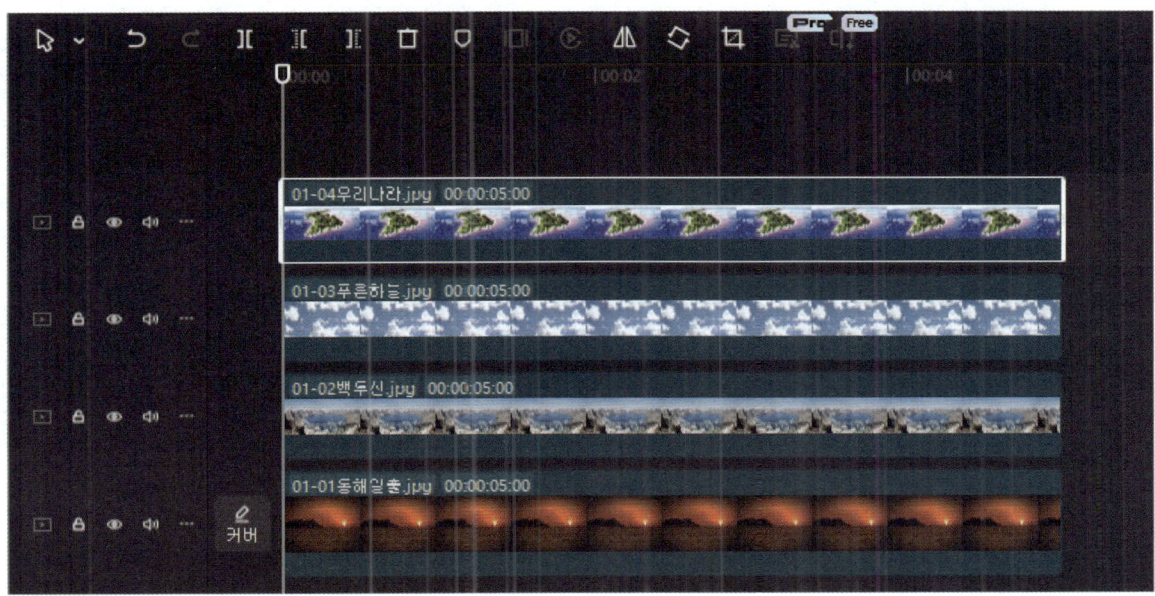

02 가장 위에 있는 **트랙 숨기기** 버튼을 클릭하면 세 번째 트랙의 클립이 미리보기에 보이게 됩니다.

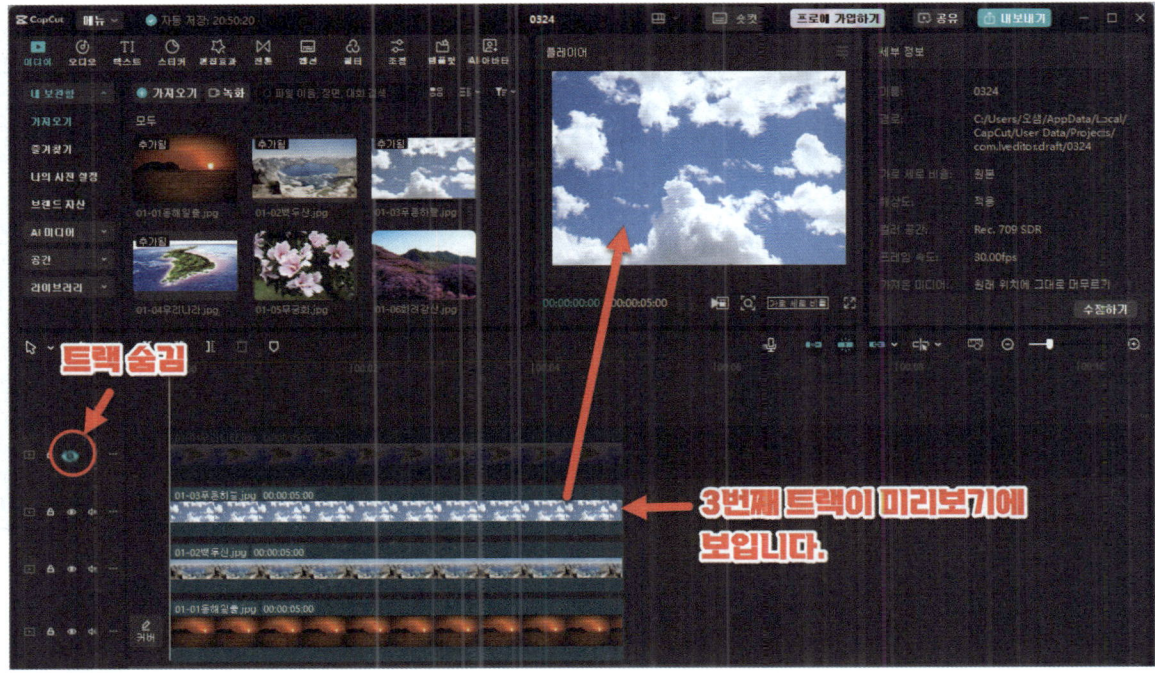

03 2번째 트랙의 **트랙 잠금** 버튼을 클릭하면 해당 트랙의 어떤 클립도 이동과 삭제 등 편집을 할 수 없게 됩니다. 편집 작업이 끝나 더 이상 손 댈 곳이 없을 경우 트랙잠금 기능으로 보호할 수 있습니다.

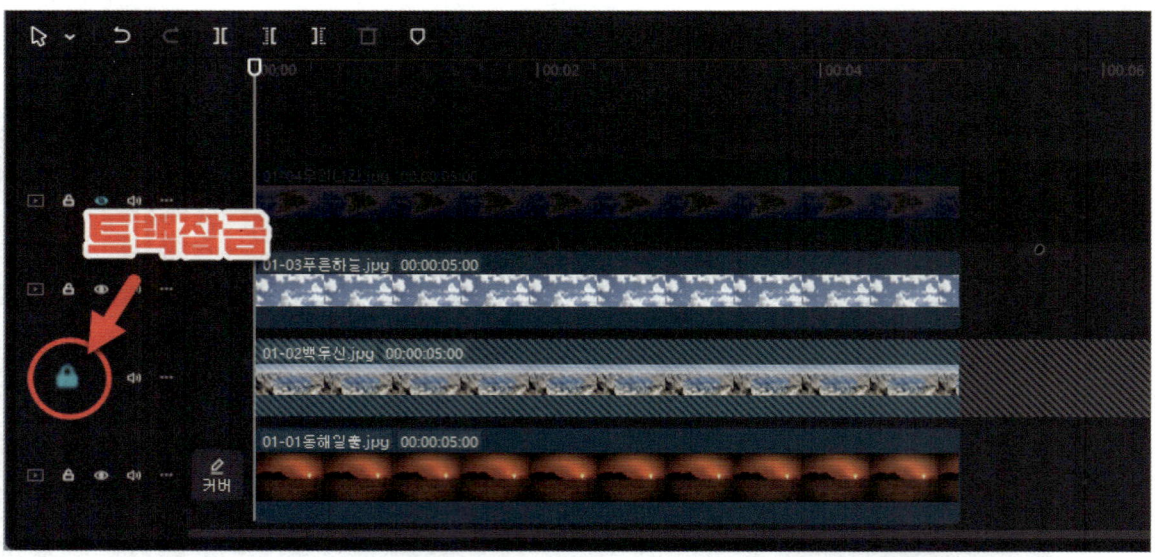

04 **트랙 음소거**를 클릭하면 트랙에 포함된 모든 오디오가 음소거되어 소리가 들리지 않게 됩니다. 이 버튼은 해당 트랙에만 적용되며, 언제든 해제할 수 있습니다. 동영상에 포함된 소리를 듣지 않게 할 경우에 사용할 수 있습니다.

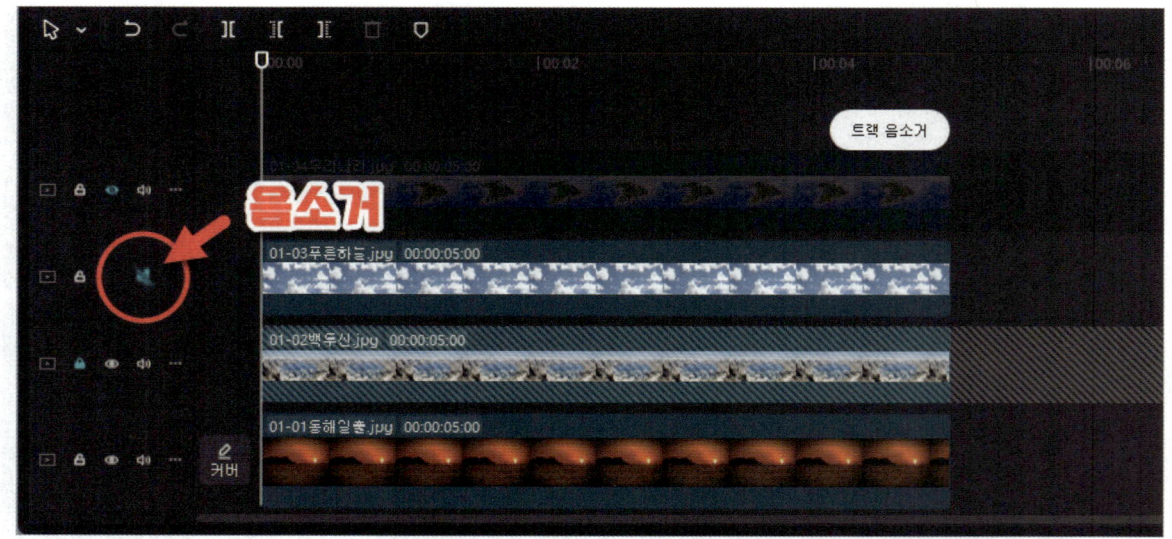

STEP 6 - 클립 분할과 선택

01 캡컷 대시보드에서 **"폭포"** 프로젝트를 ❶**마우스 우클릭**한 다음 ❷**[복제]**를 클릭합니다.

02 복사된 프로젝트 이름을 **"분할연습"**으로 변경한 후 프로젝트를 클릭해서 열어줍니다. (마우스 우클릭 후 [이름 변경] 선택)

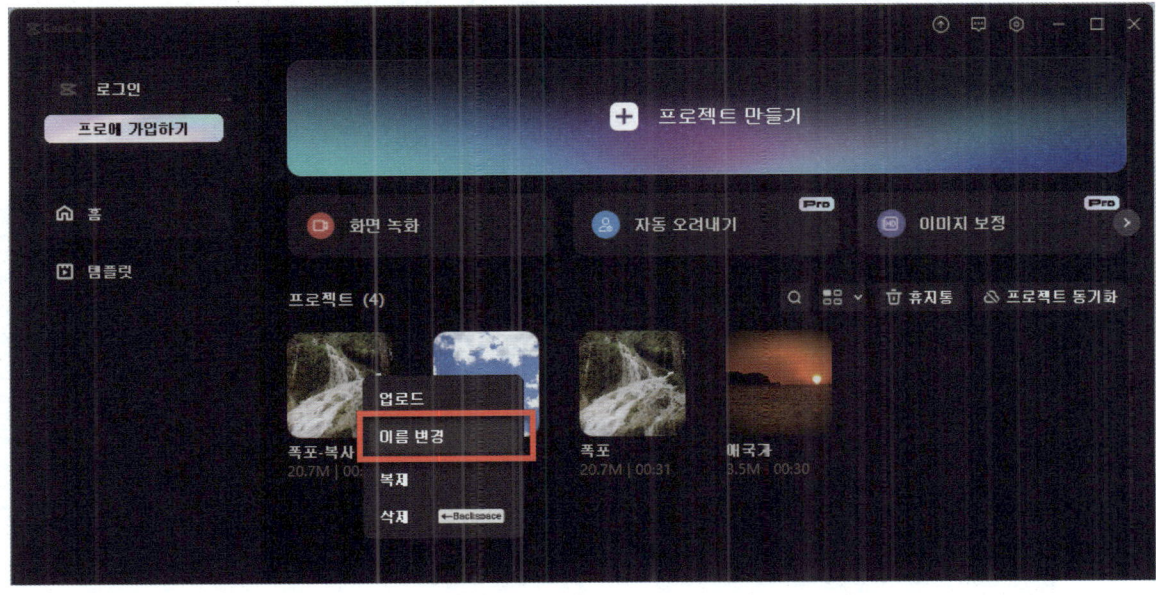

03 아래와 같이 플레이 헤드를 **7초**에 맞춰줍니다.

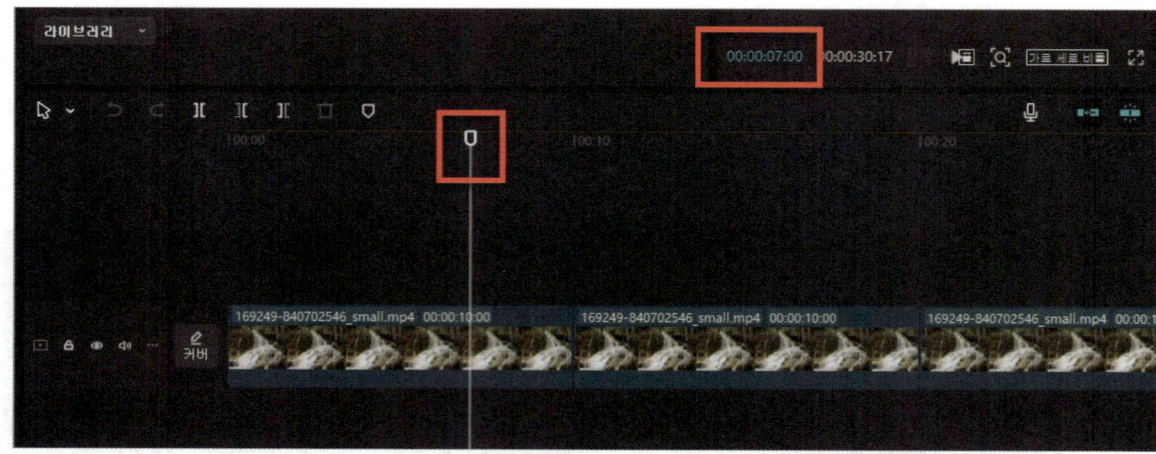

04 편집 창의 도구에서 **왼쪽 삭제**를 누르면 플레이 헤드의 나누어진 왼쪽 클립이 삭제가 됩니다.

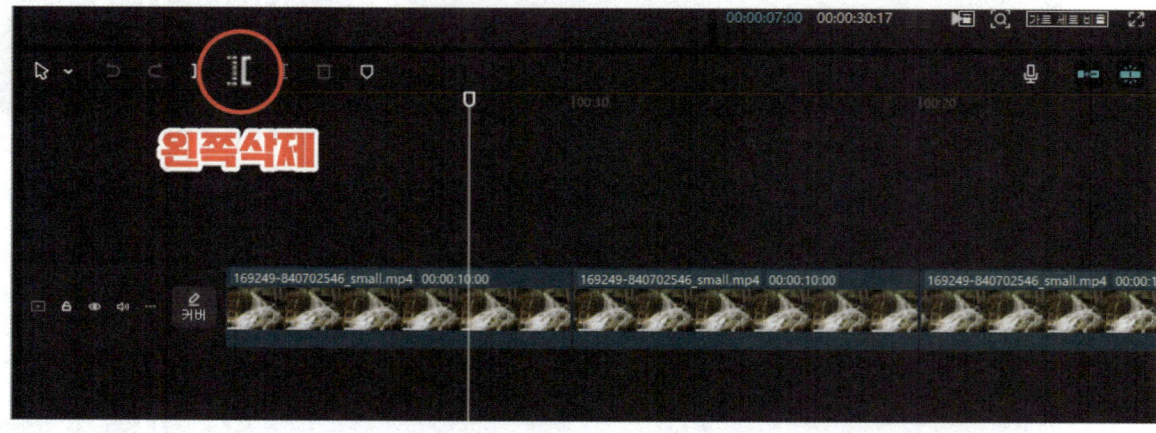

05 편집 창의 **실행 취소** 버튼을 클릭해서 분할 작업을 취소합니다.

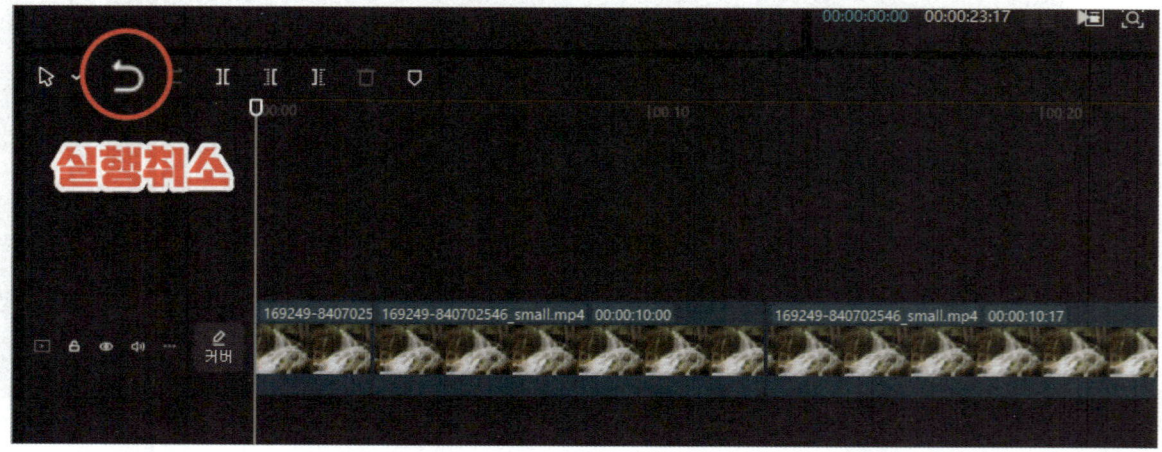

06 아래와 같이 **5초 간격으로 클립을 분할**하여 총 6개의 클립으로 만든 후 **3번째 클립**에 플레이 헤드를 위치시킵니다.

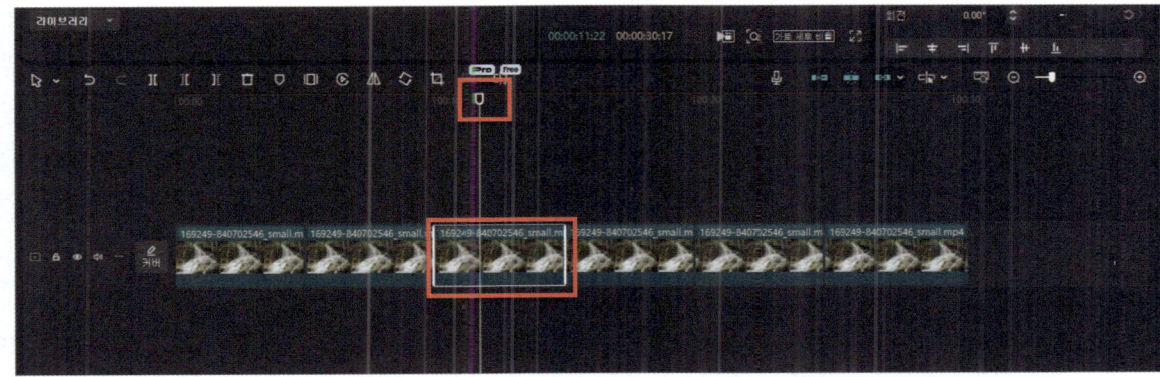

07 트랙 도구상자에서 ❶**선택 또는 분할** 버튼을 클릭한 후 ❷ [**왼쪽 방향으로 선택**]을 클릭합니다.

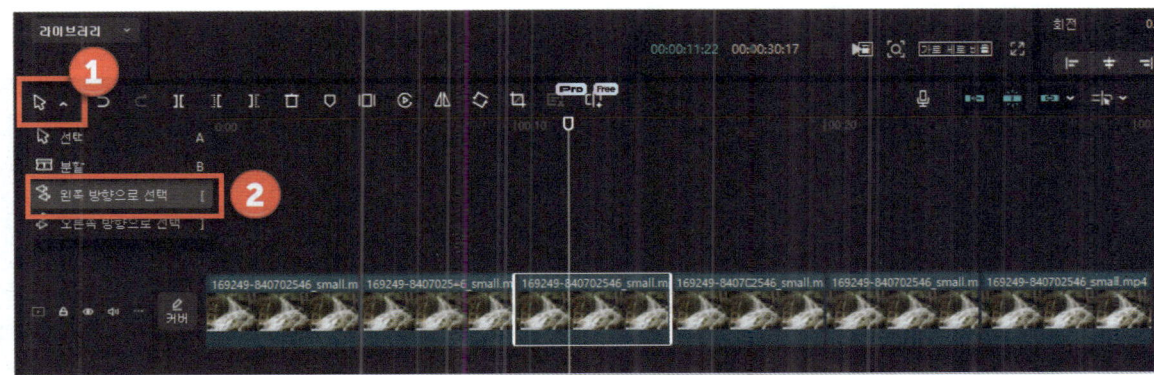

08 **5번째 클립**을 선택하면 선택한 클립의 왼쪽 방향에 있는 모든 클립이 한꺼번에 선택될 것입니다. (이때 버튼의 모양을 확인해 두세요.)

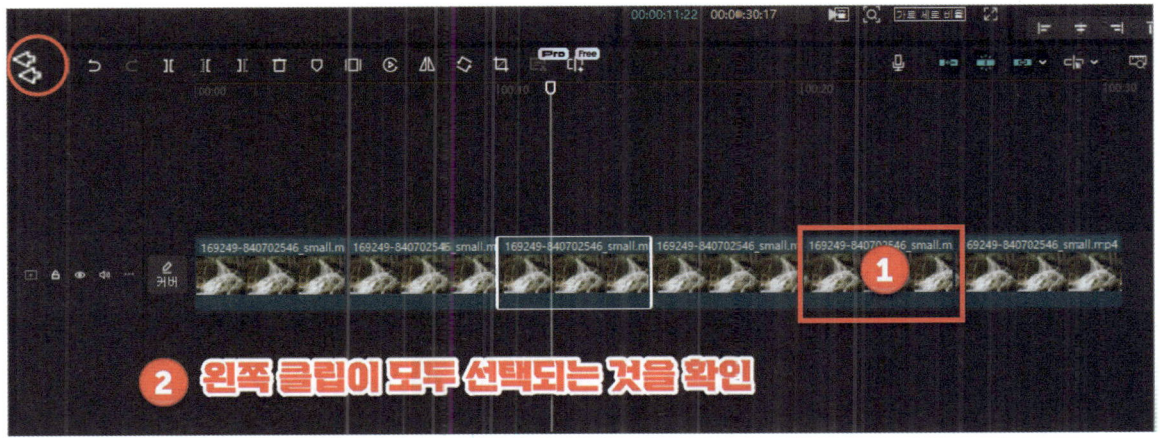

09 원래대로 클릭하면 클립을 하나씩 선택하려면 **선택 및 분할** 버튼을 클릭해서 **[선택]**을 클릭합니다.

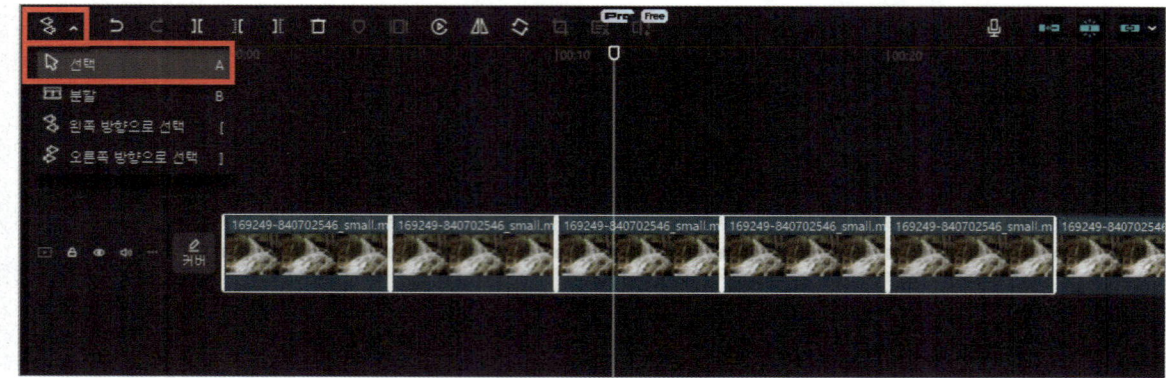

10 **선택 및 분할**을 클릭한 후 [분할]을 선택하면, 자르고 싶은 클립을 클릭했을 때 해당 클릭 위치를 손쉽게 분할할 수 있으므로 한번씩 실습해 보세요. 상황에 따라 맞는 도구로 사용하면 됩니다.

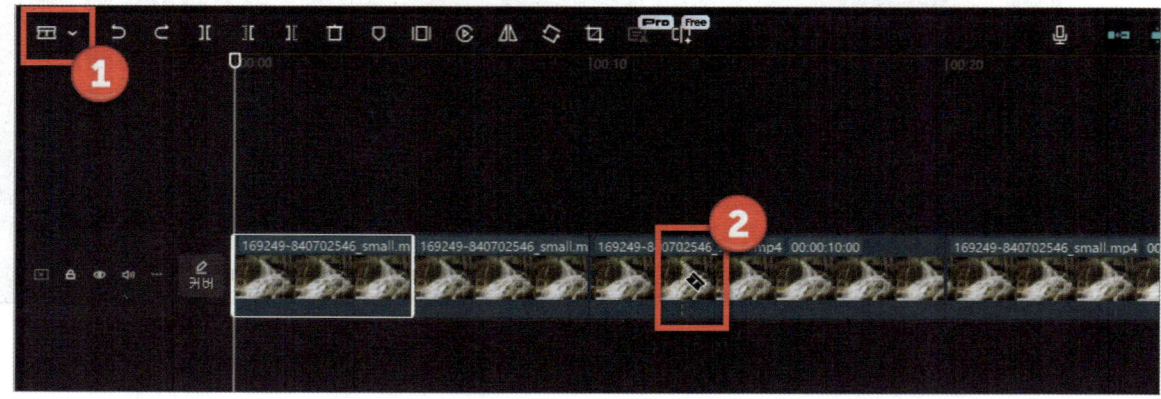

트랙 편집 단축키

[선택 및 분할] 모드	단축키	기능	단축키
선택	A	실행 취소	Ctrl + Z
분할	B	재실행	Ctrl + Shift + Z
왼쪽 방향으로 선택	[	분할	Ctrl + B
오른쪽 방향으로 선택	]	왼쪽 삭제	Q
		오른쪽 삭제	W

CHAPTER 03
얼굴 가려 보호하기

초상권은 개인의 사생활을 보호하고, 무분별한 이미지 사용으로부터 개인을 지키는 중요한 권리입니다. 웹3.0 시대에는 사진 한 장이 전 세계로 순식간에 확산될 수 있는 시대이므로 초상권의 의미와 그 보호 기준에 대해 다시금 생각해 보아야 합니다.

결과화면 미리보기

🎯 모자이크할 때 유의 사항

철저한 식별 불가능성 : 모자이크 처리된 사진이나 영상에서 해당 인물이 누구인지 절대로 식별할 수 없도록 해야 합니다.

상황의 고려 : 사진이나 영상의 상황이 개인을 특정할 수 있는 정보를 제공하지 않도록 주의해야 합니다.

무엇을 배울까?

❶ 스티커 분할로 작업하기
❷ 트래킹 작업하기
❸ 마스크로 블러 처리하기
❹ 배경만 흐리게 작업하기
❺ 신체 효과로 가리기

STEP 1 ▸ 스티커 분할로 작업하기

01 크롬 브라우저에서 무료 이미지 사이트인 **픽셀스** 사이트로 이동하여 **"가족"**을 검색하여 아래와 같은 동영상을 다운로드합니다. (픽셀스 사이트 이용이 불가능한 상황이라면 제공한 샘플파일 중 **영상1.mp4** 파일을 이용합니다)

02 캡컷에서 새 프로젝트를 열고, **가져오기**를 클릭하여 **다운로드한 동영상**을 가져온 후 ➕(트랙에 추가)를 눌러 **트랙에 추가**합니다.

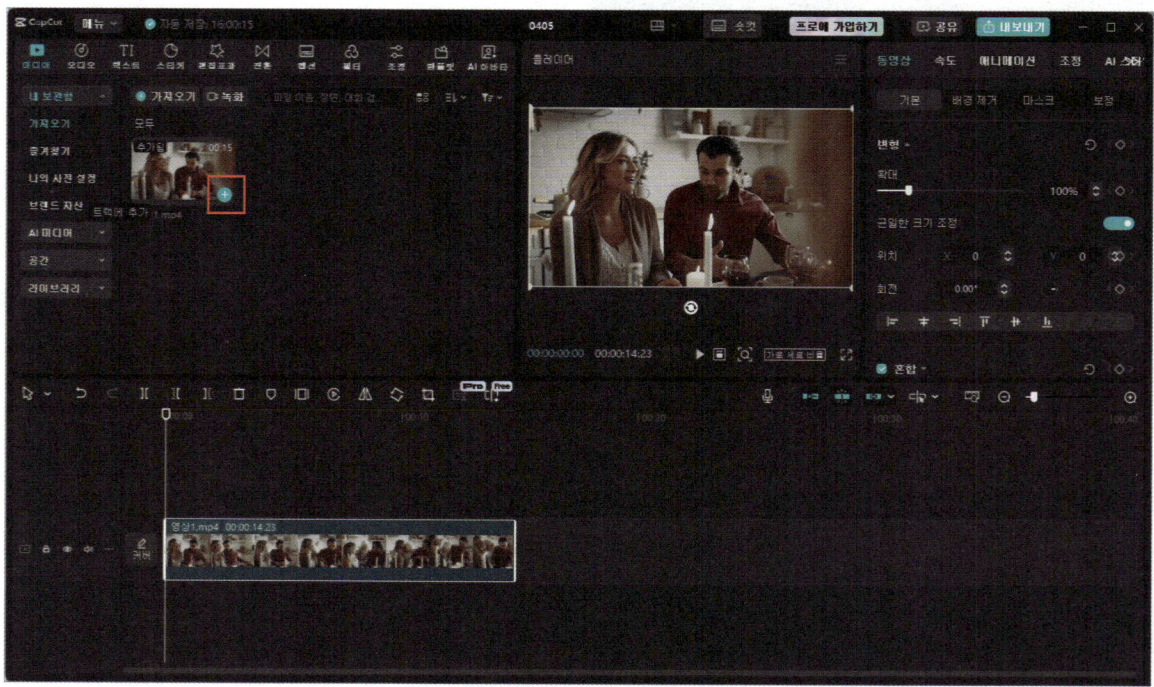

03 ❶**스티커**를 클릭한 후 ❷**가리기**(커버업)를 누르면 오른쪽에 다양한 가리기 형태가 나오는데 ❸**원모자이크**를 영상 클립 위에 드래그합니다.

04 모자이크로 가릴 얼굴 위치로 아래처럼 이동한 후, 조절점을 드래그하여 모자이크 스티커의 크기를 조절하여 적당하게 가려줍니다. (모자이크 크기를 너무 작게 하면 이후에 작업이 힘들어집니다)

05 메인 트랙 위에 추가된 **모자이크 스티커의 길이**를 영상 클립과 동일하게 늘려줍니다. 스티커 트랙의 끝에 마우스를 올려놓은 후 길이를 늘려주면 됩니다.

06 Spacebar 는 재생과 일시정지입니다. 재생하면서 피사체 얼굴이 모자이크 영역을 벗어나는 곳에서 ❶ Spacebar 로 **일시정지** 후, ❷ Ctrl + B 를 눌러 **분할**하고 ❸**모자이크를 이동**합니다.

07 같은 방법으로 분할하고, 모자이크를 얼굴에 가리기 위해 이동시키는 작업을 반복해서 작업해 준 후 재생해 보세요. 고전적인 방법이기는 하지만, 이렇게 단순한 작업들을 영상 작업할 때 자주 사용하게 됩니다. 좀더 편리한 방법을 차근차근 살펴보겠습니다.

STEP 2 ▸ 트래킹 작업하기

01 앞에서 작업한 모자이크 트랙을 선택한 후 **삭제**를 합니다. 마우스를 넓게 드래그해 트랙에 포함된 분할 클립들을 한꺼번에 선택할 수 있습니다.

02 모자이크 스티커를 트랙에 올려놓은 후, 영상클립 길이에 맞추고 얼굴 위치에서 모자이크 크기를 조절합니다.

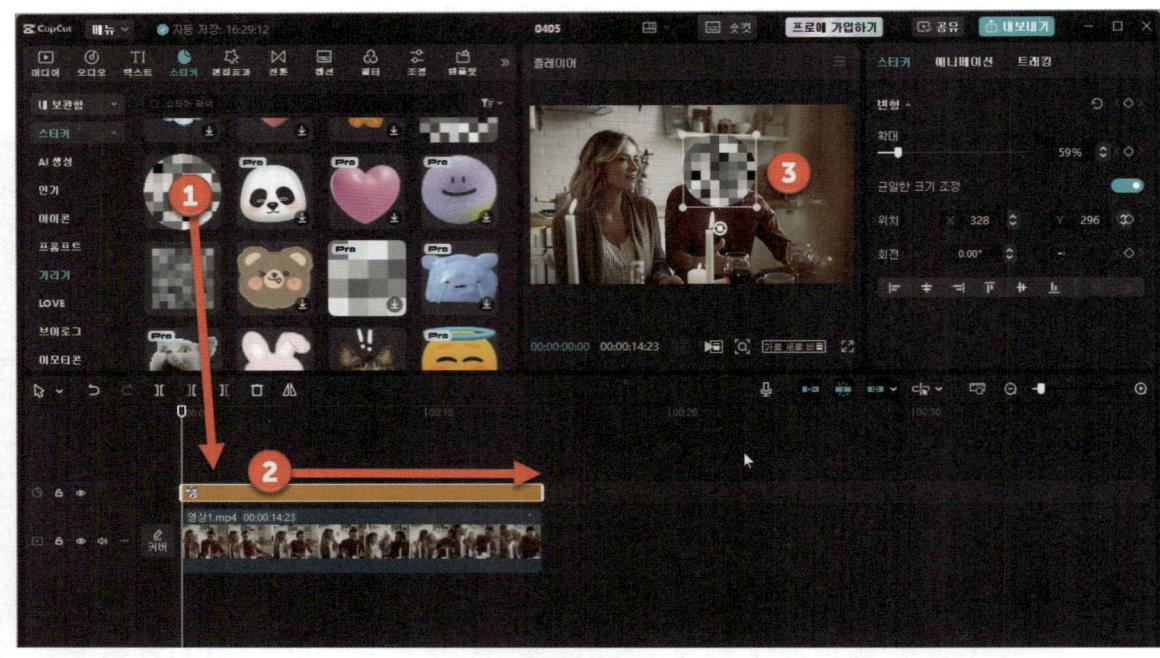

03 ❶**모자이크 트랙**이 선택되었으면 상단 세부 정보 창에서 ❷**트래킹**을 클릭한 후 ❸**모션 추적**을 클릭합니다.

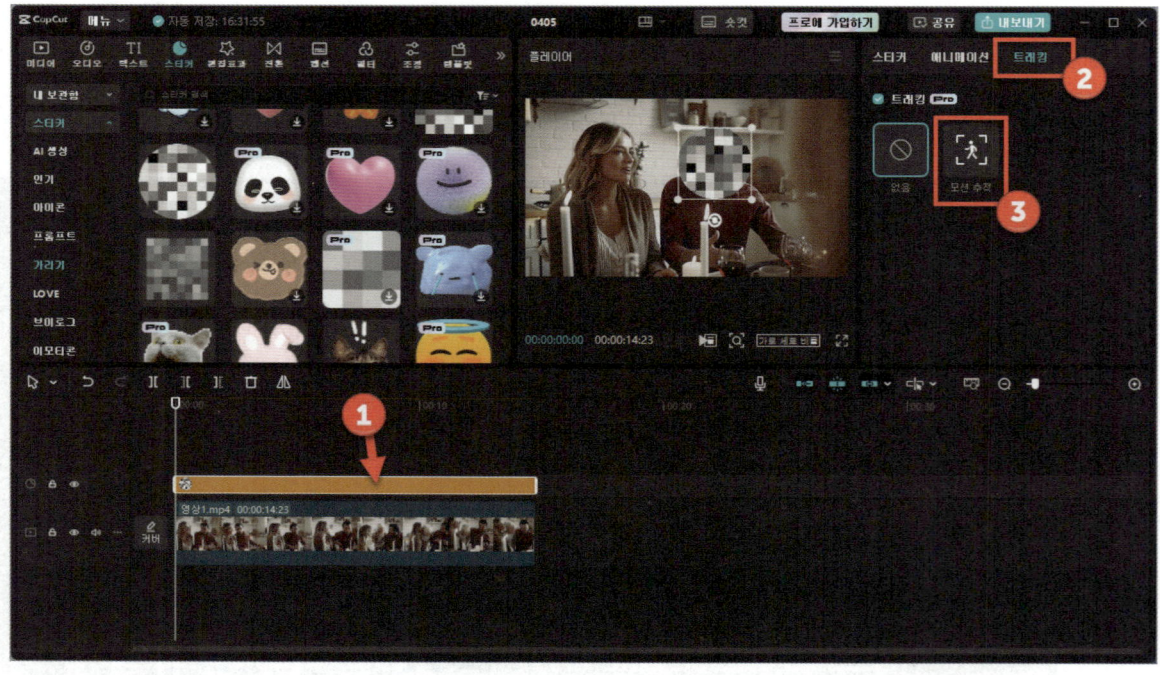

04 **노란 트레이서**의 가운데 ❶ +를 드래그해서 모자이크에 맞추고, ❷**트레이서의 크기와 형태**를 조절하고 ❸**시작**을 클릭하면 추적을 시작하게 됩니다. 재생을 해서 잘 되는지 확인한 후 프로젝트를 끝냅니다.

STEP 3 · 마스크로 블러 처리하기

01 이번에는 새 프로젝트 창에서 아래와 같이 똑같은 영상을 2개의 트랙에 추가한 후 **위쪽에 있는 트랙(레이어)**을 선택합니다.

02 ❶편집효과를 클릭한 후 검색어에 ❷"흐리게"를 입력한 후 Enter 를 눌러서 효과를 검색합니다. (흐리게-Blur)

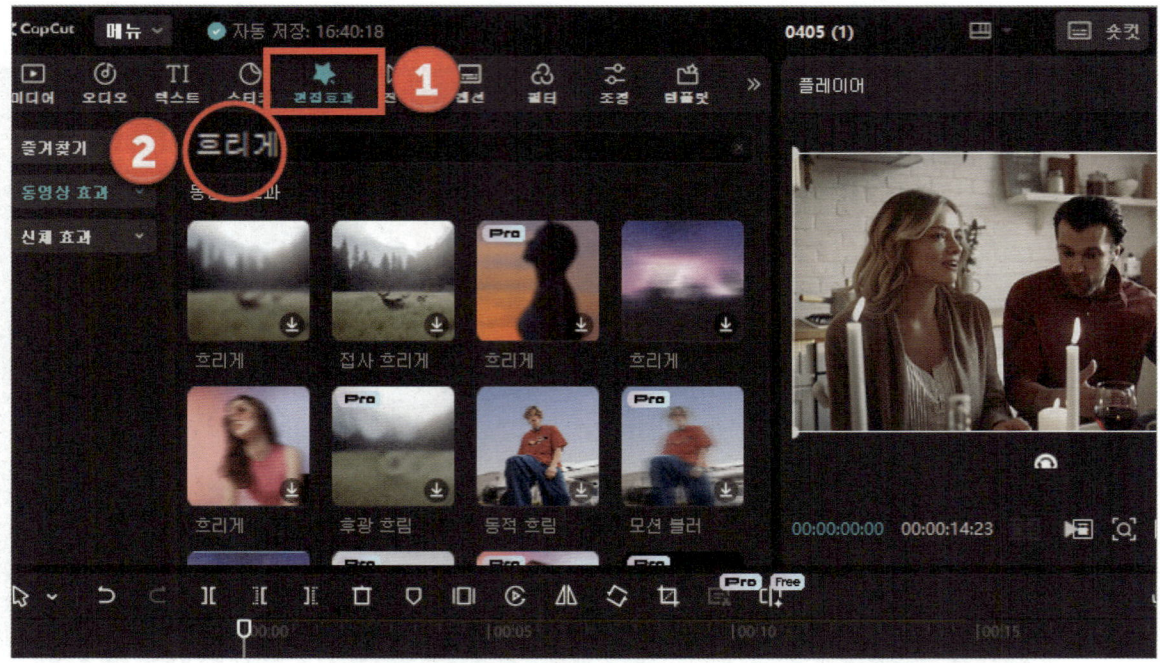

03 흐리게 효과가 여러 개 나오는데 첫 번째를 드래그해서 **상단 트랙**(레이어)에 있는 **영상 클립 안쪽**으로 드래그해서 올려놓습니다.

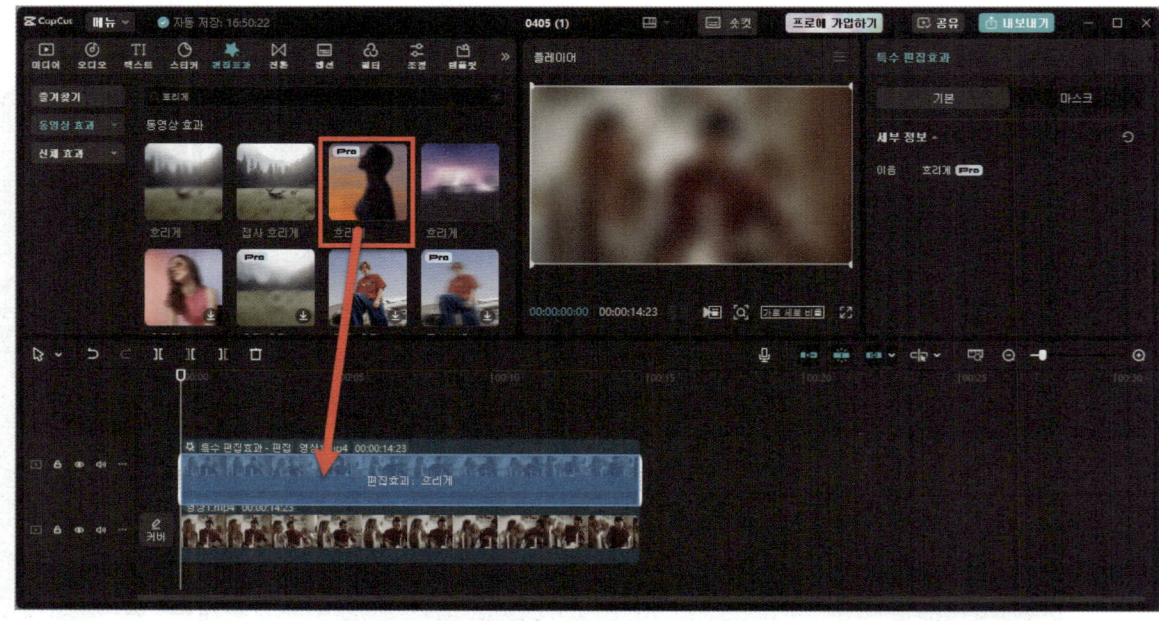

04 편집효과(흐리게)가 추가된 것은 아래와 같이 마우스 포인터가 생겨야 클립안으로 적용되게 됩니다. 잘못 되었을 경우에는 Ctrl + Z 로 되돌린 후 다시 시도하세요.

05 Home 키를 눌러 클립 처음으로 플레이 헤드를 이동시킨 후, ❶레이어2(흐리게) 클립을 선택합니다. 트랙 클립의 세부 정보에서 ❷마스크를 누른 후 ❸마스크 추가를 클릭합니다.

06 마스크에서 ❶**원**을 선택한 후, 남자의 얼굴에 ❷**마스크 크기**를 적당하게 조절한 후, Spacebar 로 재생하면서 얼굴이 벗어난 곳은 **분할(Ctrl + B)하고** 마스크를 **이동하면서** 조절합니다.

STEP 4 ▷ 배경만 흐리게 작업하기

01 **픽셀스** 사이트에서 **"여행"**을 검색하고 다운로드한 다음 캡컷의 새 프로젝트 창에서 아래와 같이 구성합니다. (픽셀스 사이트 이용이 불가능한 상황이라면 제공한 샘플파일 중 **영상2.mp4** 파일을 이용합니다)

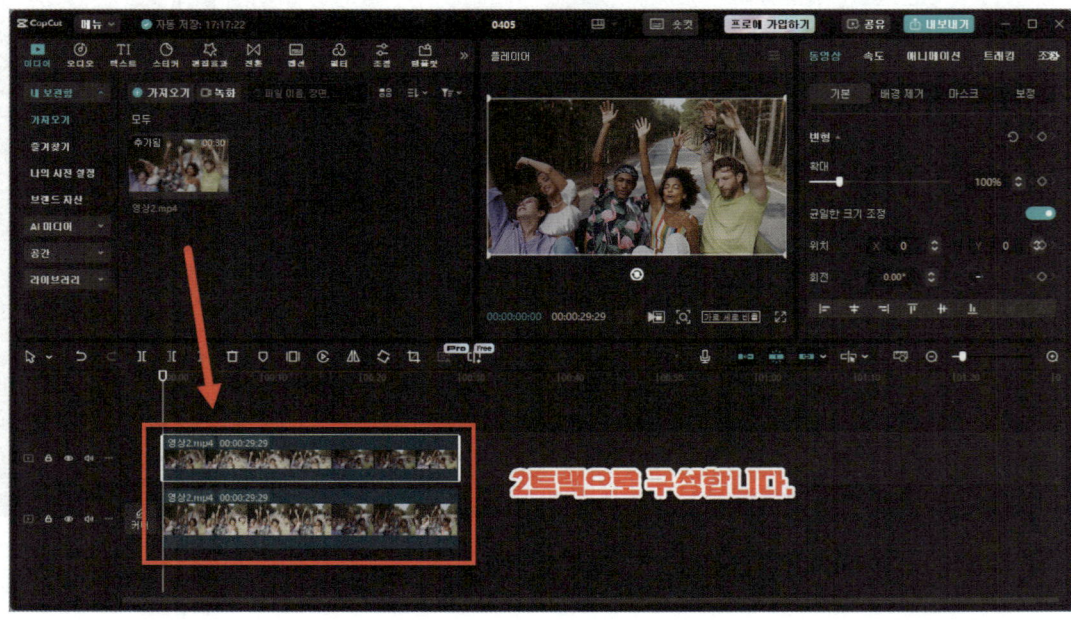

02 ❶**편집효과**에서 **흐리게**를 검색하여 ❷**위쪽 트랙**에 드래그한 후, 세부 정보에서 ❸**흐리게** 값을 60으로 정한 후 개체로 나갑니다.

03 ❶**편집효과를 빠져나온** 후, 개체 세부 정보에서 ❷**마스크**를 클릭한 다음 ❸**마스크 추가**를 클릭합니다.

04 마스크에서 ❹원을 선택한 후, 가려질 얼굴로 ❺크기 조정한 후 **마스크를 이동**합니다.

05 마스크 창의 아래쪽으로 이동하여 [마스크 설정]에 있는 ❻역방향을 클릭하면 흐리게 효과가 반대로 지정이 됩니다. 재생해서 작업 결과를 확인합니다.

STEP 5 ▶ 신체 효과로 가리기

01 새로운 프로젝트 창을 열고, 샘플 영상을 아래와 같이 트랙으로 구성한 후 **"신체 효과가리기"**는 이름으로 저장합니다.

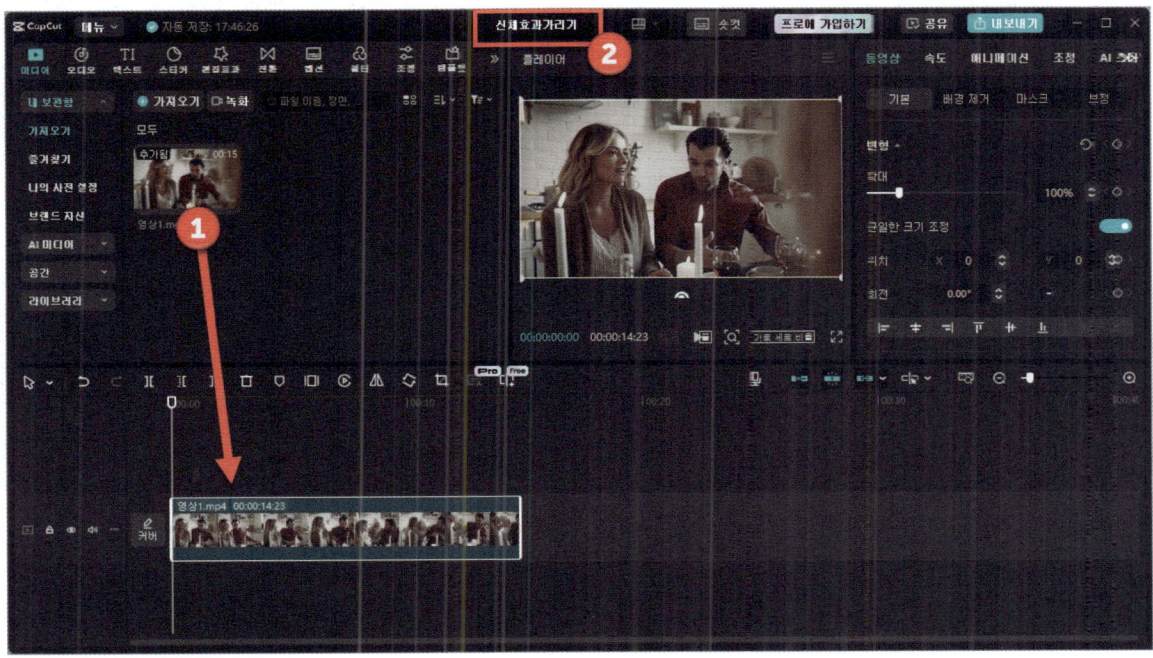

02 **편집효과▶신체 효과▶가리기▶시선 감추기**를 차례대로 선택합니다.

03 **시선 감추기** 효과를 드래그해서 **메인트랙 클립 위**에 올려놓은 후 마우스를 뗍니다. (드래그&드롭)

04 시선 감추기의 위치가 맞지 않거나, 시선 감추기 색상 변화 속도를 맞추고, 색상을 검정이 아닌 다른 색상으로 하기 위해 세부 정보의 값을 변경해 보세요. **초기화**를 누르면 처음 기본 상태로 되돌려줍니다.

CHAPTER 04 영상 합성하기

여기에서는 동영상의 배경과 관련된 합성 방법을 배워보도록 하겠습니다. 크로마키(chroma key)란 화면합성 등의 특수효과를 이용하기 위해 이용하는 배경으로 흔히 초록색과 파란색을 사용하여 그린/블루 스크린이라고도 합니다.

결과화면 미리보기

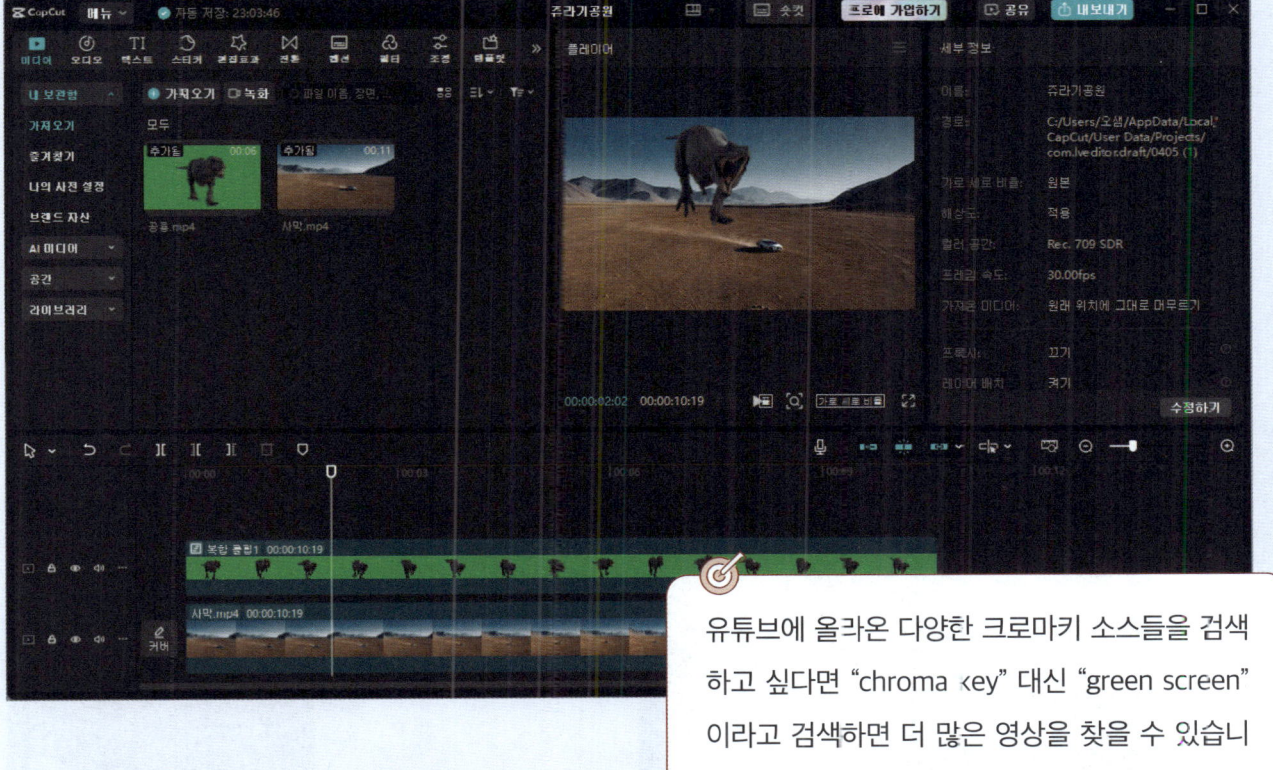

유튜브에 올라온 다양한 크로마키 소스들을 검색하고 싶다면 "chroma key" 대신 "green screen"이라고 검색하면 더 많은 영상을 찾을 수 있습니다. 크로마키를 제거한 영역에 초록색이 들어가는 경우 파란색 크로마키를 쓰기도 합니다.

무엇을 배울까?

❶ 배경 제거(오려내기)
❷ 배경 제거 클립 효과 주기
❸ 크로마키 합성하기
❹ 크로마키 영상 만들기

STEP 1 ▸ 배경 제거(오려내기)

01 크롬 브라우저를 이용하여 픽사베이 사이트에서 아래와 같은 영상 2개를 **"골목"** 과 **"여성"**을 각각 검색해서 다운로드합니다. 어떤 영상인지 먼저 확인해 보세요.

02 캡컷을 실행하고 새 프로젝트 창에서 **가져오기**를 눌러서 2개의 영상을 가져온 후, 아래와 같이 편집창 **메인 트랙에 골목, 레이어2(트랙2)에 여성**을 아래처럼 올려놓습니다.

03 **골목** 영상이 길어서 **여성**이 있는 **레이어2**의 클립 마지막 끝이 위치에 ❶**플레이헤드(인디케이터 바:indicator bar)를 위치**시킨 후, ❷**메인트랙**을 클릭한 다음 ❸ **오른쪽 삭제**를 눌러 오른쪽을 잘라서 버립니다.

04 배경을 오려낼 **레이어2 클립**을 선택한 후 Home 키를 눌러서 플레이 헤드를 **처음으로 이동**시킵니다.

05 동영상 클립의 세부 정보 창에서 ❶**동영상**이 선택되어 있는 것을 확인하고 ❷**배경 제거**(오려내기)를 선택합니다. (자동 삭제의 경우 유료버전으로 변경되었으며, 이 경우 편집은 가능하지만 내보내기를 할 수는 없습니다)

06 **자동 삭제**의 옵션 버튼을 클릭해서 **체크**하는 순간, 자동 오려내기 작업이 진행되며, 100% 완료되면 합성된 결과가 미리보기로 보입니다.

07 재생을 하면 아래와 같이 합성된 결과로 표시됩니다. 그러나 골목의 진행 방향이 뒤로 가고 있어서, 역방향 작업을 하기 위하여 ❶**골목 레이어**를 선택한 후 도구에서 ❷**역방향**을 클릭해 클립을 반전합니다.

08 이번에는 **골목 레이어**를 선택한 후 좌우 뒤집기(미러링) 기능을 클릭해서 재생해 보세요.

STEP 2 ▸ 배경 제거 클립 효과 주기

01 배경이 제거된 트랙을 선택한 후 **세부 정보** 창에서 배경 제거 작업을 이어서 할 경우, **획(스트로크)**에서 **직선 스트로크**를 선택하면 아래처럼 테두리가 흰색으로 처리됩니다.

02 세부 정보 창에서 마우스휠을 굴려 아래쪽으로 내리면, 색상, 크기 등을 추가로 설정할 수 있습니다. 저장하고 프로젝트 창을 닫습니다.

STEP 3 > 크로마키 합성하기

01 크롬 브라우저를 이용하여 **픽사베이** 사이트에서 **"공룡"**과 **"사막"** 비디오를 검색하여 다운로드하고, **공룡 효과음**도 적당한 것을 다운로드합니다.

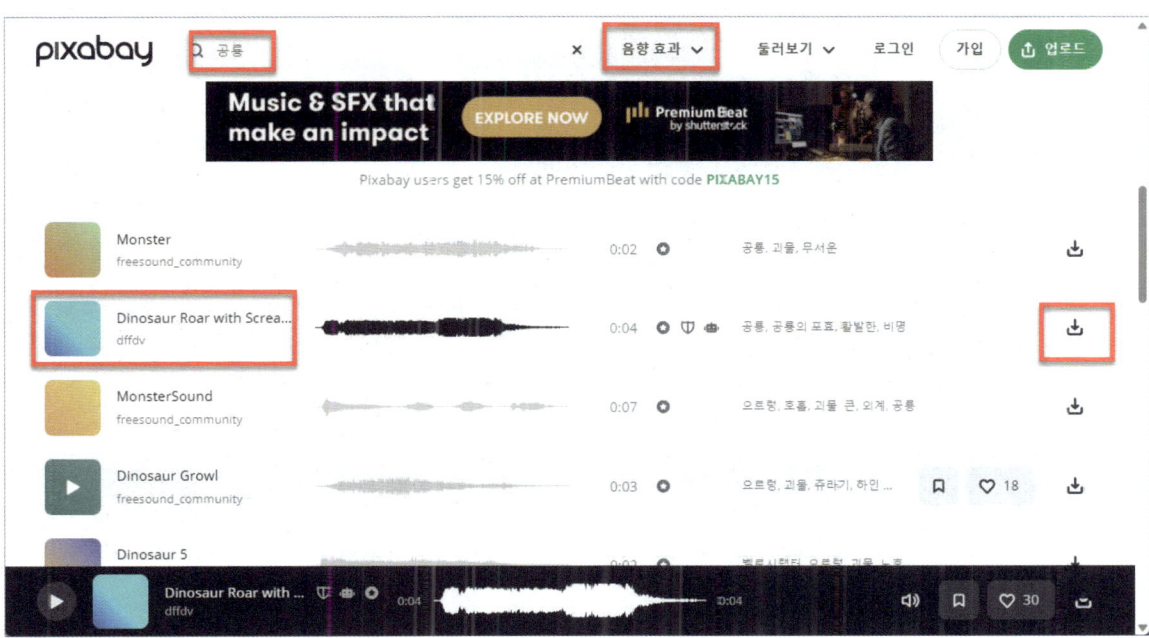

02 프로젝트 만들기를 눌러서 상단의 파일이름은 **"쥬라기공원"**으로 입력하고, **다운로드한 영상**을 아래와 같이 트랙 편집창에 넣어줍니다.

03 **공룡** 클립을 다시 한번 트랙으로 드래그해서 아래와 같이 공룡 클립이 2개가 연달아 위치하도록 배치합니다.

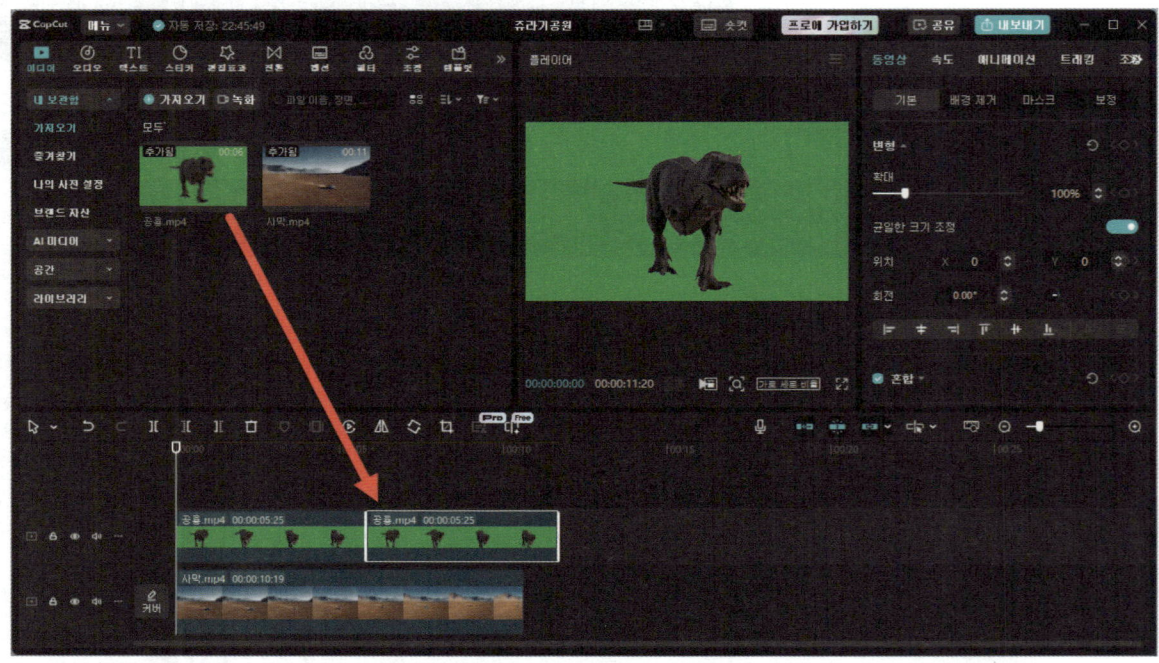

04 **타임라인에 맞게 크기조정** 버튼을 클릭해서 아래와 같이 모든 클립이 보이도록 합니다. 클립이 레이어의 가로폭을 넘어갈 때 이 버튼을 누르면 타임라인이 화면에 모두 보이게 됩니다.

05 메인 트랙에 맞춰 **공룡** 클립 레이어의 길이를 분할해서 **남은 오른쪽을 삭제**합니다. 상황에 따라 길이가 긴 부분을 삭제하면 됩니다.

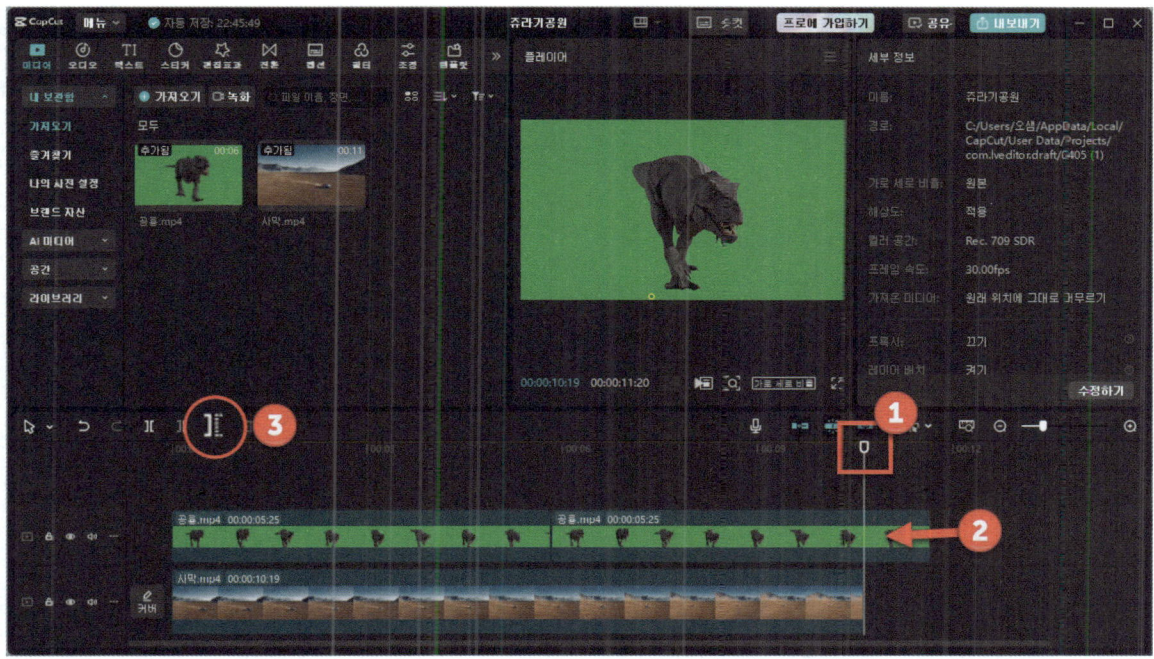

CHAPTER 04 영상 합성하기 **069**

06 공룡 2개의 클립을 ❶Ctrl 키를 이용하여 범위로 지정한 후, 마우스 우클릭을 눌러서 ❷복합 클립 만들기를 선택합니다.

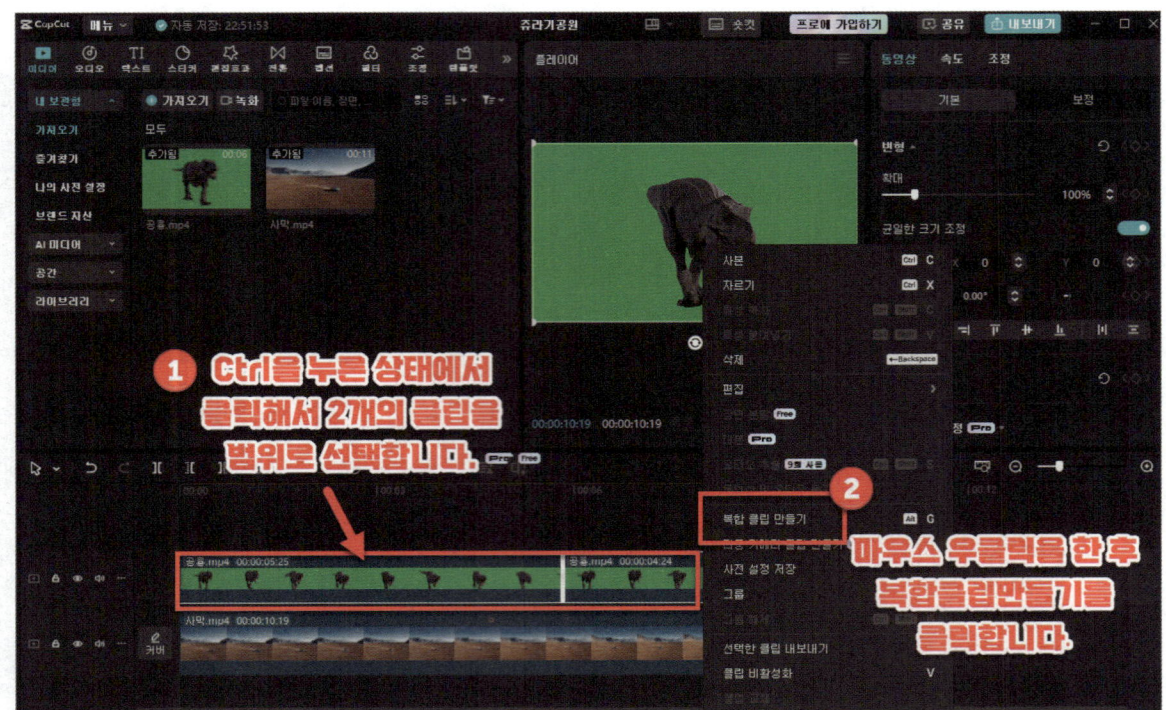

07 플레이 헤드를 처음으로 이동한 후 공룡 클립의 세부 정보창에서 배경 제거(오려내기)를 클릭합니다.

08 세부 정보 창에서 **❶크로마키**를 체크한 후, 미리보기 영상의 **❷투명하게 할 초록색 배경**을 클릭합니다. 동영상 합성 작업에서 가장 기본이 되는 것이 크로마키입니다.

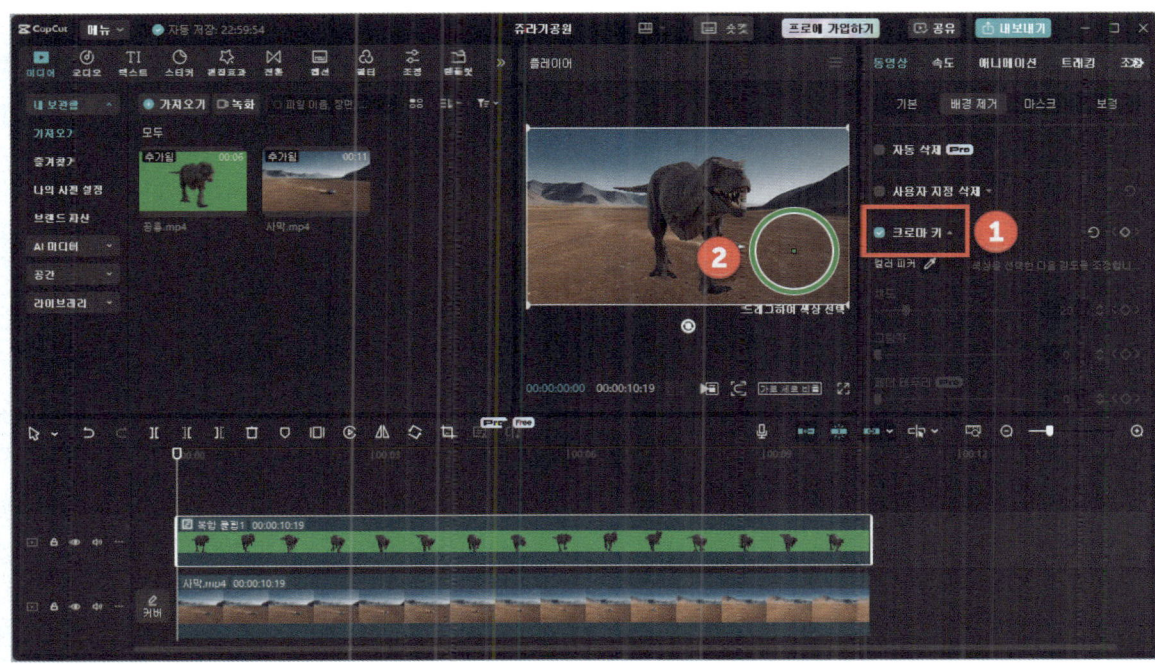

09 세부 정보 창에서 **❶기본** 탭을 클릭한 후 **❷확대를 70%**로 줄여준 후 **❸공룡 위치**를 화면 위쪽으로 옮겨줍니다.

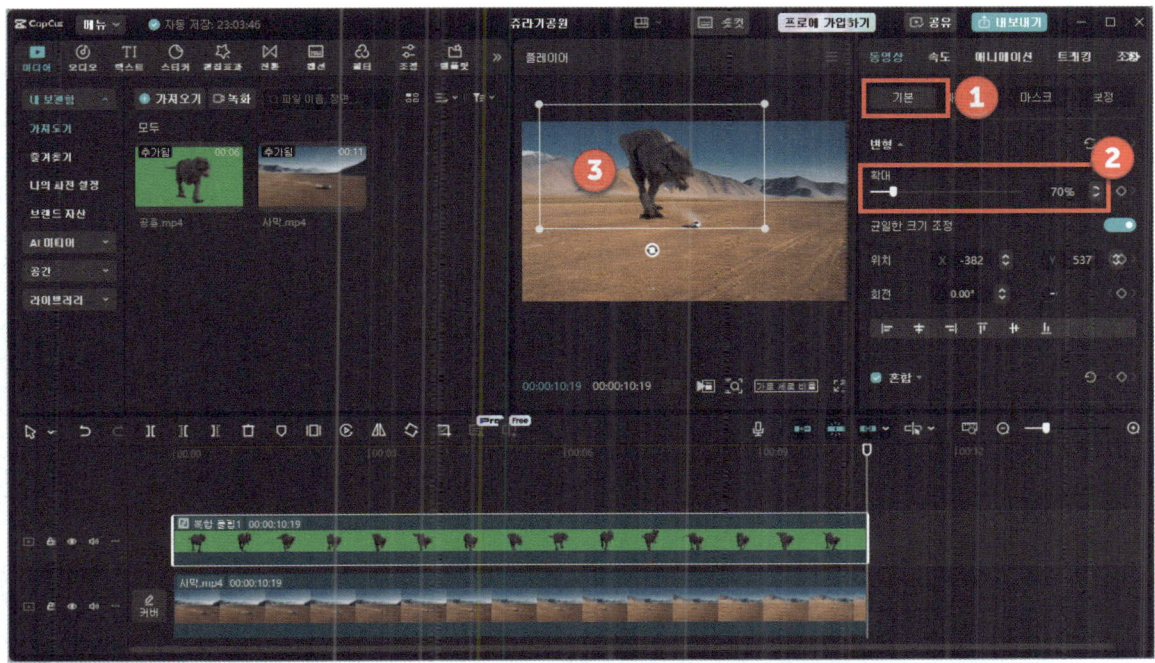

10 미리보기를 재생해서 결과를 확인합니다. 상황에 따라 회전과 크기 등을 섬세하게 조절할 필요도 있습니다. 조절점을 이용해도 크기나 회전 각도 등을 설정할 수 있으니 실습해 보세요.

11 **가져오기**를 이용하여 다운로드한 **공룡 효과음**을 아래와 같이 3회 추가한 후 마지막에 길이가 남으면 잘라줍니다. 지금까지의 결과를 확인하고 프로젝트 창을 닫습니다.

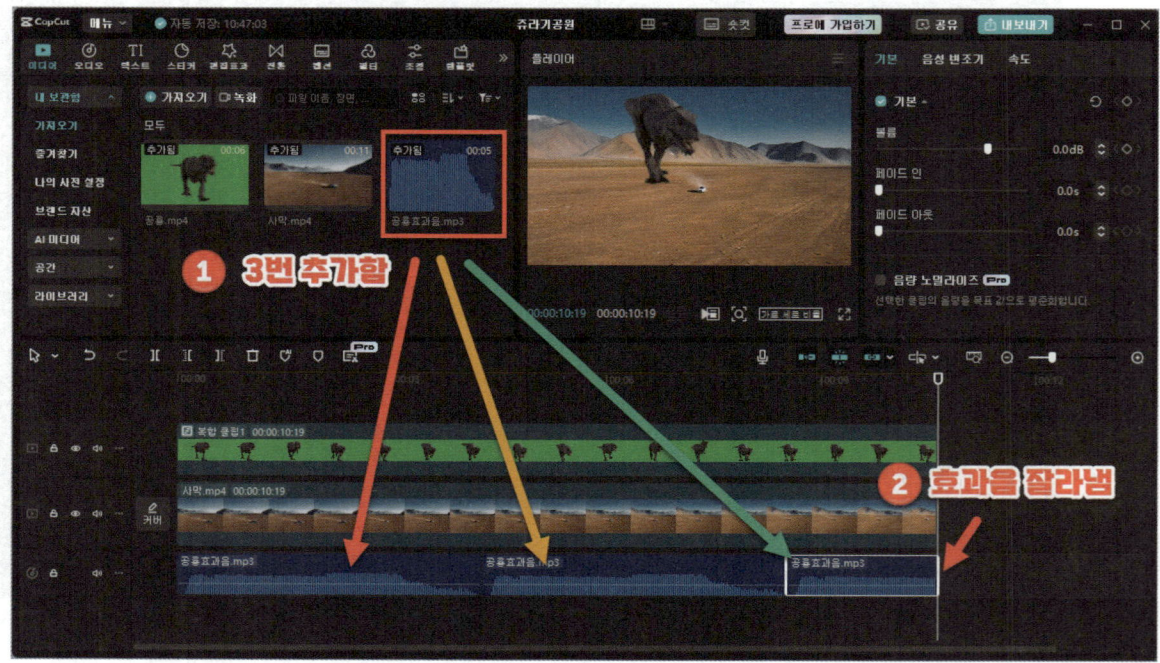

STEP 4 - 크로마키 영상 만들기

01 새로운 프로젝트 창을 열고, 캡컷동영상편집 폴더에서 **크로마키-배경** 이미지를 가져오기 한 후, 앞에서 다운로드했던 **여성**을 가져오기 합니다.

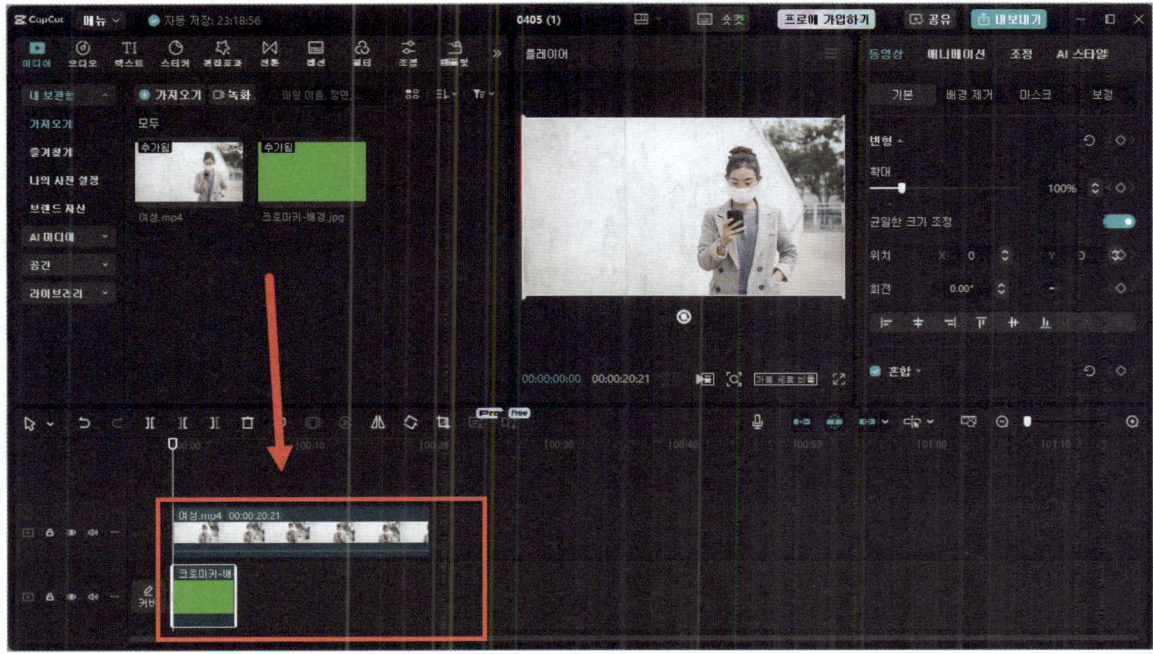

02 **크로마키-배경** 이미지 클립의 길이를 늘려서 레이어2의 길이에 맞춰줍니다.

03 ❶**레이어2**를 선택한 후 세부 정보 창에서 ❷**배경 제거**를 클릭한 후, ❸**자동 삭제**의 옵션(체크) 버튼을 누른 다음 기다립니다.

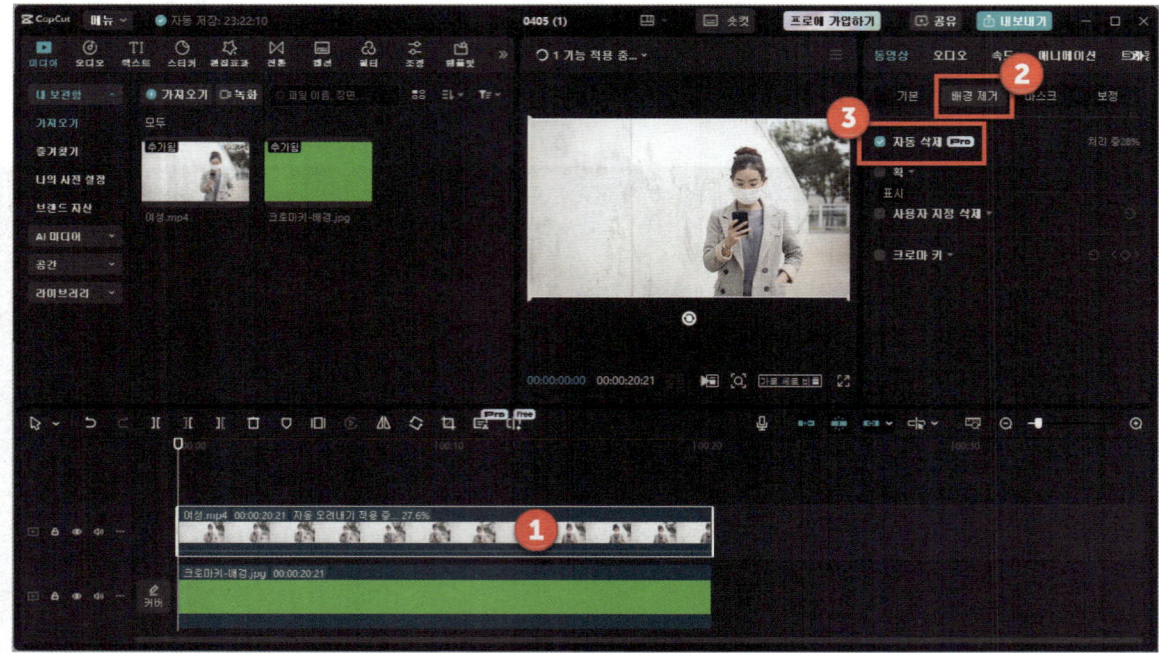

04 계속해서 ❹**획(스트로크)**에서 ❺**직선 스트로크**를 선택하여 배경이 제거된 인물에 테두리를 적용합니다. 세부 정보 창에서는 다양한 작업을 선택해서 변화를 줄 수 있으므로 직접 찾아서 적용해 보세요.

05 상단의 프로젝트 파일명은 ❶**"크로마키-여성"**으로 이름을 변경한 다음 ❷**내보내기**를 클릭합니다.

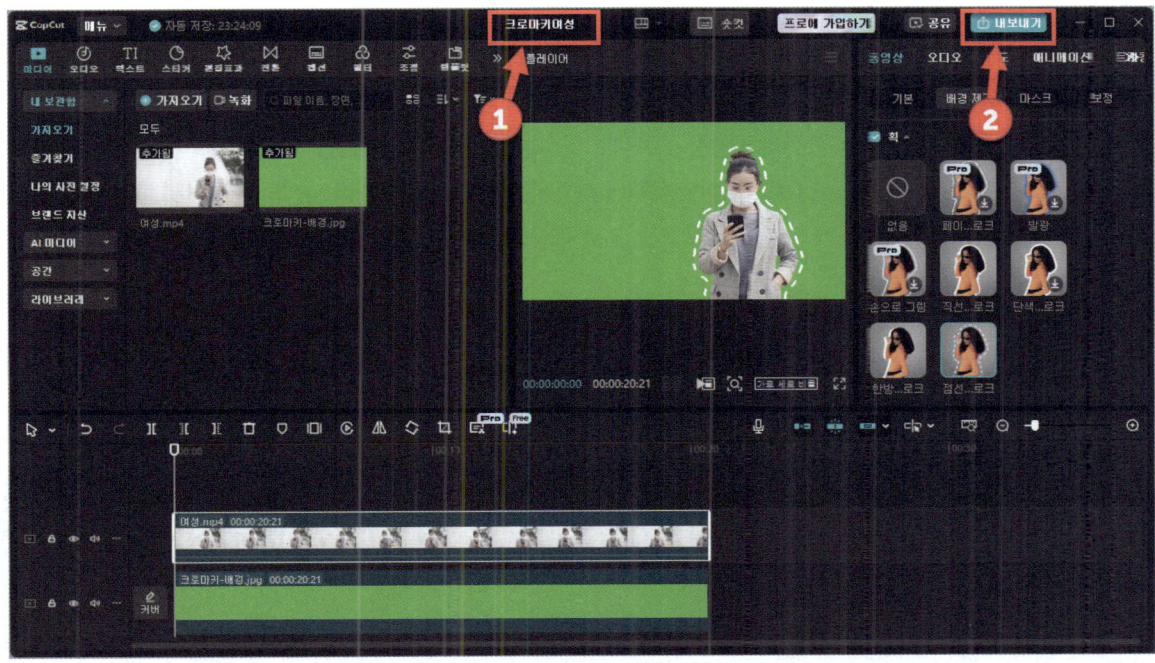

06 내보내기 작업을 할 때 PRO 기능을 사용한 것이 있다면 아래와 같이 **프로에 가입하기**를 해서 나머지 작업을 진행할 수 있습니다. 여기서는 **편집으로 돌아가기**를 눌러서 되돌아갑니다.

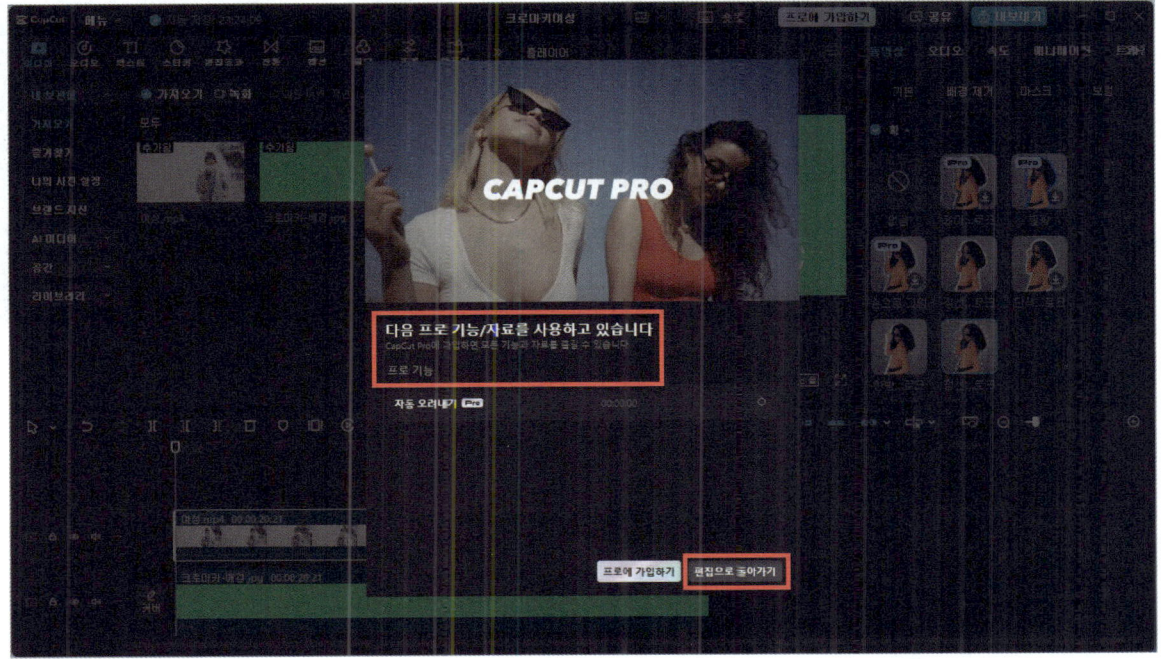

CHAPTER 05
캡컷 환경 설정하기

캡컷에서 만든 프로젝트 파일을 복사하여 다른 컴퓨터로 옮기고 싶을 때는 어떻게 할까요? 여기서는 프로젝트 저장 위치를 원하는 위치로 지정하여 손쉽게 관련 파일들을 다룰 수 있도록 변경하고, 그 외 중요한 몇 가지 환경 설정 항목에 대해서도 살펴보겠습니다.

결과화면 미리보기

무엇을 배울까?

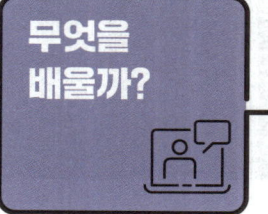

❶ 프로젝트 저장 위치 변경하기
❷ 프로젝트 파일 삭제하기
❸ 프로젝트 파일 찾아서 옮기기
❹ 프록시 관리하기
❺ 캐시 관리하기

STEP 1 ▶ 프로젝트 저장 위치 변경하기

01 캡컷 대시보드 상단의 ❶**설정** 버튼을 클릭한 후 ❷**[설정(Setting)]**을 선택합니다.

02 설정 대화상자에서 **임시 저장** 탭의 **저장** 항목에 있는 **찾아보기** 버튼을 클릭합니다.

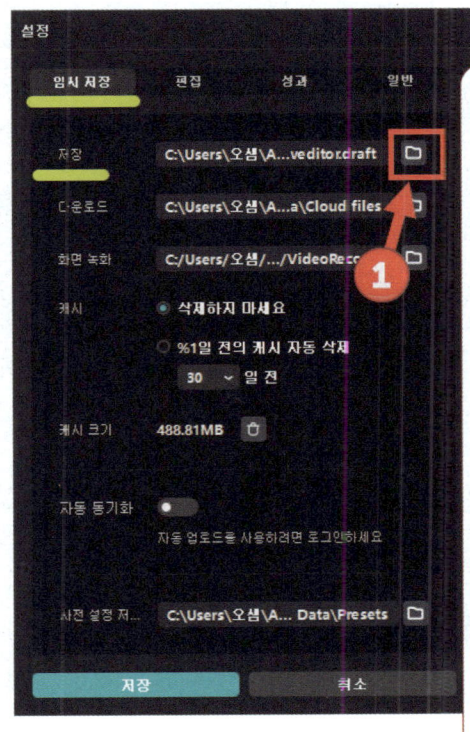

🎯 캡컷 프로젝트 기본 폴더

C:\Users\사용자명\AppData\Local\CapCut\User Data\Projects\com.lveditor.draft

복잡해 보이지만 실제로 사용자명 폴더를 열어보면 AppData 폴더는 숨김 속성으로 인하여 보이지 않습니다. 그만큼 중요한 폴더이므로 일반 사용자에게 보이지 않도록 한 것이지만, 프로젝트 파일을 복사하고 삭제하는 사용자 입장에서 볼 때 숨겨진 폴더는 불편합니다. 프로젝트 관련 폴더를 임의로 변경하고 필요할 때 관련 파일들을 쉽게 복사할 수 있도록 해 보겠습니다.

03 ❶**동영상** 라이브러리에서 ❷**새 폴더**를 클릭해서 ❸**"캡컷프로젝트"**라는 새로운 폴더를 생성한 후 ❹**폴더 선택**을 클릭합니다.

04 캡컷에서 다운로드한 파일을 저장할 폴더도 만들어서 변경합니다. **임시 저장** 탭의 **다운로드** 항목에 있는 **찾아보기** 버튼을 클릭합니다.

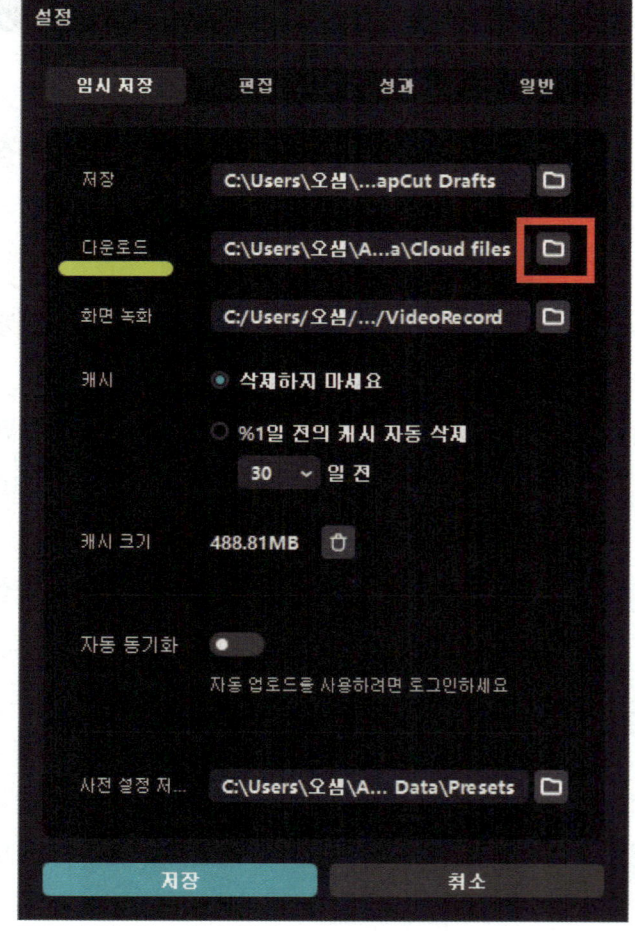

05 ❶**동영상** 라이브러리에서 ❷**새 폴더**를 클릭해서 ❸**"캡컷다운로드"**라는 새로운 폴더를 생성한 후 ❹**폴더 선택**을 클릭합니다.

06 동일하게 **화면 녹화** 폴더도 ❺**찾아보기** 버튼을 클릭하여 동영상 라이브러리에 **"캡컷화면녹화"** 폴더를 만들어 폴더를 변경한 후 ❻**저장**을 클릭해서 설정을 끝냅니다.

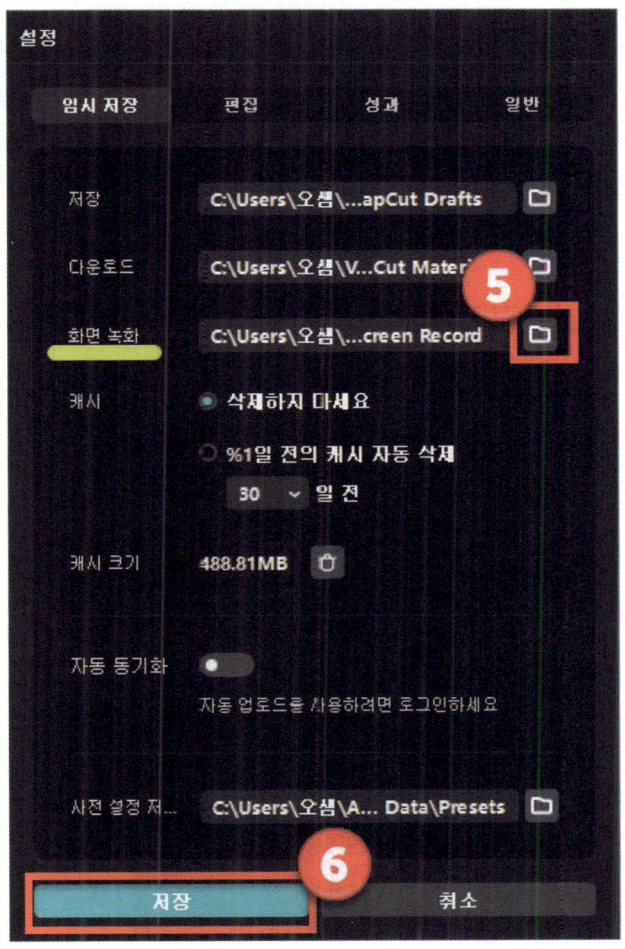

STEP 2 · 프로젝트 파일 삭제하기

01 프로젝트 저장 위치를 변경했다고 해서 기존 저장된 파일들이 자동으로 이동되는 것은 아닙니다. 제작했던 프로젝트를 모두 선택한 후 **휴지통(삭제)**을 클릭합니다.

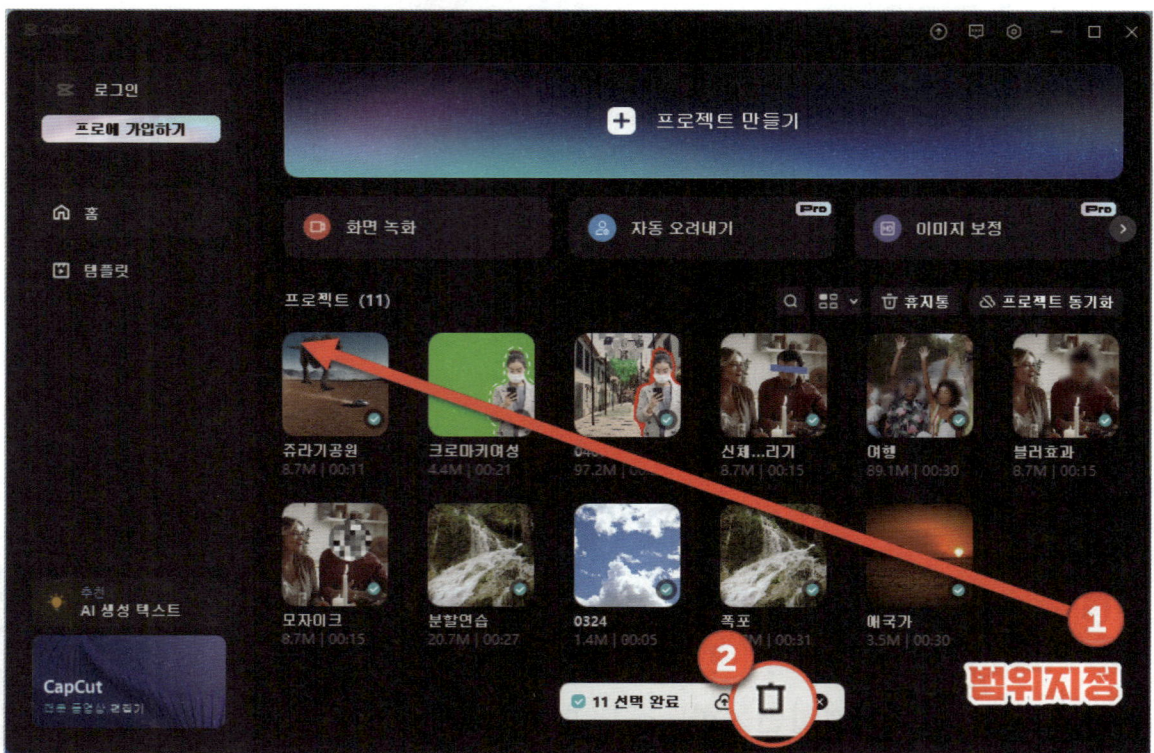

02 **휴지통으로 옮길까요?** 라는 대화상자가 나오면 **확인**을 클릭합니다. 휴지통에 보관된 프로젝트는 30일 후 자동 삭제됩니다.

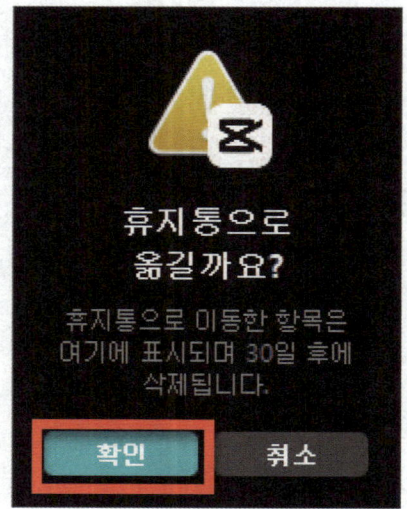

03 대시보드의 ❶**휴지통**을 눌러서 열어보면 최근 이동한 프로젝트들이 보입니다. ❷**모두 삭제**를 클릭하면 비우기가 되며 완전히 삭제되지만, **여기서는 삭제하지 말고 필요한 프로젝트를 복원**해 보겠습니다.

04 되살리려는 **프로젝트 파일을 선택**한 후 **복원** 버튼을 누릅니다. 필요하다면 모든 프로젝트 파일을 선택한 후 복원합니다. (모두 선택 : Ctrl + A)

휴지통에서 복원한 프로젝트 파일들은 새로 지정한 프로젝트 폴더로 복원됩니다. 결과적으로 원래 있던 프로젝트 폴더에서 새로운 폴더로 프로젝트 파일들이 이동된 것입니다.

CHAPTER 05 캡컷 환경 설정하기   081

STEP 3 프로젝트 파일 찾아서 옮기기

01 대시보드에서 **프로젝트 만들기**를 누른 후 아래와 같이 캡컷동영상파일 폴더에서 이미지와 음악(01번으로 시작하는 파일들)을 추가하여 작업합니다. 만약 프로젝트 이름이 사용중이라면 다른 것으로 지정합니다.

02 ❶**트랙의 빈 곳**을 먼저 클릭한 후 세부 정보 창에서 ❷**수정하기**를 클릭합니다. 프로젝트 파일은 설정을 따로 수정할 수 있습니다.

03 가져온 미디어 옵션에서 **프로젝트에 미디어 복사**를 선택해서 사용된 미디어를 프로젝트 파일과 함께 보관되도록 한 후 **저장**을 클릭합니다.

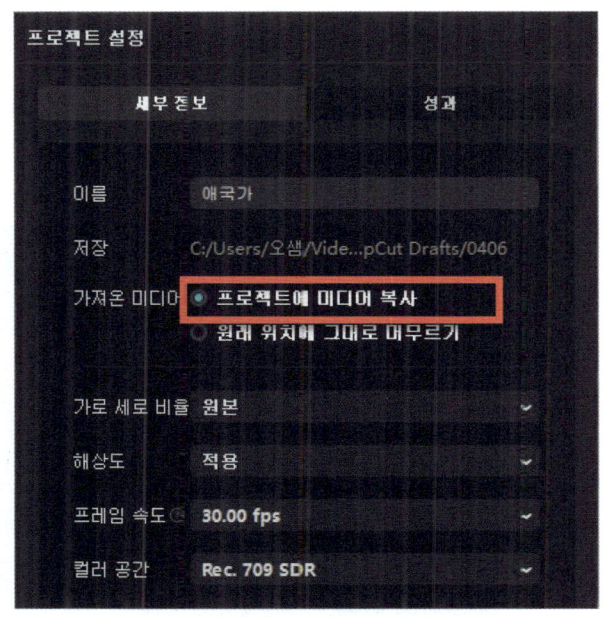

가져오기를 이용해 프로젝트에 삽입한 이미지, 음악, 동영상 등의 미디어를 프로젝트 폴더에 복사하여 다른 컴퓨터로 옮겼을 때 정상적으로 표시 될 수 있도록 하는 작업입니다.

04 **유튜브 영상**을 만들 경우 **해상도**를 **사용자 지정▶1920x1080**으로 변경한 후 저장을 클릭합니다.

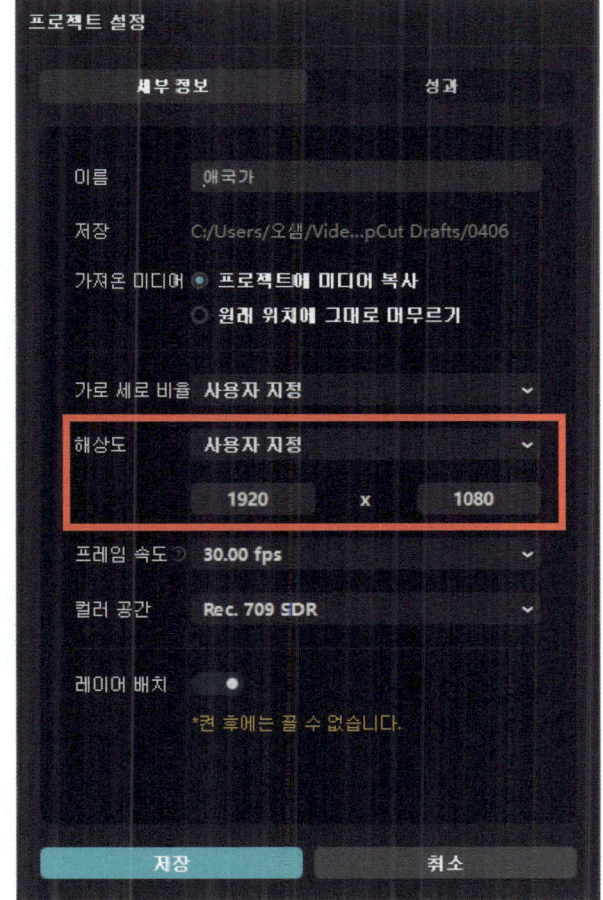

05 오른쪽 상단의 ❶내보내기를 클릭한 후 대화상자에서 내보내기 할 폴더를 ❷동영상으로 변경하고, ❸워터마크는 끄기를 한 후 ❹동영상이 체크된 것을 확인했으면 ❺내보내기를 클릭합니다.

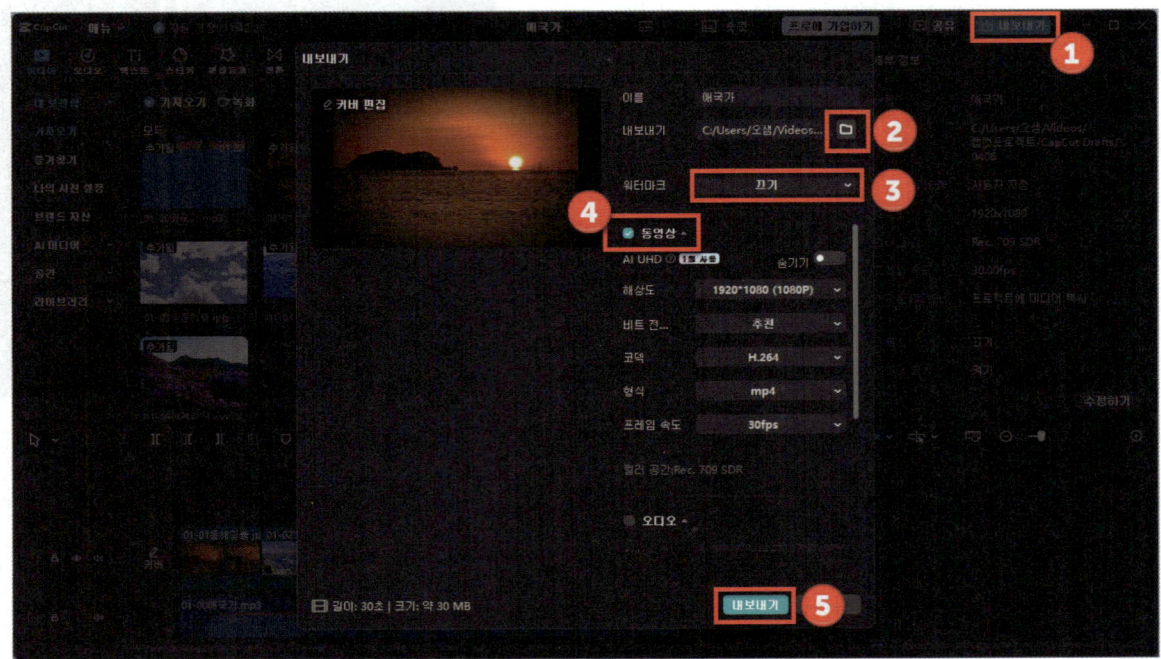

06 내보내기가 끝나면 취소를 클릭해서 닫아준 후, 프로젝트 편집창을 닫고 대시보드로 나갑니다.

07 **파일 탐색기**를 실행한 후 **동영상 ▶ 캡컷프로젝트** 폴더를 차례대로 열어줍니다.

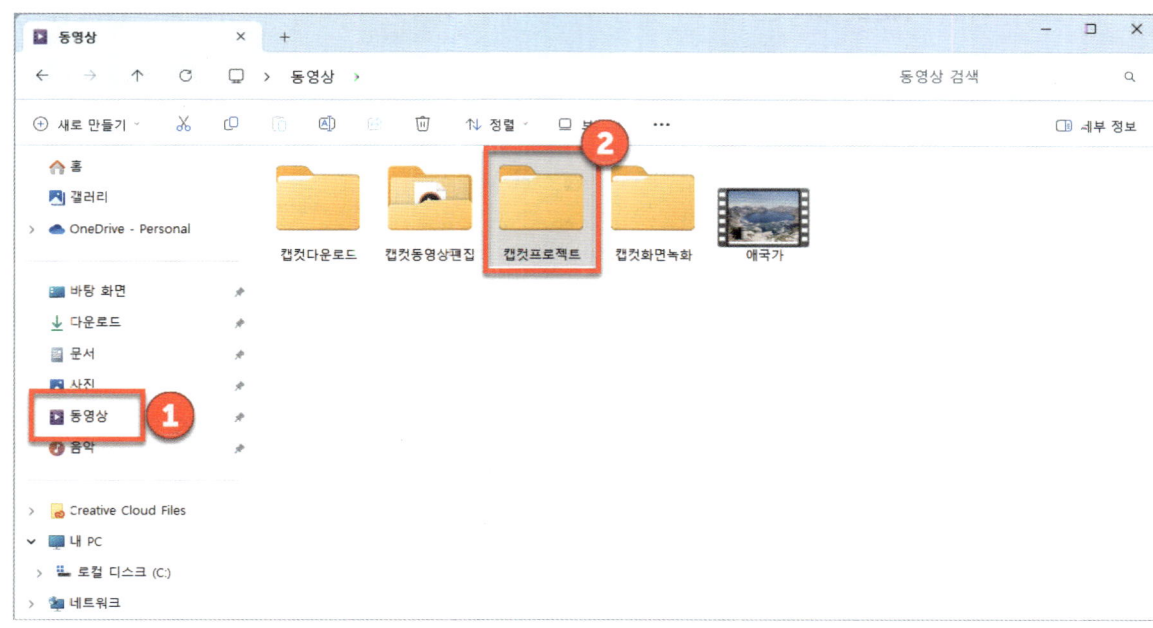

08 **CapCut Drafts** 폴더가 보이면 더블클릭해서 열어보면 프로젝트 작업으로 저장했던 폴더가 보이며 편집에 사용했던 것이 모여있습니다.

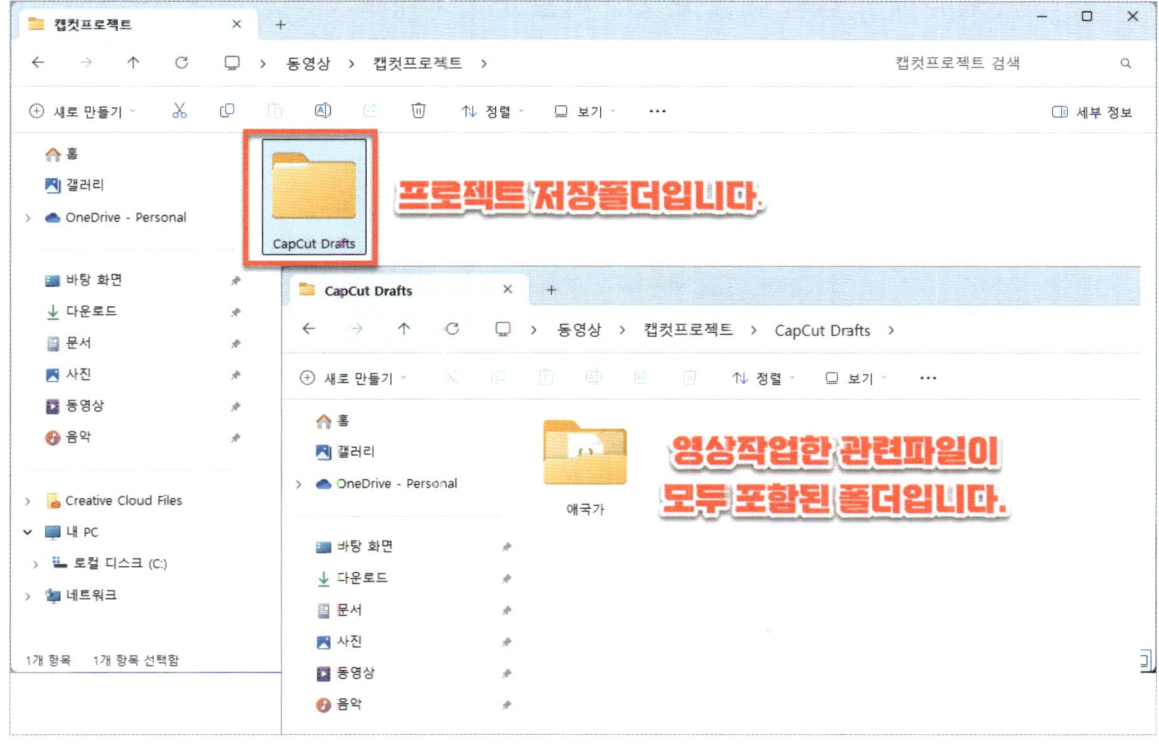

09 아래와 같이 원하는 **프로젝트 폴더(애국가 폴더)**를 열어주면 많은 폴더와 파일이 보입니다. **Resources** 폴더에는 작업에 사용된 미디어가 저장되어 있습니다.

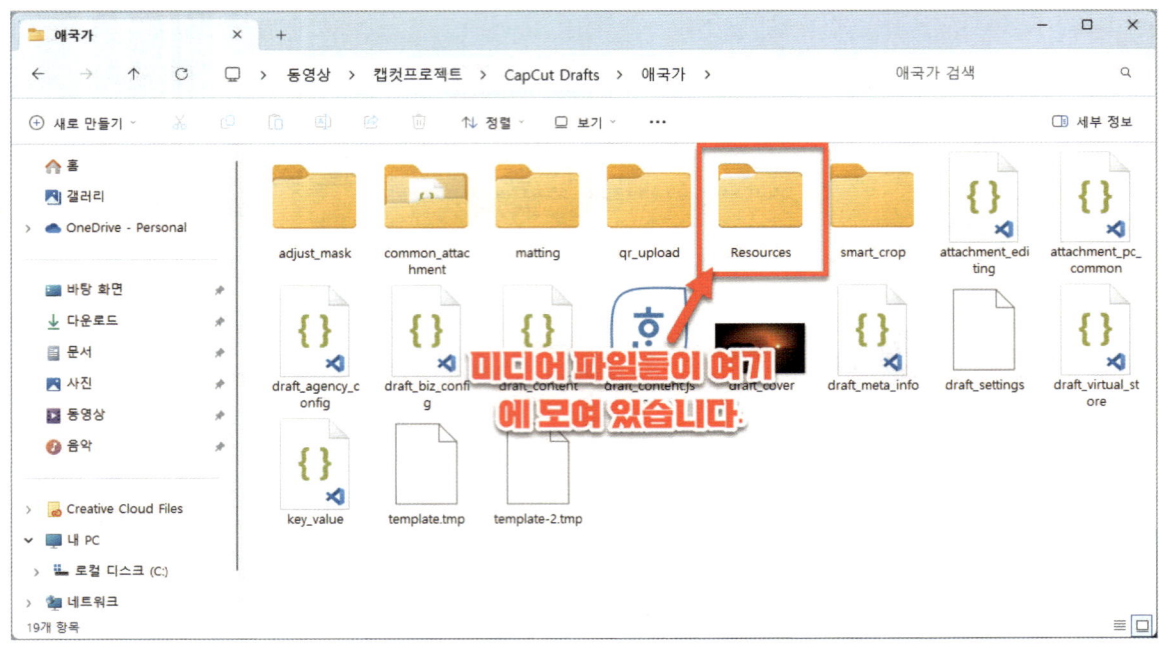

10 **애국가** 폴더를 열어준 후 Ctrl + A 를 눌러서 모든 파일과 폴더를 선택한 후 마우스 우클릭해서 **압축 대상 ▶ Zip 파일**을 차례대로 선택합니다. (윈도우10은 **보내기 ▶ 압축 폴더**)

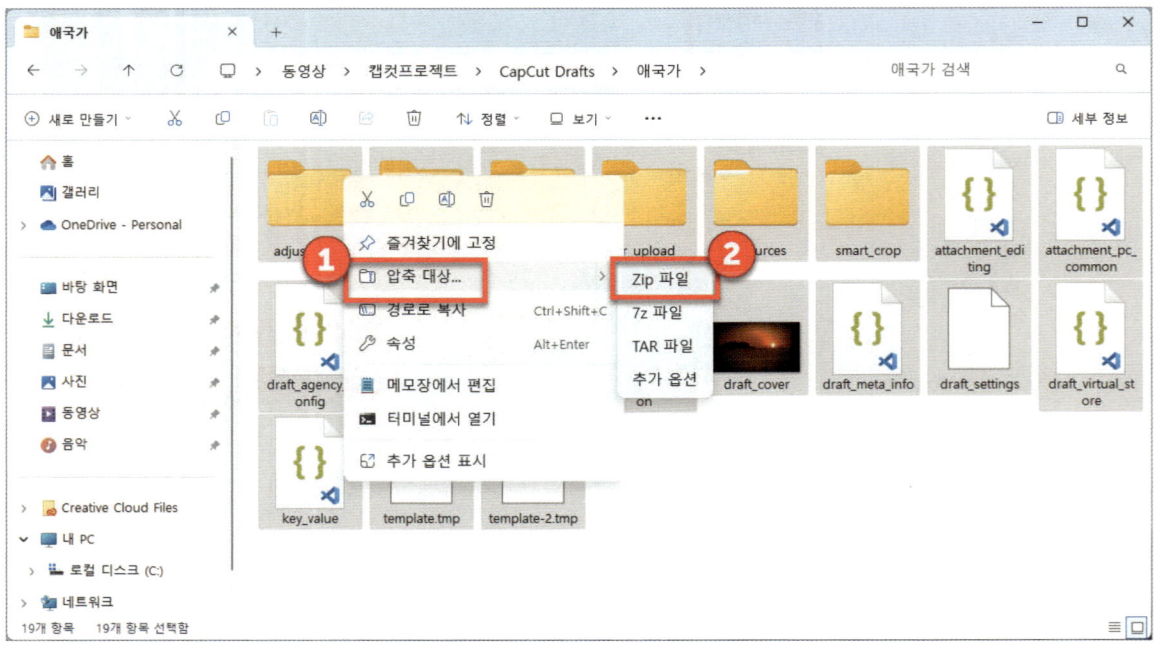

11 비어있는 폴더를 압축할 경우에는 에러 메시지가 나올 수 있습니다. 무시하고 해당 프로젝트 이름인 **"애국가"**를 압축 파일명으로 입력한 후 Enter 를 누릅니다.

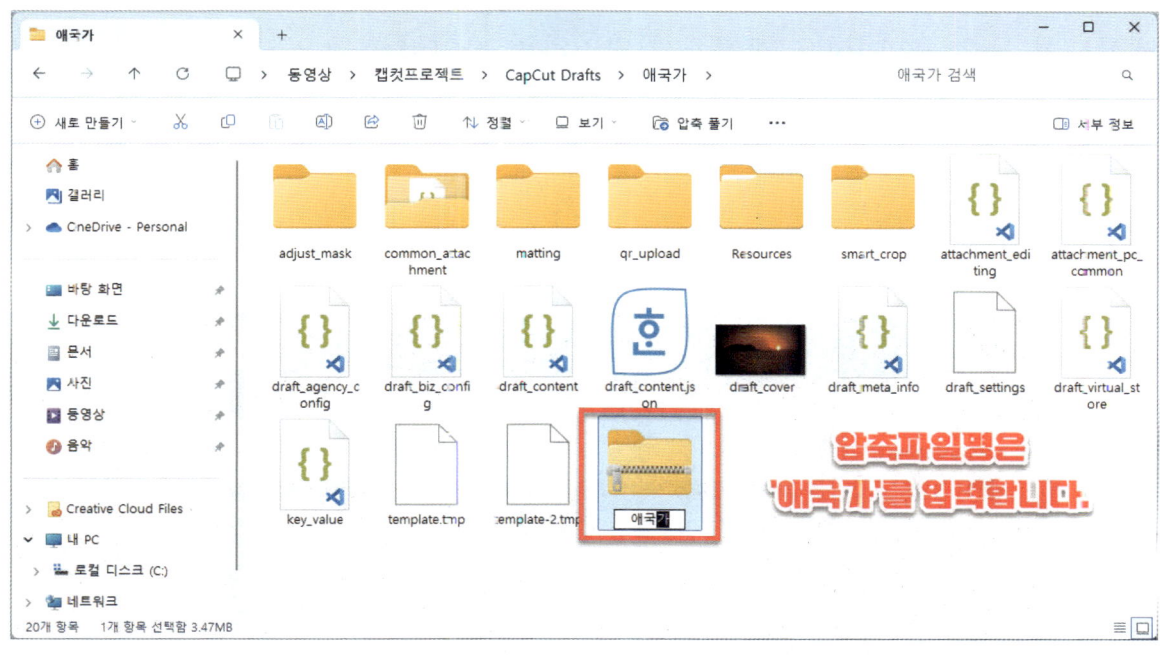

12 압축된 파일을 선택한 후 왼쪽의 동영상 라이브러리로 드래그해서 이동시켜준 후, 동영상 라이브러리에서 이동된 것을 확인합니다.

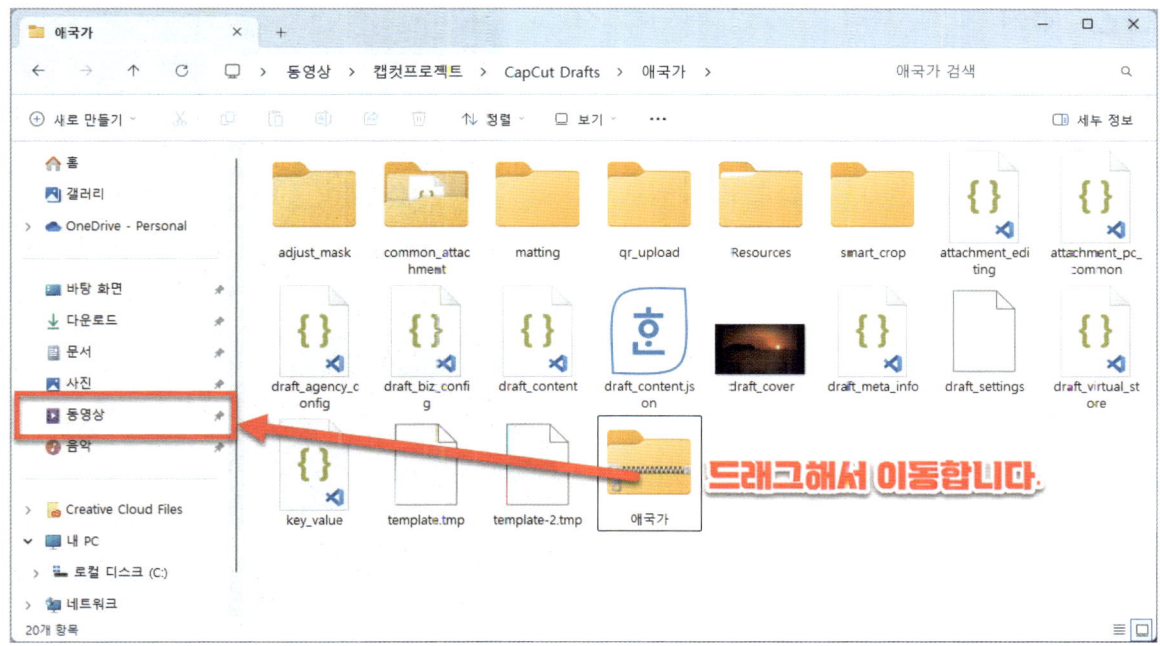

STEP 4 ▶ 프록시 관리하기

해상도가 높은 4K 영상을 캡컷에서 편집하면 작업 속도가 느려지는 경우가 많이 발생됩니다. 이때 사용되는 개념이 프록시입니다.

01 대시보드 상단의 ❶**설정**을 클릭하고 ❷**[설정(Settings)]**을 선택합니다.

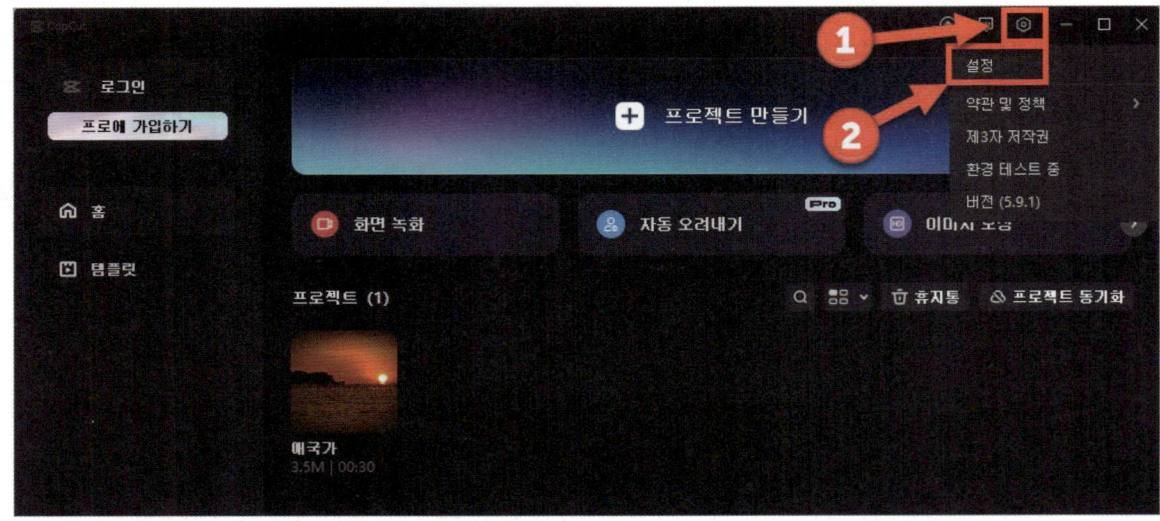

02 **성과** 탭에 있는 프록시 폴더는 **가급적 변경하지 않아야 하며**, 아래와 같이 고해상도 영상 작업을 하지 않았으면 0 Byte로 표시됩니다.

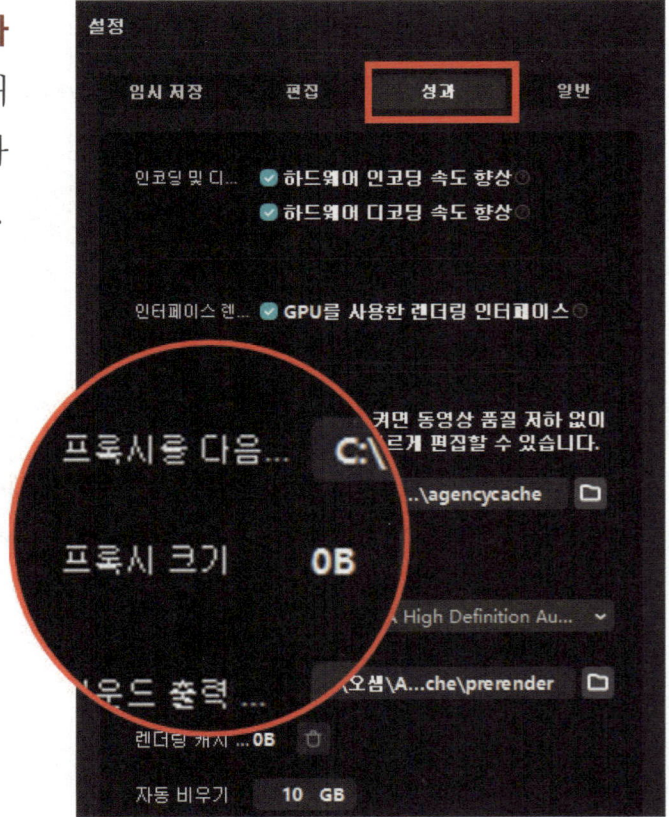

03 **프록시 기능**을 체크하면 고해상도의 영상을 저해상도로 변환해서 사용하기 때문에 편집 작업 속도가 빨라지게 됩니다.

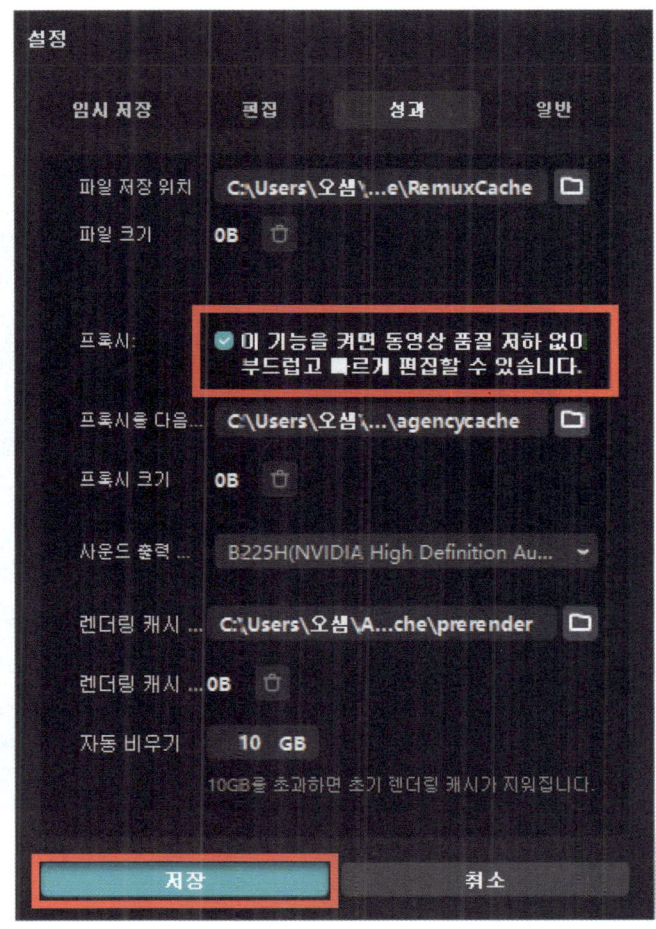

04 프로젝트 만들기를 클릭해서 영상을 아래와 같이 드래그한 후 **수정하기**를 클릭합니다.

05 ❶**성과** 탭을 클릭하여 프록시가 켜져있는 것을 확인하고, ❷**해상도**는 **720P**로 설정한 후 ❸**저장**을 클릭합니다.

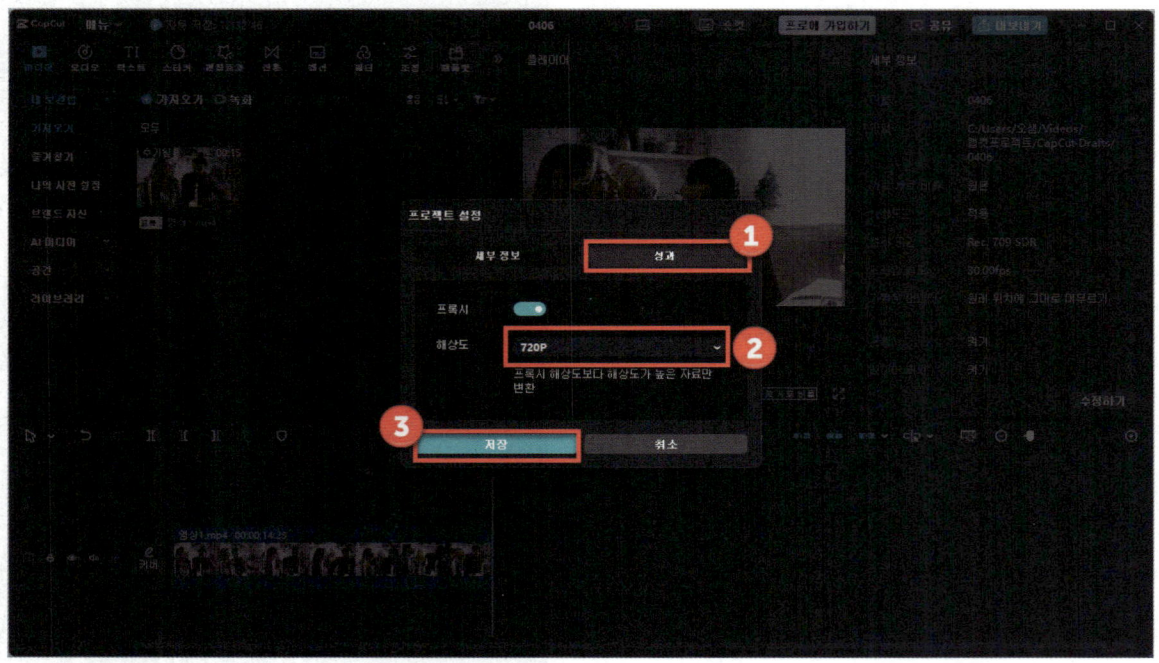

06 **대시보드** 창에서 **설정 ▶ 성과**를 확인해 보면, 프록시 크기가 나옵니다. 비디오 파일로 내보내기가 끝나면 작업이 종료된 것이므로 **프록시를 삭제**해도 됩니다.

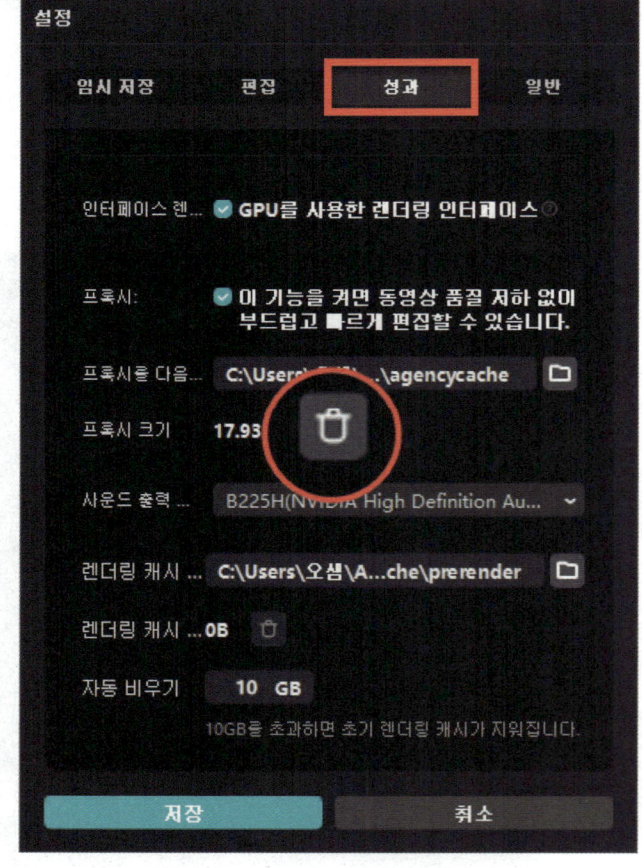

STEP 5 캐시 관리하기

캐시는 오디오, 텍스트, 스티커, 편집 효과, 전환 등을 다운로드한 후 보관하는 **임시 저장소**입니다. **다시 사용할 때 빠르게 작업하기 위한 기능**으로 삭제하면 다시 다운로드해서 편집 시간이 길어지는 단점이 있으나, 저장공간을 확보하거나 캡컷을 제거할 때는 이러한 캐시를 지우는 것이 좋습니다.

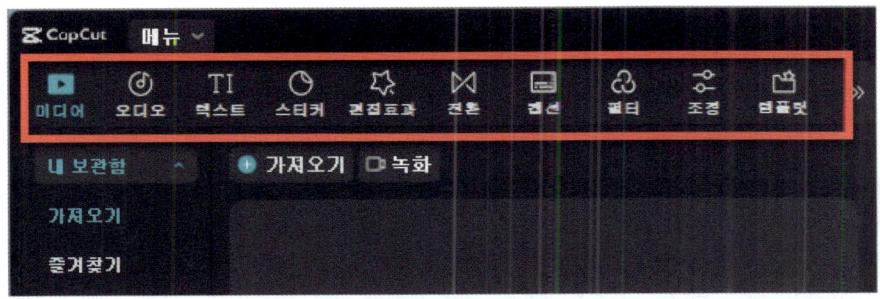

01 대시보드 상단의 ❶설정을 클릭하고 ❷[설정(Settings)]을 선택합니다.

02 다음과 같이 **삭제하지 마세요**에 체크가 되어 있는데, 이 상태로 사용하는 것이 좋습니다. 삭제하더라도 캐시의 일부 용량은 남아있는 것이 정상입니다.

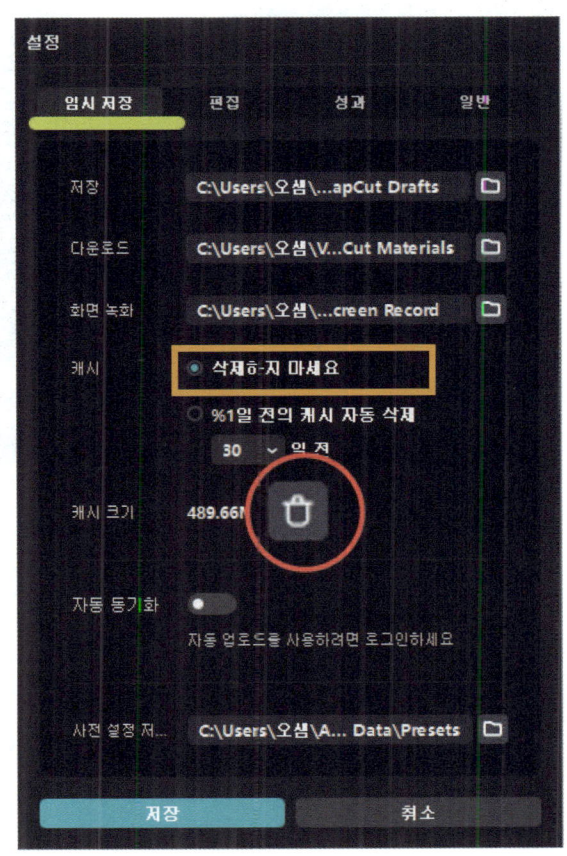

CHAPTER 05 캡컷 환경 설정하기　091

CHAPTER 06 템플릿 사용하기

캡컷에서는 미리 만들어 놓은 여러 가지 템플릿을 제공하고 있어 빠르게 동영상을 제작할 수 있습니다. 미리 만들어진 템플릿을 이용하면 일정 수준 이상의 완성도를 내기 위해 필요한 노력과 시간을 상당히 줄일 수 있습니다.

결과화면 미리보기

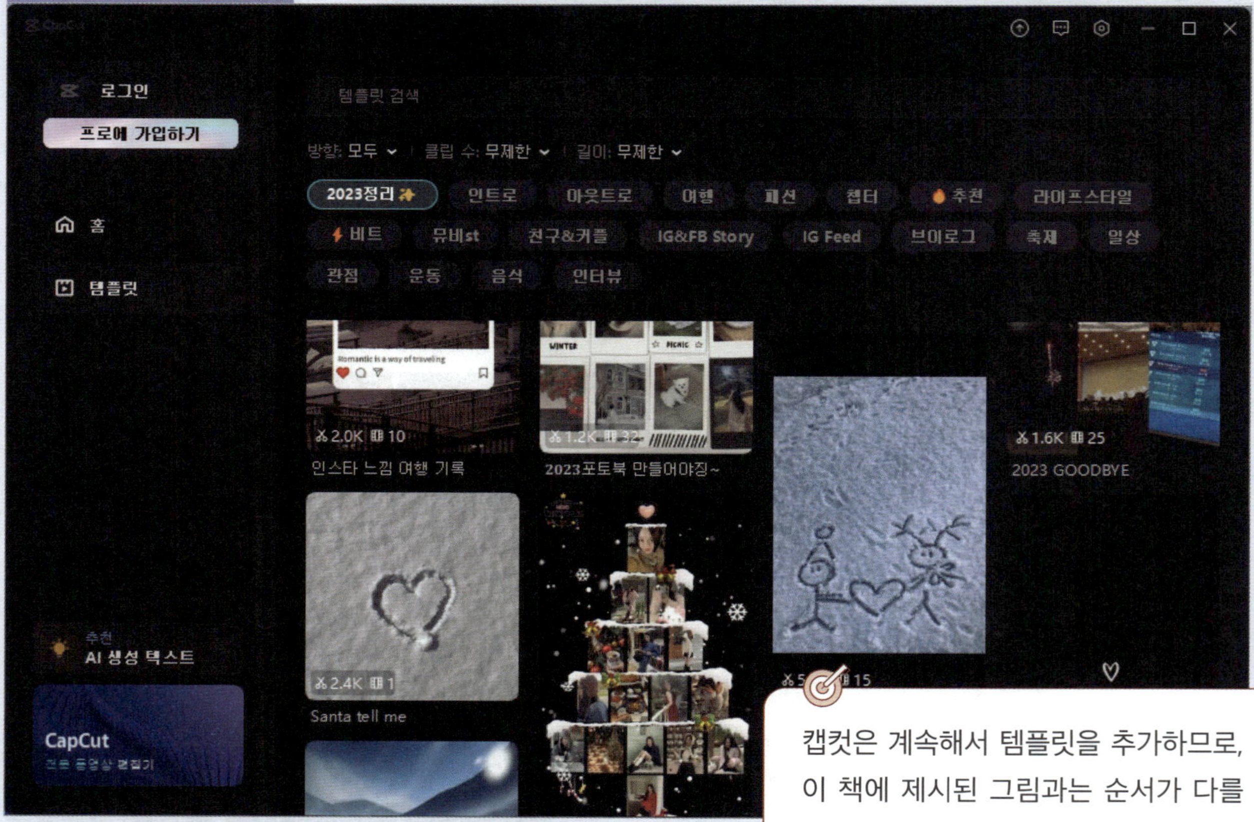

캡컷은 계속해서 템플릿을 추가하므로, 이 책에 제시된 그림과는 순서가 다를 수도 있으므로 참고해서 작업하세요.

무엇을 배울까?

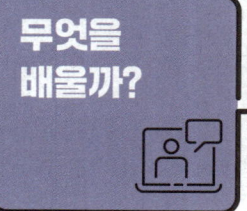

❶ 템플릿 처음 사용하기
❷ 템플릿 작업 후 커버 만들기

STEP 1 › 템플릿 처음 사용하기

01 캡컷을 실행한 후 대시보드 창에서 **템플릿**을 클릭합니다.

02 검색상자에 "dragon2024"를 입력한 후 Enter 를 누릅니다.

여기서는 "**dragon2024**"를 입력하여 검색했지만 해당 연도의 십이간지를 영어로 변환해서 검색하면 연하장이나 송구영신 카드 등을 만들 때 필요한 템플릿을 찾을 수 있습니다.

03 편집하고자 하는 템플릿에 마우스를 올리면 미리보기가 재생되며, 아래쪽에 표시된 **템플릿 사용**을 클릭하거나 해당 **템플릿을 클릭**합니다. 물론 다른 모양의 템플릿을 선택해 진행해도 됩니다.

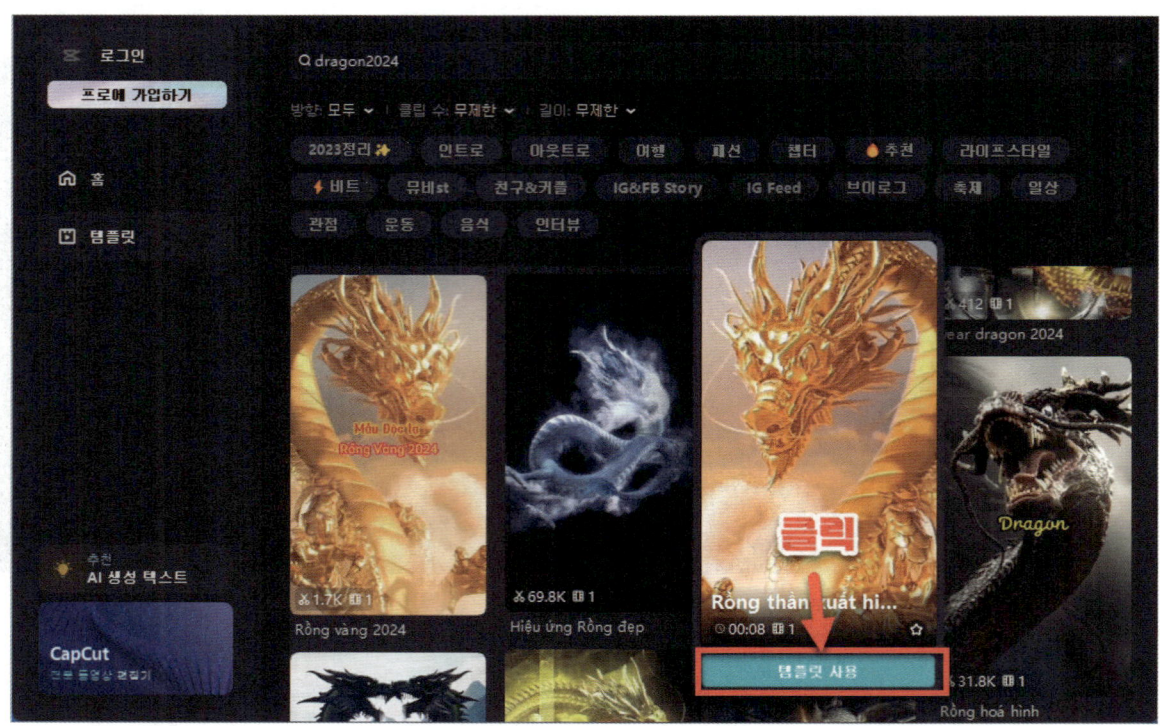

04 프로젝트 편집창이 열리면 트랙에 해당 템플릿의 효과와 음악 등이 자동으로 들어옵니다. 미디어 영역에서 **가져오기**를 클릭합니다.

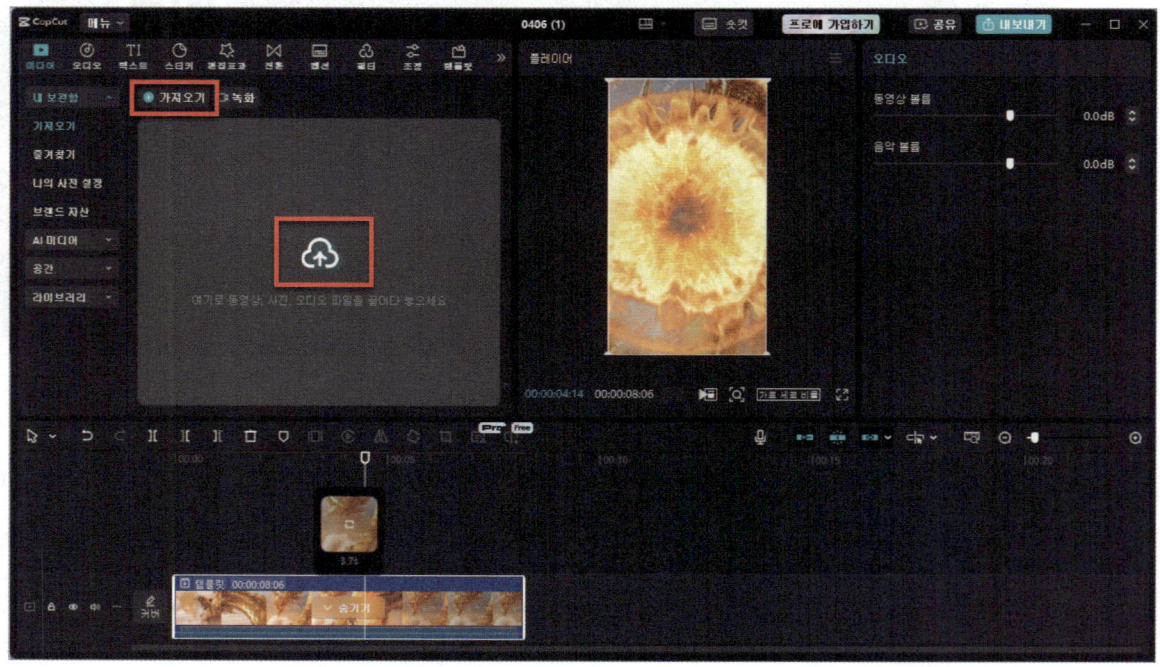

05 샘플파일을 저장해 놓은 **캡컷동영상편집** 폴더에서 ❶**"강혜연01"**을 선택한 후 ❷ **열기**를 클릭합니다. 템플릿에 사용된 이미지를 대체하려고 합니다.

06 미디어 영역에 있는 **사진을 메인 트랙 위에 있는 상자에 드래그**해서 집어 넣습니다.

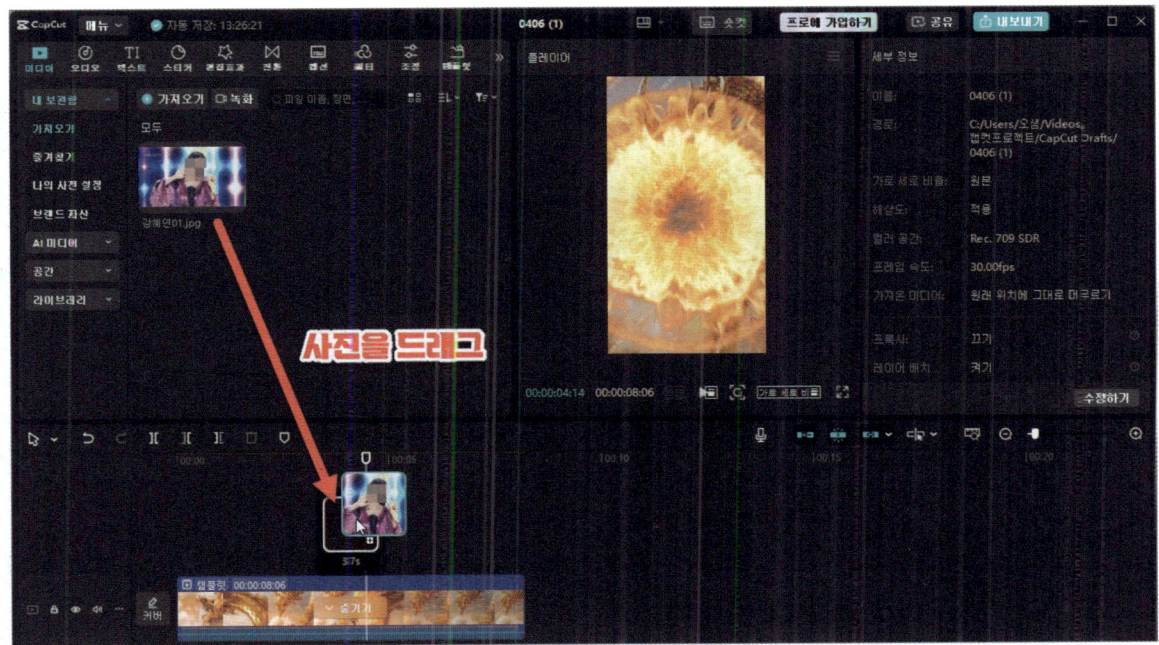

07 키보드 [Home] 키를 눌러 플레이 헤드를 처음으로 이동시킨 후 [Spacebar]를 눌러서 영상을 재생해 봅니다. 사진을 선택하고 조절점을 드래그해 크기를 변경할 수 있습니다.

08 해당 **이미지를 교체**하려면 해당 레이어의 **클립을 클릭**하면 선택하는 메뉴가 나타납니다.

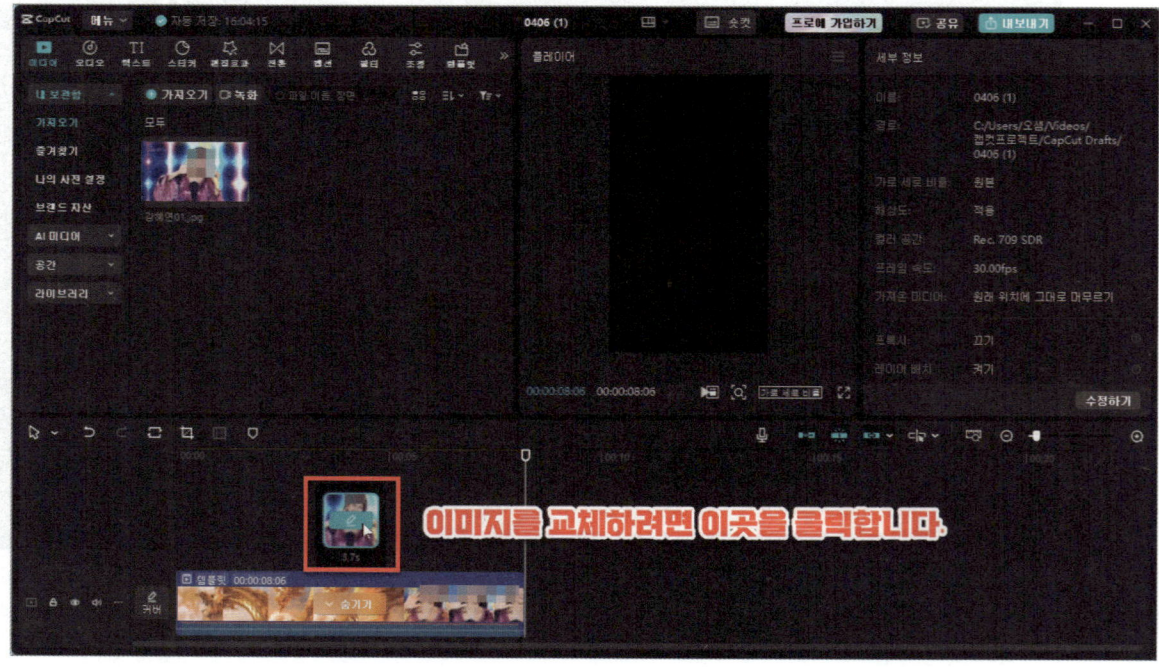

09 다른 이미지로 변경하기 위해 **로컬 자료에서 교체**를 클릭하면 이미지를 변경할 대화상자가 열립니다.

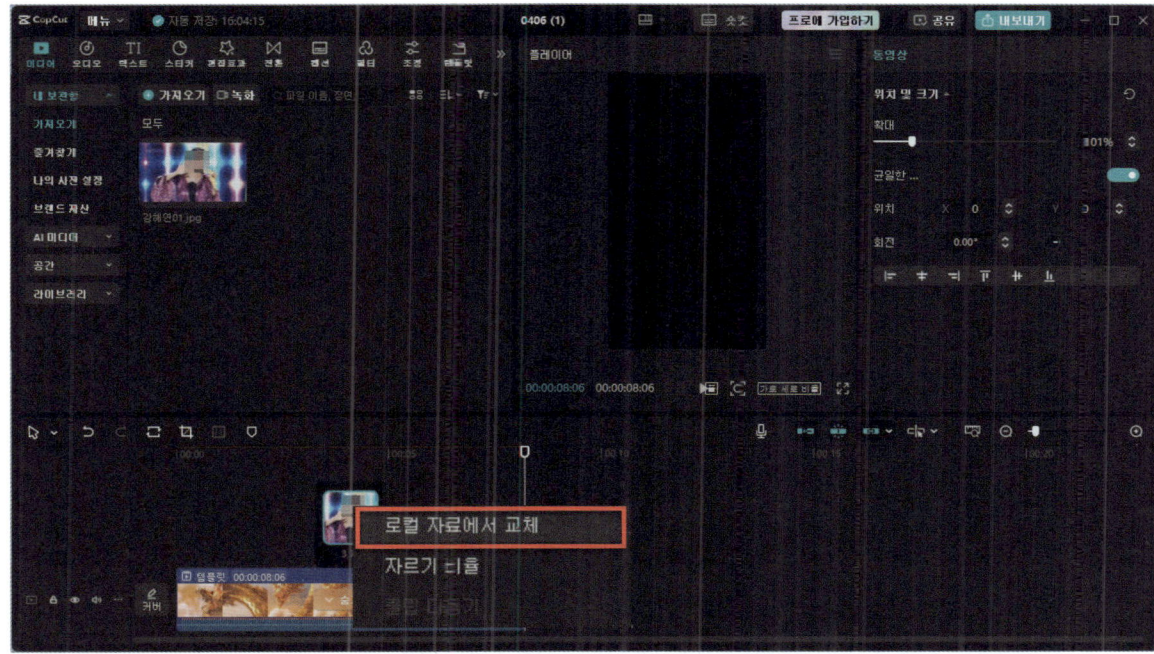

10 변경할 이미지에 해당하는 ❶**강혜연02** 파일을 선택한 후 ❷**열기**를 클릭합니다.

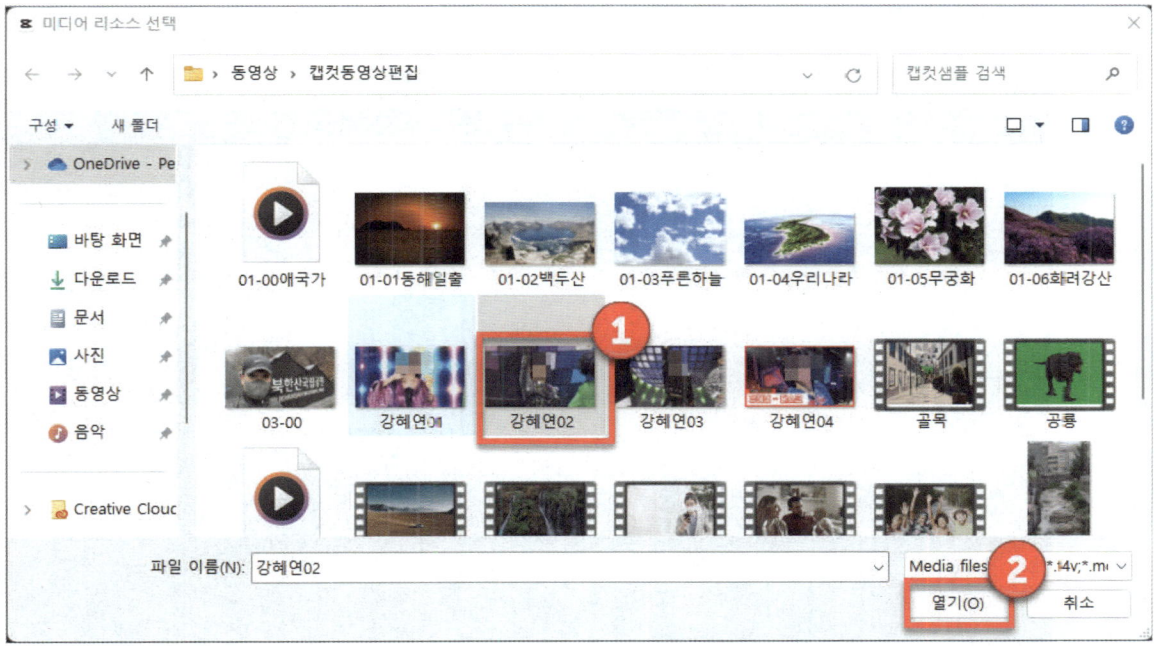

11 **클립 교체** 버튼을 클릭하면 정해진 시간만큼만 재생할 수 있도록 교체가 자동으로 이뤄집니다.

12 **플레이 헤드**를 이미지가 나오는 부분에 위치한 후 세부 정보 창에서 **확대**를 아래와 같이 변경한 후 재생해 보세요. 조절점을 이용하는 것보다 간편하게 확대할 수 있습니다.

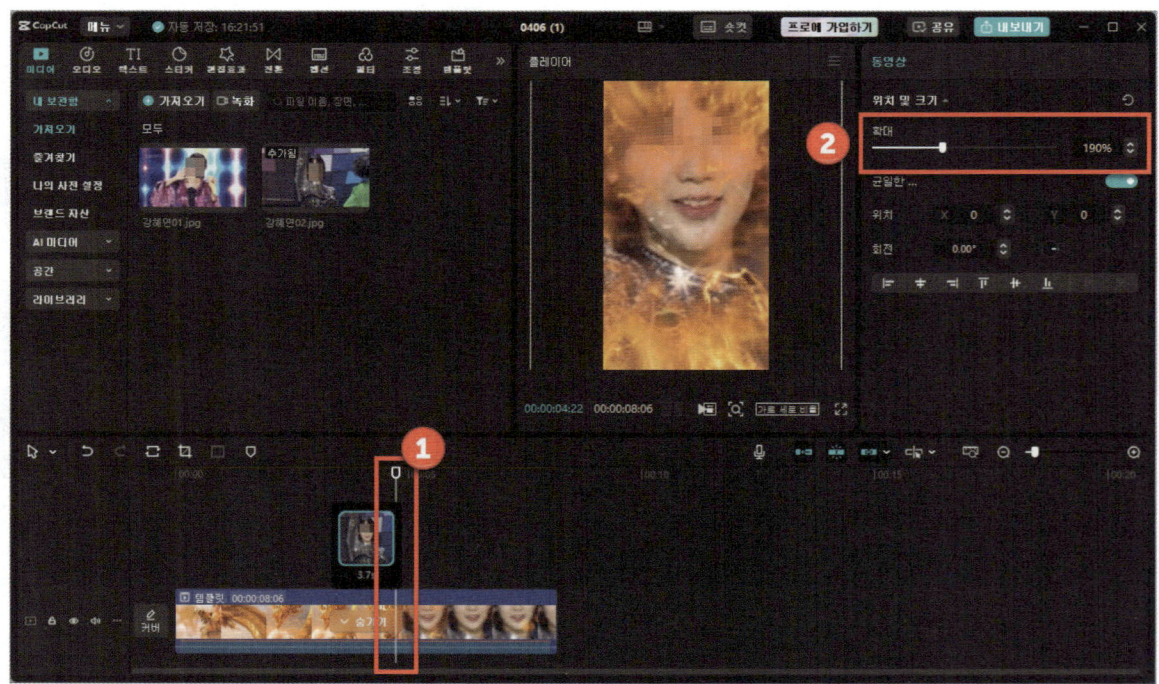

13 템플릿으로 추가한 ❶**영상 클립**을 클릭한 후 ❷**동영상 볼륨**을 조절한 후 재생해 보세요. 동영상 파일로 저장하기 위해 우측 상단의 **[내보내기]** 버튼을 클릭합니다.

14 이름을 ❶**황금용(강혜연)**으로 변경한 후 ❷**워터마크는 끄기**로 한 후 ❸**내보내기**를 클릭합니다. 계속해서 쇼츠 영상을 제작하는 공유 설정 화면에서는 **취소**를 클릭하고 프로젝트를 닫아줍니다.

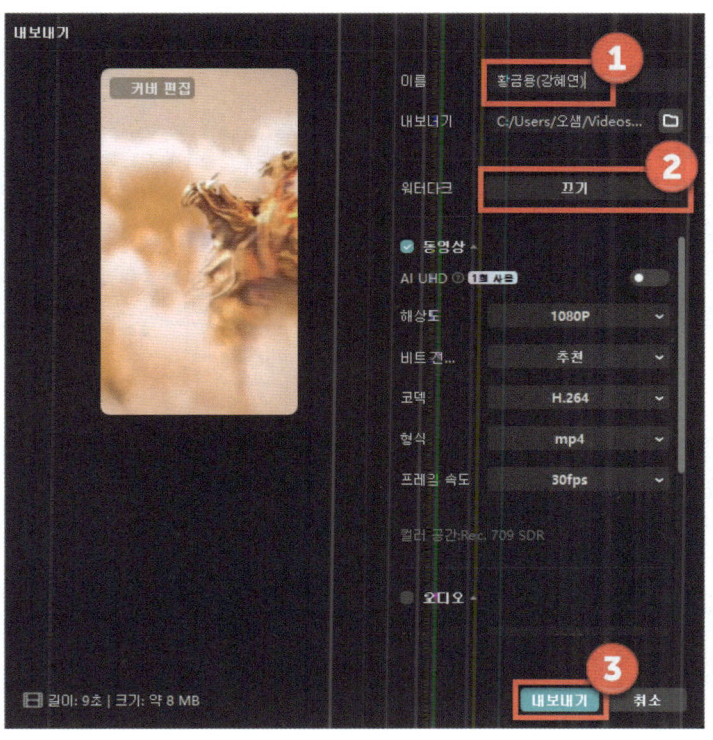

CHAPTER 06 템플릿 사용하기 **099**

STEP 2 - 템플릿 작업 후 커버 만들기

01 검색상자의 ❶X를 눌러 검색어를 지운 후 ❷필터링을 해서 검색해 보겠습니다.

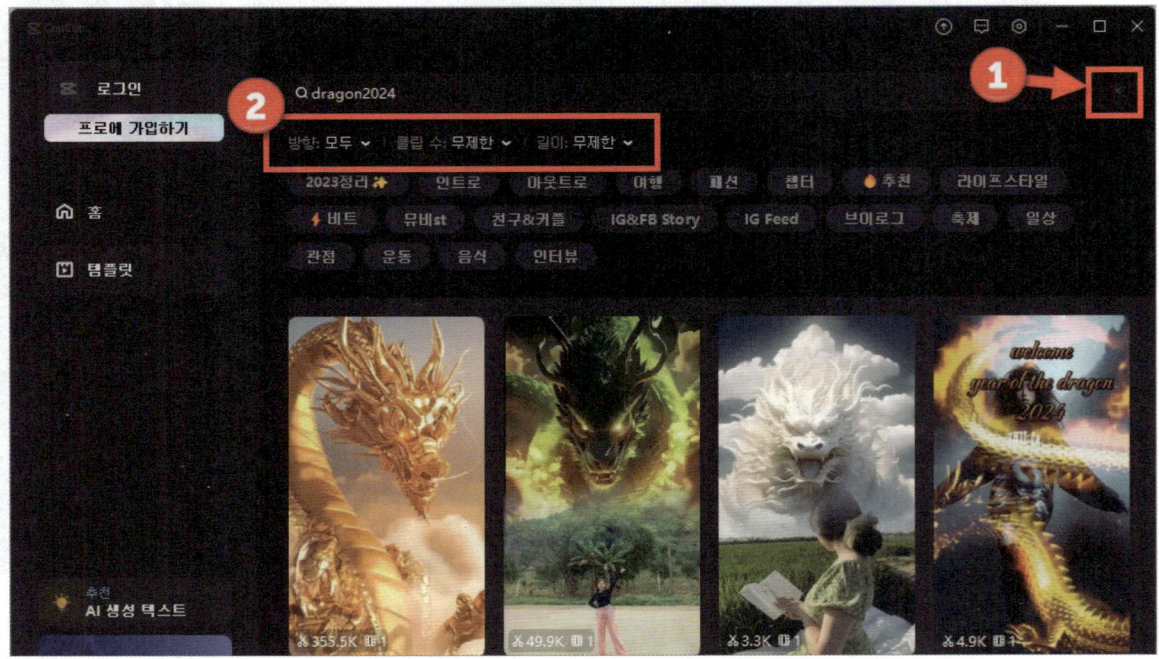

02 필터링 조건으로 방향은 **가로 화면**, 클립 수는 **3-5**, 길이는 **0-15초**로 변경한 후 **인트로** 버튼을 선택합니다.

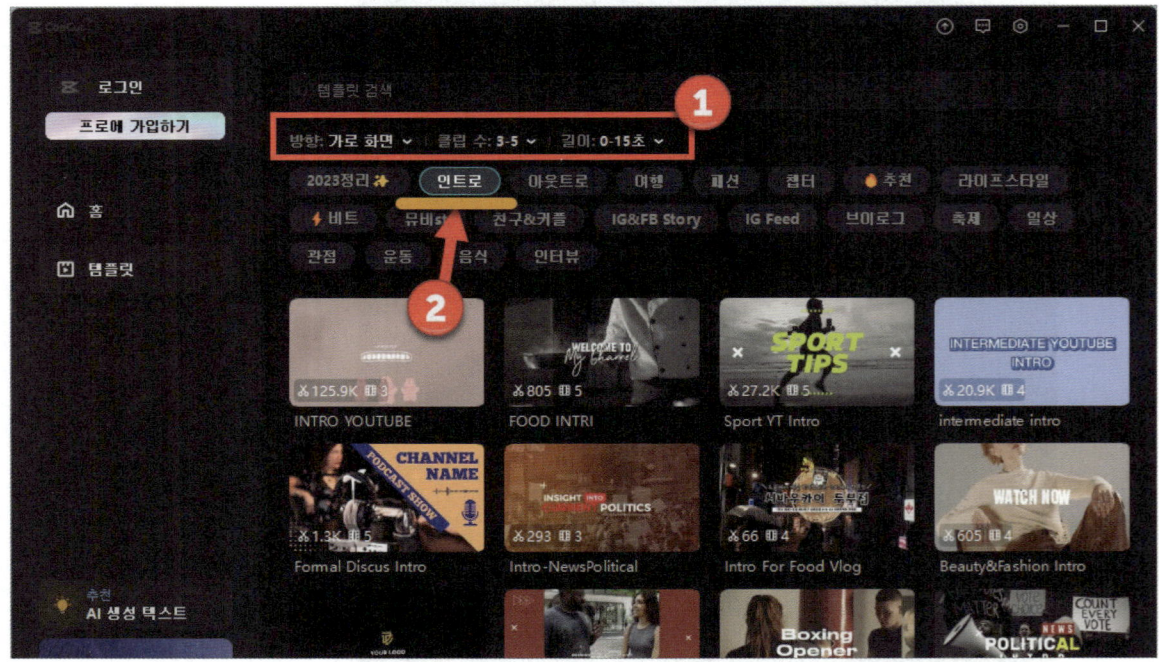

03 아래와 같은 템플릿을 찾아서 **템플릿 사용**을 클릭합니다. 찾기가 어렵다면 검색어에 **"sport yt intro"**를 입력합니다.

04 템플릿 다운로드 후 프로젝트 편집창이 열리면 **가져오기**를 클릭해서 **캡컷동영상편집** 폴더에서 **운동1~운동5**까지 가져옵니다.

CHAPTER 06 템플릿 사용하기 **1 0 1**

05 운동1부터 운동5까지 아래처럼 **하나씩 드래그**해서 넣어줍니다. 파일을 미리 가져오지 않고 레이어에 있는 **교체** 버튼을 클릭해서 하나씩 불러와도 됩니다.

06 ❶**메인 트랙을 클릭**하고 세부 정보창에서 텍스트를 다음과 같이 변경합니다. 1번째 단락부터 ❷**달리기**, ❸**피트니스**, ❹**싸이클**, ❺**마무리 운동**이란 문구를 해당 칸에 입력합니다.

07 5번째는 **또 다른**, 6번째는 **나의 채널에**, 7번째는 **오신 것을**, 8번째는 **환영합니다**를 각각 입력합니다.

08 메인 트랙 앞에 있는 **커버** 버튼을 클릭해서 썸네일 미리보기로 지정할 수 있습니다. 플레이 헤드가 어디에 있어도 관계는 없으나 가급적 Home 을 눌러 처음으로 이동시키는 것이 좋습니다.

09 플레이 헤드(인디케이터 바:indicator bar)를 ❶**가장 앞으로** 이동한 후 ❷**편집**을 클릭해서 커버를 디자인합니다.

10 커버 템플릿에서 제공하는 다양한 커버 중에서 ❶**뉴스** 카테고리에 ❷**적용할 커버**를 클릭하면, 레이아웃이 변경됩니다.

11 글자를 변경할 곳을 더블클릭하면 블록이 지정됩니다. 오른쪽의 기본 대화상자가 나오지 않을 경우는 가장 우측의 [기본]을 클릭하면 글자 속성을 적용할 수 있습니다.

12 ❶**글자 입력** 후 ❷**빈 바탕**을 클릭해서 입력을 마친 후 ❸**글상자**를 선택한 다음 ❹**글자체**를 클릭해서 ❺**티몬체**로 변경합니다.

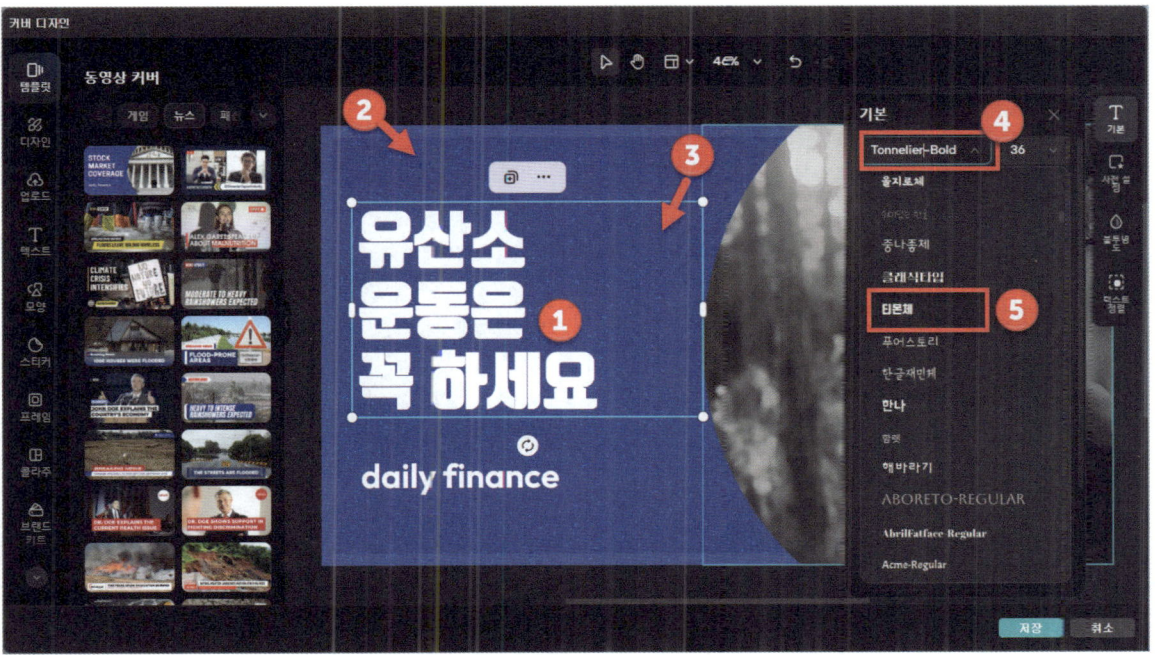

CHAPTER 06 템플릿 사용하기　105

13 ❶**블록을 지정**한 후 ❷**텍스트 색상**을 클릭해서 ❸**그라디언트 색**을 지정합니다. **기본 상자**에서 아래로 휠을 굴리면 **획**에서 그림처럼 **검정색**으로 테두리를 지정할 수 있습니다.

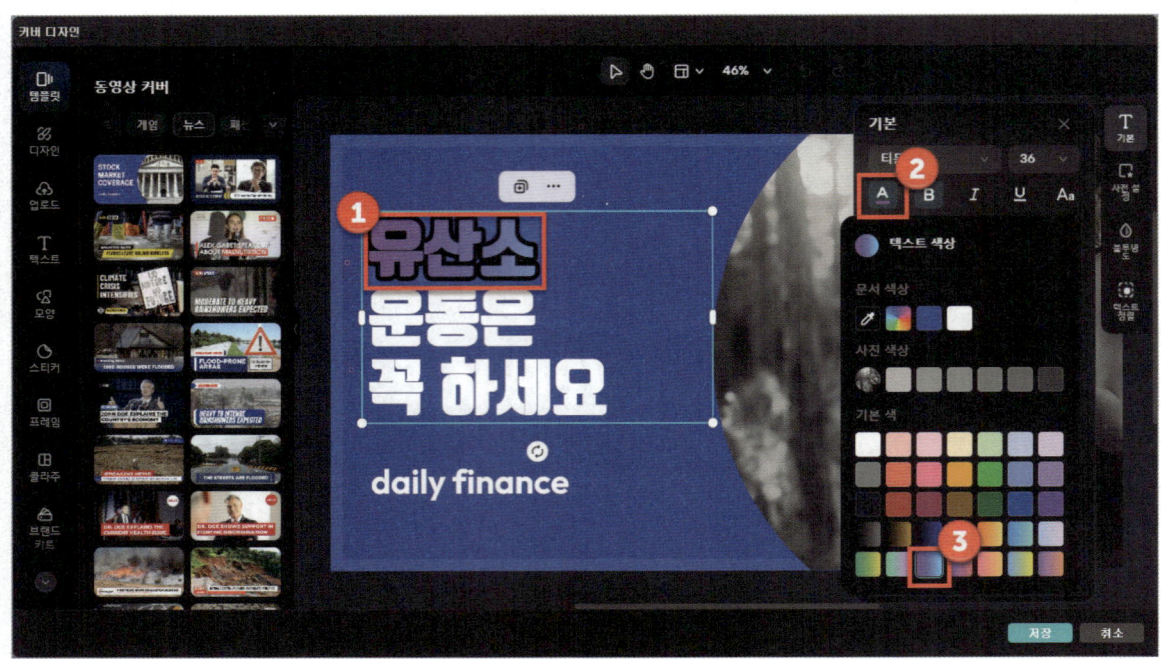

14 ❶**배경**을 클릭한 후 [색 구성표]에서 ❷**선택한 색상**을 ❸**적용**한 다음 [색 구성표]를 닫아줍니다.

15 **❶사진**을 클릭한 후 **❷필터 - 간편식**을 선택하면 사진에 필터가 적용된 것이 보입니다. 다른 필터도 한번 적용해 확인해 보세요. 필터 효과를 초기화하려면 처음에 있는 [없음]을 선택합니다.

16 **❶배경 제거**를 선택한 후 **❷자동 삭제**를 눌러 삽입된 사진의 배경을 삭제하고 **❸ 닫기**를 클릭합니다.

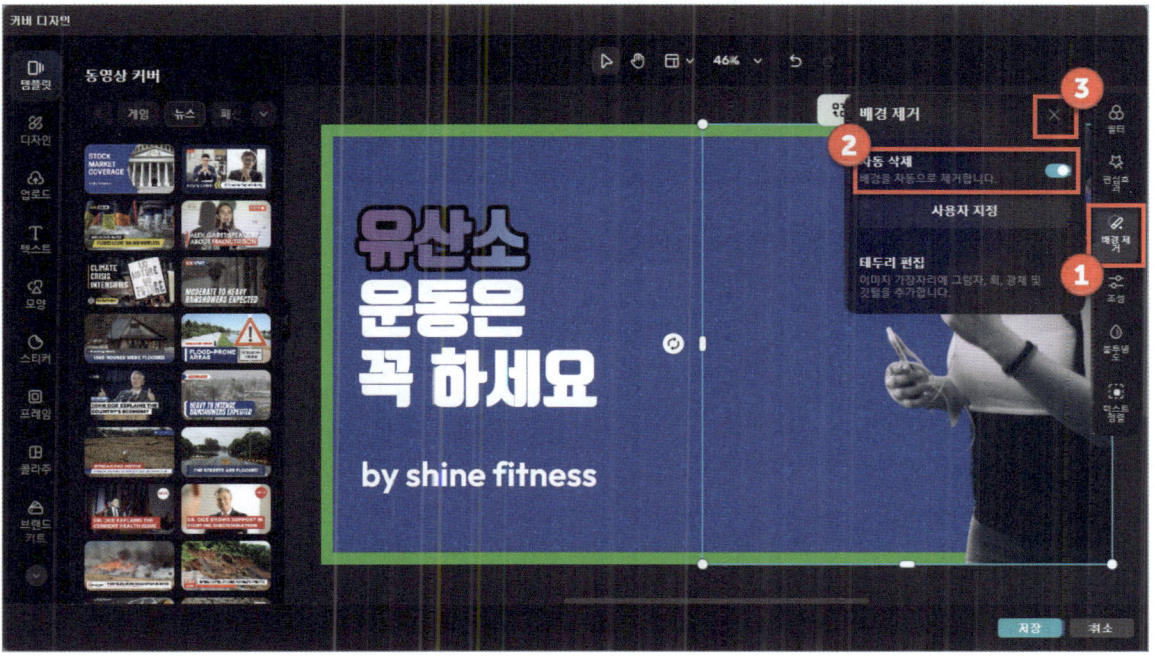

17 ❶**교체**를 눌러서 ❷**컴퓨터에서 선택**을 클릭한 후 미리 저장되어 있는 샘플폴더에서 **강혜연1** 사진을 선택하면 사진이 교체됩니다.

18 다시 **배경 제거**를 클릭해서 배경을 삭제해 줍니다. 이미지를 교체하면 적용된 기능을 처음부터 다시 적용해야 합니다.

19 배경 제거된 사진을 선택한 후 Delete 키를 눌러서 삭제하고, 바탕에 프레임이 나오면 한 번 더 Delete 를 누릅니다.

20 왼쪽 사이드 메뉴에서 ❶프레임을 클릭한 후 ❷Mockup 팩을 선택하면 아래처럼 Mockup(목업)이 나옵니다. ❸스마트폰 프레임을 선택하고 프레임 ❹크기를 조절합니다.

CHAPTER 06 템플릿 사용하기 109

21 ❶**왼쪽 프레임**을 클릭한 후 ❷**사진추가**를 눌러서 ❸**컴퓨터에서 선택**을 클릭하여 **운동1**을 넣습니다. 같은 방법으로 오른쪽 프레임에는 **운동4**를 넣어줍니다.

22 프레임 내에서 사진을 이동하려면 ❶**더블클릭**해서 사진을 ❷**드래그**하여 프레임에 보이도록 이동한 후 ❸**확인**을 누릅니다.

23 나머지 프레임에 사진도 적당한 위치로 배치한 후 **커버 디자인**의 하단에 있는 **저장**을 클릭합니다.

24 프로젝트 이름을 "**유산소운동**"이라고 변경한 후 **내보내기**를 클릭해서 제작합니다. 프로젝트를 끝내고 홈으로 이동해 보면 커버 이미지로 변경된 것을 확인할 수 있습니다.

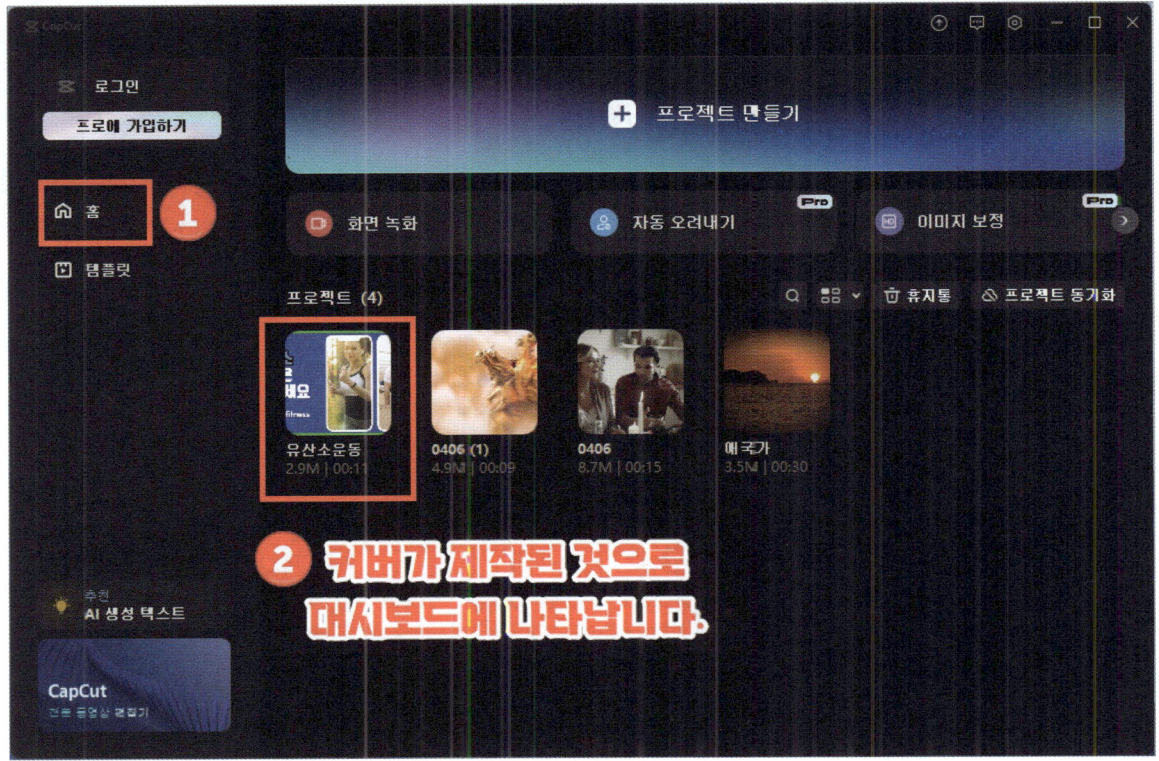

CHAPTER 07
클립 전환 효과

영상에 포함되어 있는 여러 클립 사이를 전환할 때 다양한 효과를 지정할 수 있습니다. 전환 효과는 시간의 경과, 캐릭터 움직임, 일시 정지, 스토리라인, 침묵 등을 표현하기 위해 사용하며, 캡컷에서는 손쉽게 적용할 수 있는 다양한 전환 효과를 제공합니다.

결과화면 미리보기

무엇을 배울까?

❶ 기본 전환 효과 살펴보기
❷ 많이 사용하는 전환 효과
❸ 텍스트 전환 효과 주기
❹ 클리핑 마스크 효과

STEP 1 기본 전환 효과 살펴보기

01 캡컷을 실행하고 **프로젝트 만들기**를 클릭한 다음 편집화면에서 **샘플폴더** 영상들을 가져오기한 후 **메인 트랙**을 구성합니다.

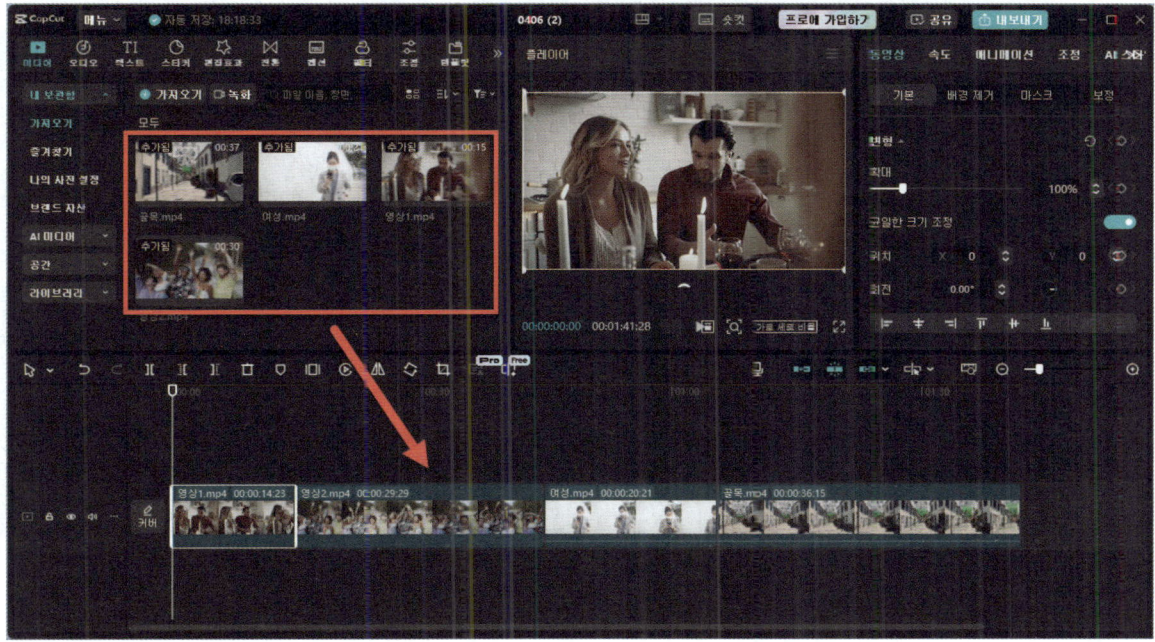

02 플레이어에서 ❶**가로세로비율**을 클릭한 후 ❷**16:9**르 지정합니다. 먼저 비율을 동영상으로 지정한 후에 하는 것이 작업 순서입니다.

03 미디어 영역(Room)을 살펴보면 **4K** 영상은 **프록시**라는 글자가 표시됩니다. 4K 이상의 고해상도를 다룰 때는 이 설정이 보여야 작업이 수월해집니다. (**설정▶성과▶프록시**에서 끄면 나오지 않음)

04 ❶**전환** 메뉴를 클릭하고 왼쪽 카테고리에서 ❷**기본**을 선택하면 오른쪽 **전환 영역(룸)**에 다양한 전환 효과가 표시됩니다.

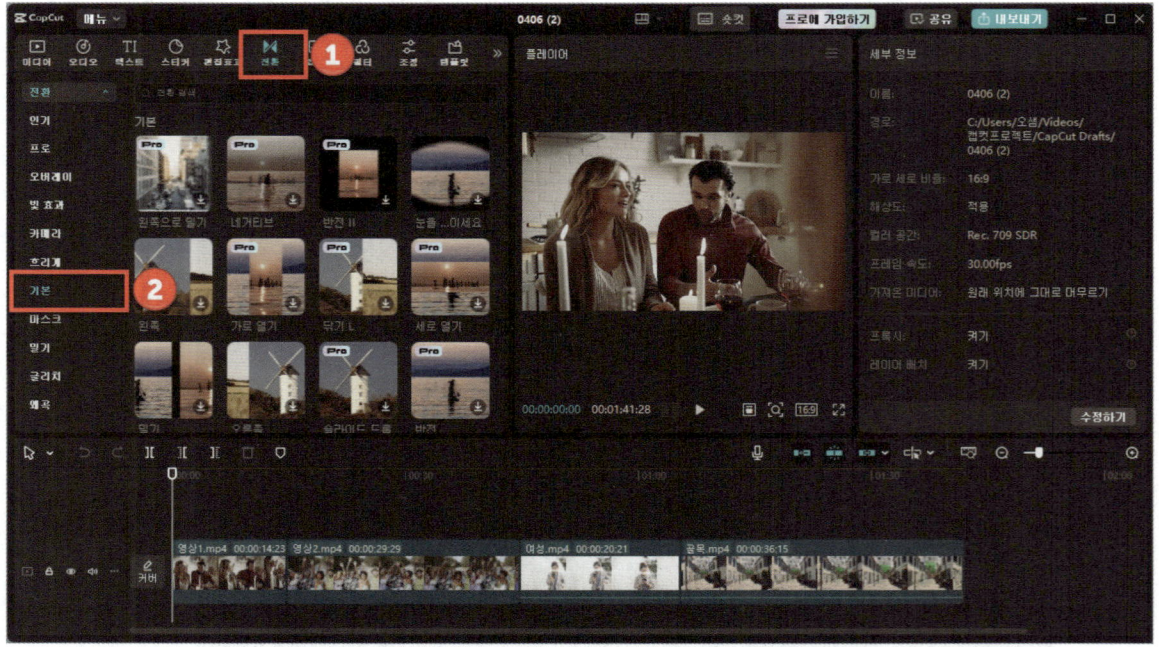

05 전환 영역(룸)에서 **눈을 깜빡이세요**를 선택한 후 편집창의 첫 번째와 두 번째 **클립 사이로 드래그**합니다. 무료로 제공되는 전환 효과의 종류는 시기에 따라 바뀔 수도 있습니다.

06 세부 정보 창이 **전환**이라고 변경되었는데 **기본 0.5초**이지만 기간을 ❶**2초로 변경**한 후 ❷**전체 적용**을 누르면 모든 클립에 동일한 전환 효과가 적용됩니다. 재생하여 확인한 후 전환 효과를 모두 **삭제**해 보세요.

STEP 2 - 많이 사용하는 전환 효과

01 ❶**전환**을 누르고 ❷**오버레이**에서 ❸**B페이드**를 클릭하여 효과를 다운로드한 후 **클립 사이로 드래그**합니다.

02 플레이 헤드를 ❶**두 번째/세 번째 클립 사이**에 위치시킨 후 ❷**혼합**을 다운로드한 후 ➕를 클릭합니다.

03 클립의 길이가 너무 짧을 때 나오는 안내 메시지입니다. **확인**을 눌러서 다음부터는 나오지 않도록 합니다.

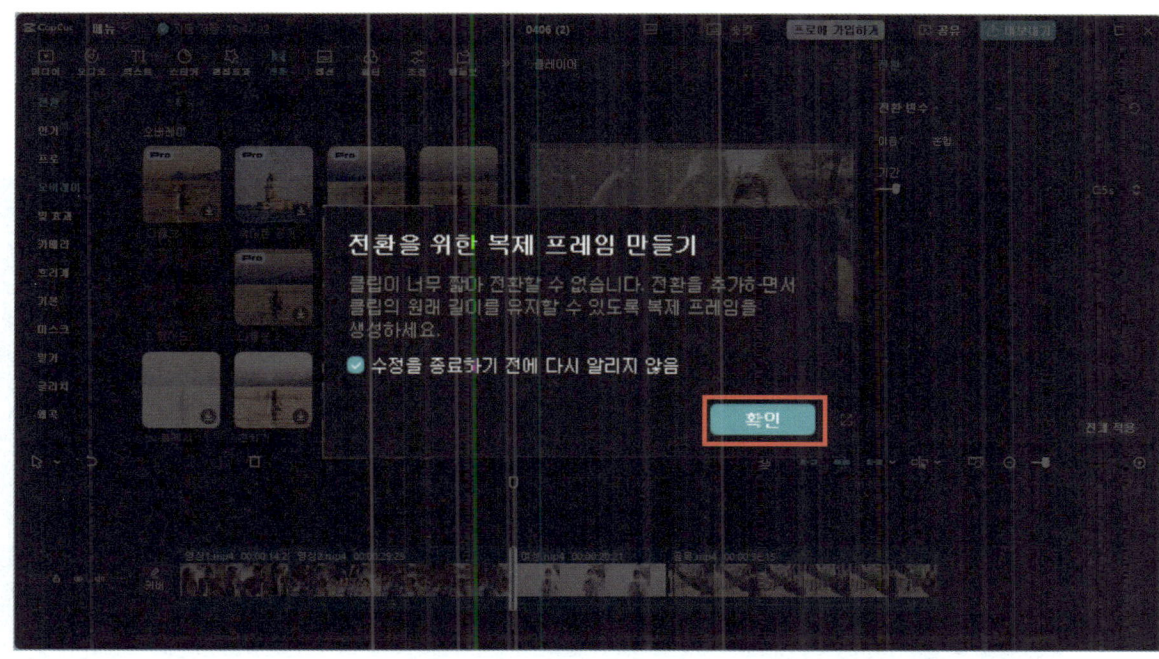

04 플레이 헤드를 ❶**세 번째/네 번째** 사이 클립에 위치시킨 후, ❷**겹치기**를 다운로드한 후 ➕를 클릭해서 추가합니다. **PRO**가 붙은 효과가 점점 많아지고 있으므로 유료 사용자는 더욱 다양한 효과를 사용할 수 있습니다.

STEP 3 - 텍스트 전환 효과 주기

01 이전에 지정된 전환 효과를 모두 삭제하거나, **프로젝트 만들기**를 클릭해서 원하는 클립들을 배치하여 메인 트랙을 구성합니다.

02 플레이 헤드를 ❶처음에 위치시킨 후 ❷텍스트 ▶ ❸텍스트 템플릿 ▶ ❹제목에서 ❺원하는 효과를 ➕를 눌러서 추가합니다. 책에서와 같은 모양을 찾기 힘들다면 2줄로 구성된 다른 효과를 선택해 진행합니다.

03 추가된 텍스트 레이어는 메인 트랙의 첫 번째 클립 앞으로 이동하려고 해도 들어가지 않습니다.

04 이럴 경우에는 **텍스트 클립**에 ❶**마우스 우클릭**을 한 후 ❷**복합 클립 만들기**를 해 줍니다.

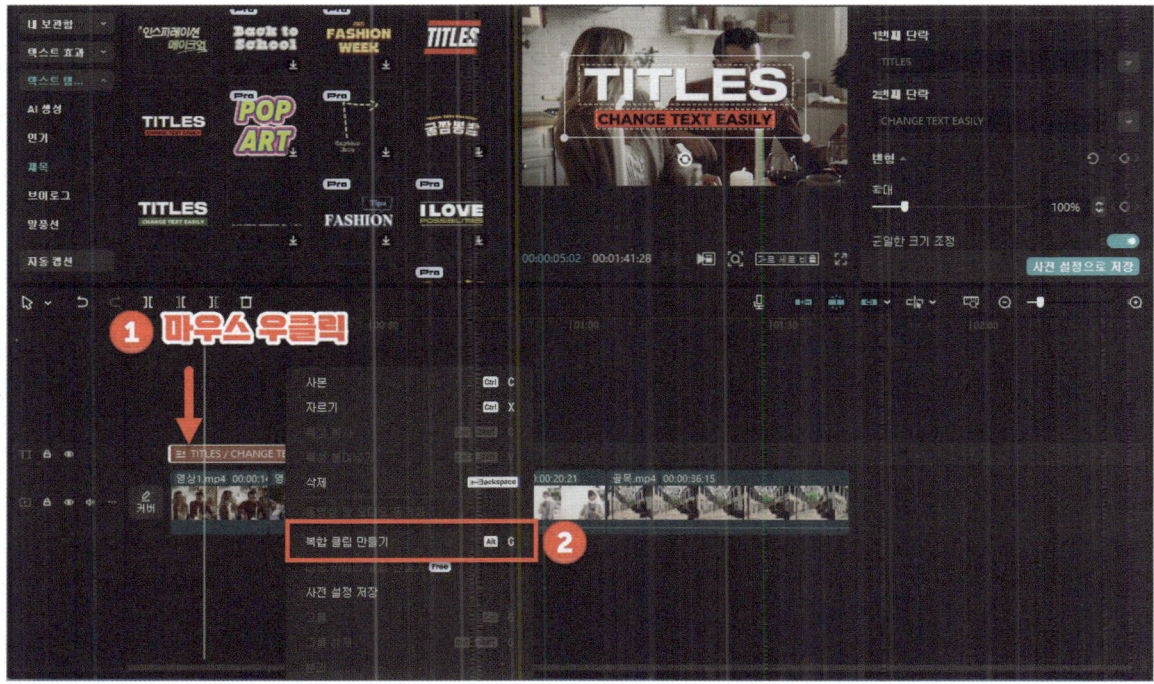

05 복합 클립 만들기를 하면 **이미지 클립처럼 변경**되어 메인트랙 어느곳에도 삽입할 수 있으며, 텍스트 내용도 **수정**할 수 있습니다.

06 세부 정보 창에서 ❶**캡컷 영상편집**과 **쉬운 텍스트 편집**을 입력한 후 ❷**플레이 헤드**를 이동해 확인하거나 재생해 보세요.

07 **텍스트 클립**에는 전환 효과를 **적용할 수 없지만** 복합 클립 만들기로 일반 이미지화해서 아래처럼 **전환 효과를 적용**할 수 있습니다.

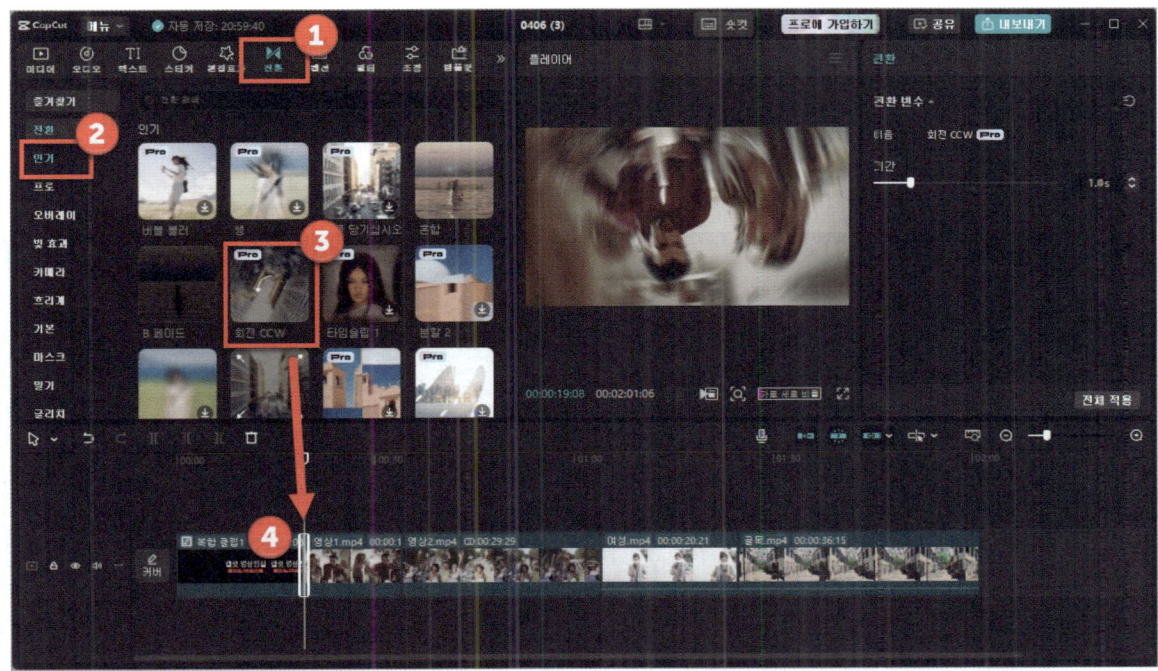

 **복합 클립?**

복합 클립(compound clip)은 다중 트랙으로 편집된 것을 하나의 클립으로도 만들어서 사용할 수 있는 기능입니다.

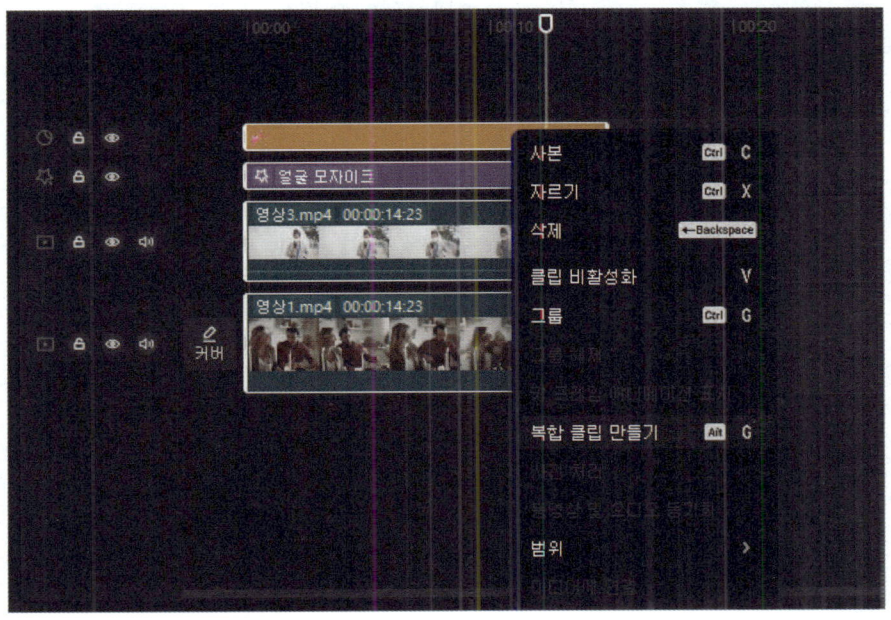

STEP 4 ▶ 클리핑 마스크 효과

01 먼저 픽셀스 사이트에서 **파도**와 **숲** 동영상 검색해서 다운로드합니다. 캡컷에서 **프로젝트 만들기**를 하여 동영상을 가져온 후, 아래처럼 **파도** 영상을 메인 트랙에 추가합니다.

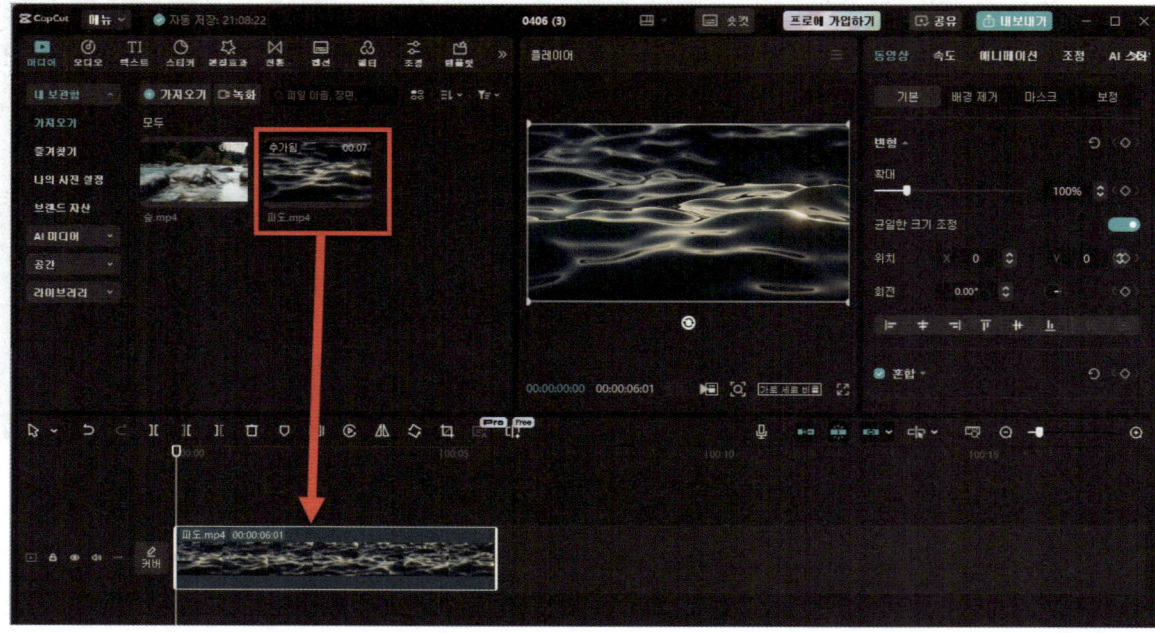

02 파도 클립을 선택하고 ❶**마스크**에서 ❷**마스크 추가**를 클릭합니다.

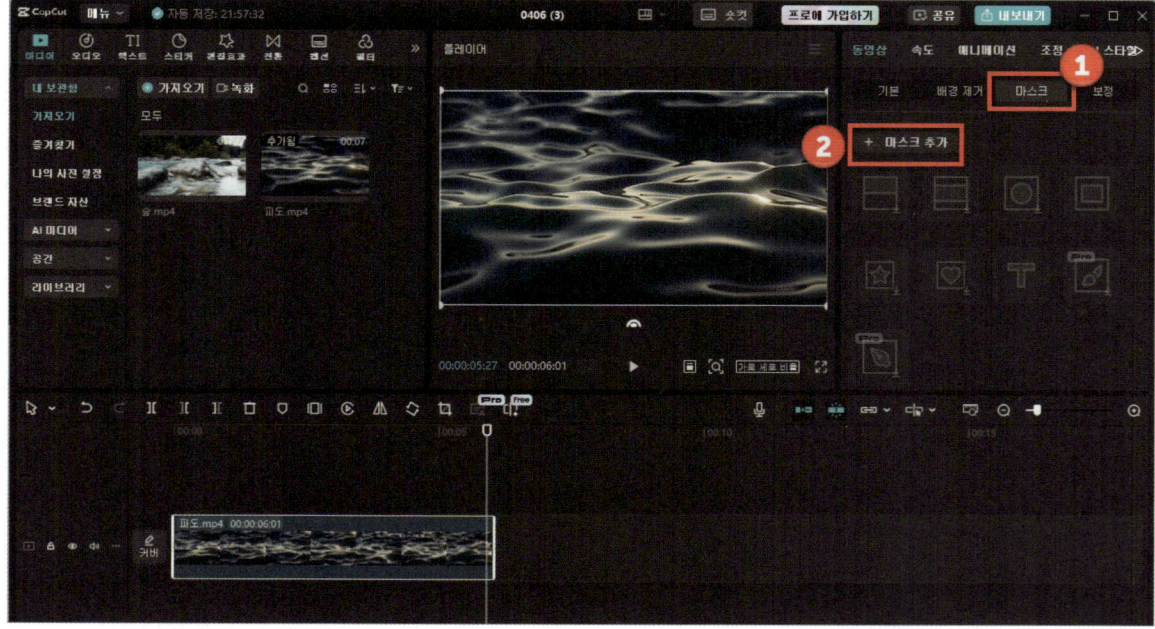

03 ❸텍스트를 클릭한 후, 아래쪽 입력 상자에 ❹"클리핑마스크"를 입력합니다.

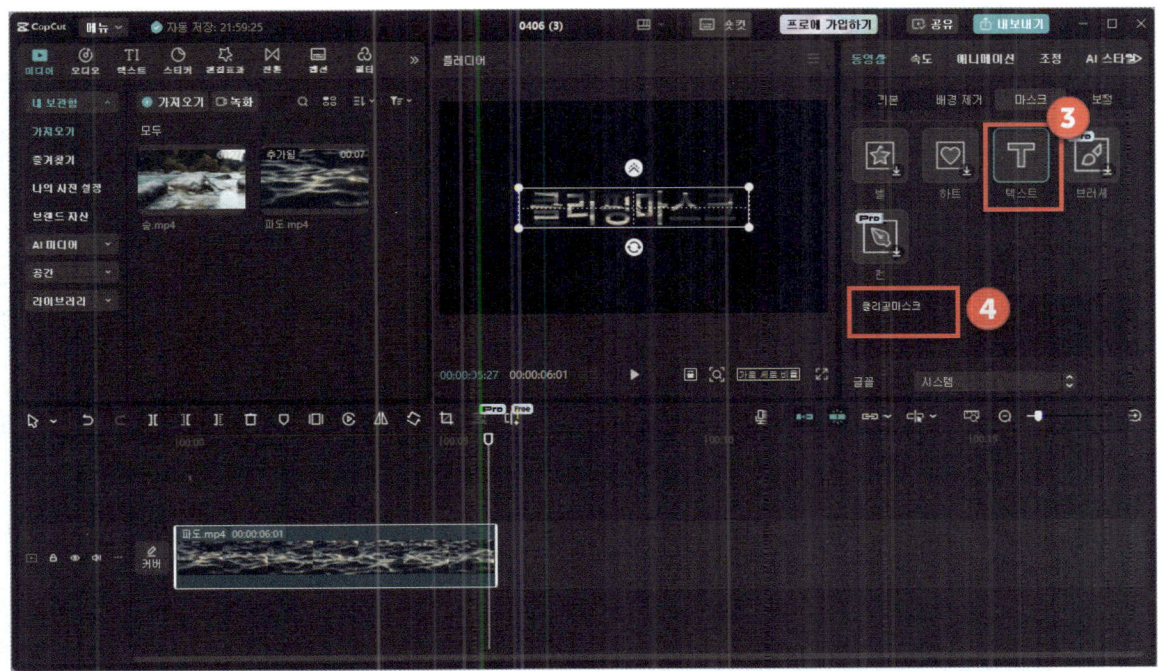

04 글꼴은 ❺완주대둔산체로 정한 후 글꼴 크기는 ❻70으로 변경합니다. 플레이어 창에 적용되는 상황이 표시됩니다.

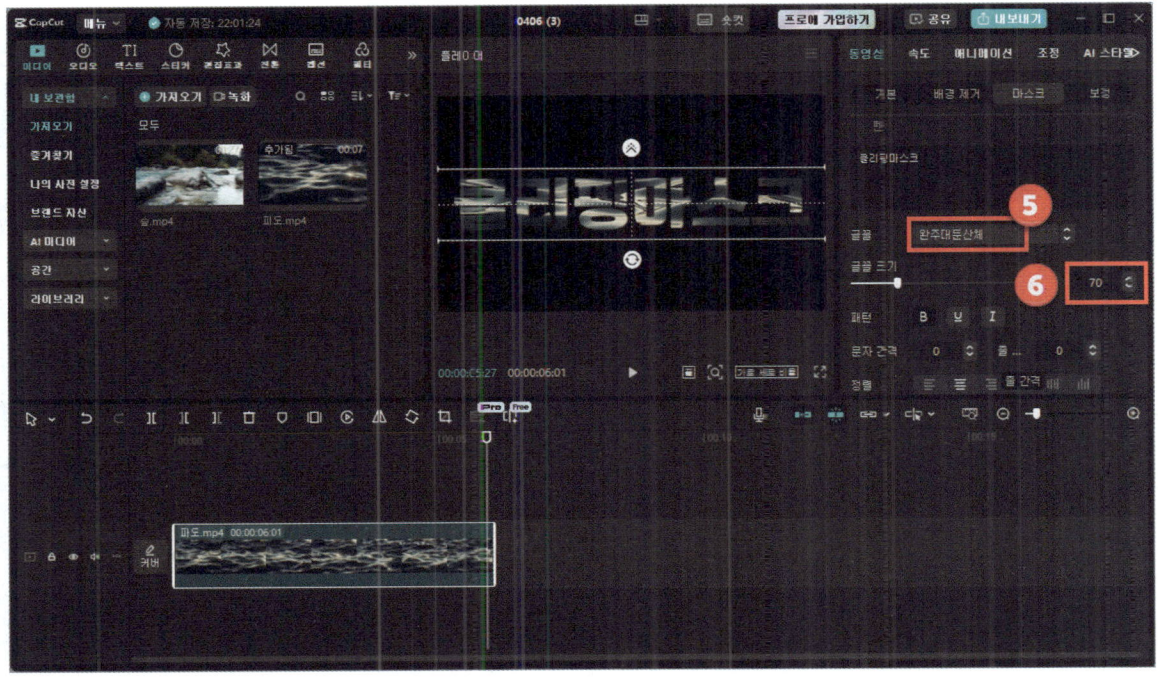

05 **가져오기** 패널에서 나머지 **숲 영상**을 트랙으로 드래그한 후, **오른쪽을 분할해서 삭제**합니다.

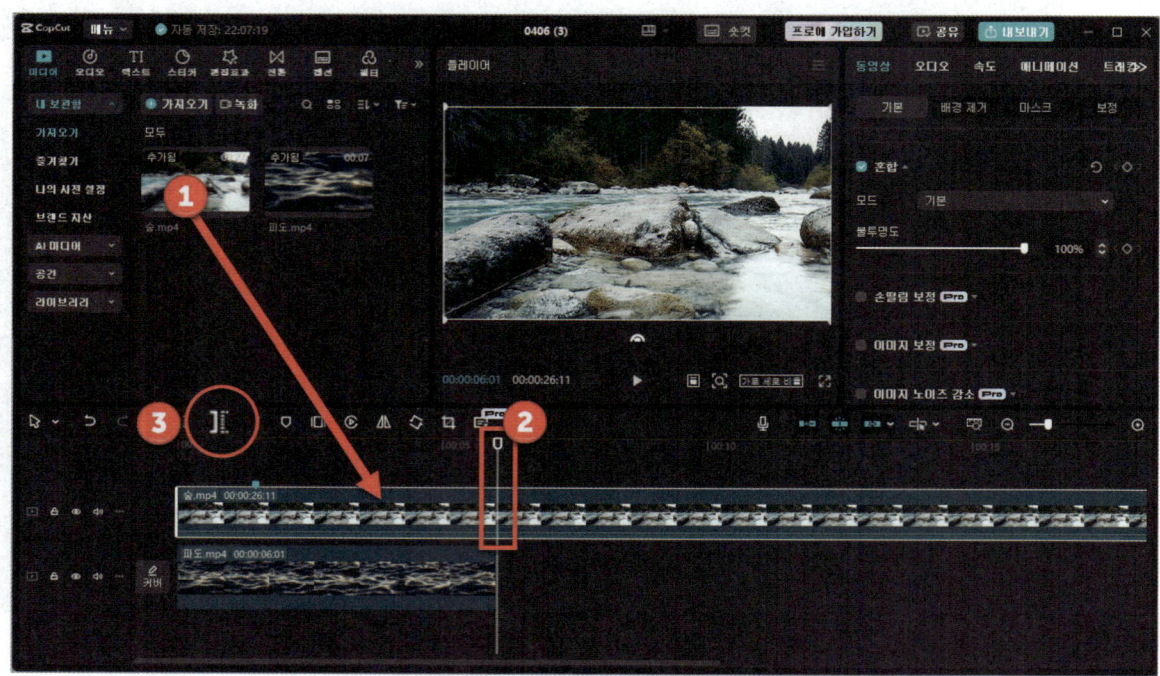

06 **파도** 레이어를 **숲 레이어 위로** 드래그해서 이동시키고, **숲 레이어를 메인 트랙으로 이동**시킵니다.

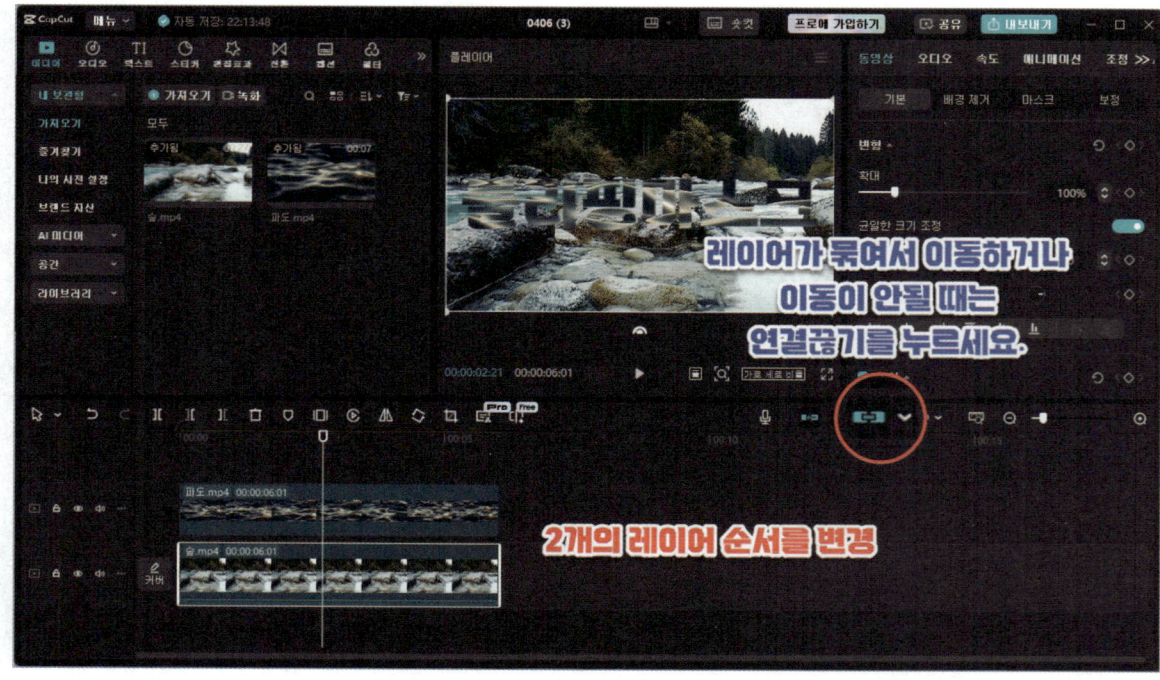

07 ❶**메인 트랙**을 클릭하고 세부 정보 창 ❷**조정**에서 ❸**채도**와 ❹**노출/대비**를 아래처럼 변경합니다.

08 ❶**2개의 레이어**를 범위로 지정하고, 마우스 우클릭을 해서 ❷**복합 클립 만들기**를 클릭합니다. 복합 클립을 더블클릭하면 각각 따로 편집할 수 있으므로 클리핑마스크 텍스트를 다른 것으로 바꿔 보세요.

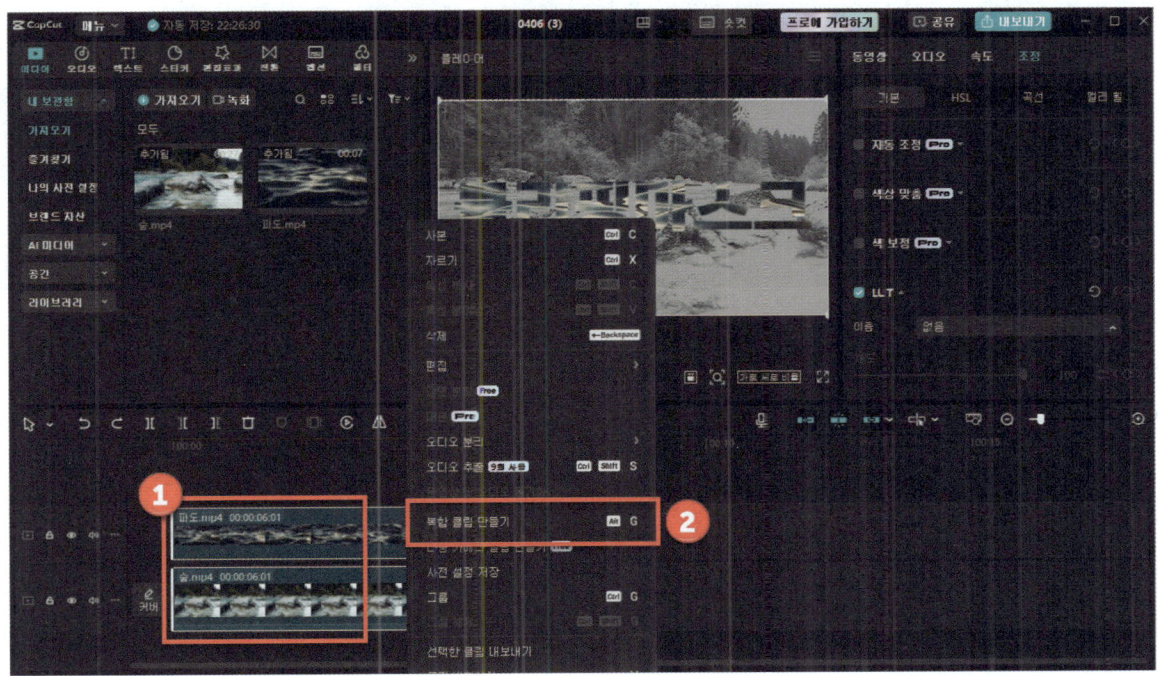

CHAPTER 08
애니메이션 활용하기

캣컷에서 제공하는 스티커를 이용해 영상에 재미있는 애니메이션 효과를 추가할 수 있으며, 텍스트에 애니메이션 효과를 설정할 수도 있습니다. 또, 키프레임과 마스크 기능을 이용해 좀더 다양한 움직임을 줄 수 있습니다.

결과화면 미리보기

무엇을 배울까?

❶ 미디어 클립 애니메이션
❷ 텍스트 애니메이션
❸ 키프레임 애니메이션
❹ 마스크 애니메이션

STEP 1 ▶ 미디어 클립 애니메이션

01 **프로젝트 만들기**에서 영상을 가져온 후 메인 트랙에 추가합니다.

02 ❶**스티커**를 클릭한 후 ❷"**프레임**"을 검색한 다음 ❸**원하는 프레임**을 클릭해 다운로드하고 ➕를 클릭해 추가한 후 ❹**길이**를 맞춥니다.

03 프레임 클립 크기를 너비와 높이를 따로 조절하기 위해 ❶**균일한 크기 조정**을 끄고, ❷**너비는 100%, 높이는 56%**로 화면에 맞춰줍니다.

04 ❶**크리스마스** 카테고리에서 ❷**원하는 스티커**를 다운로드해 ➕를 클릭한 후 추가된 레이어의 ❸**길이**를 조절하고 ❹**위치**를 적당하게 이동합니다.

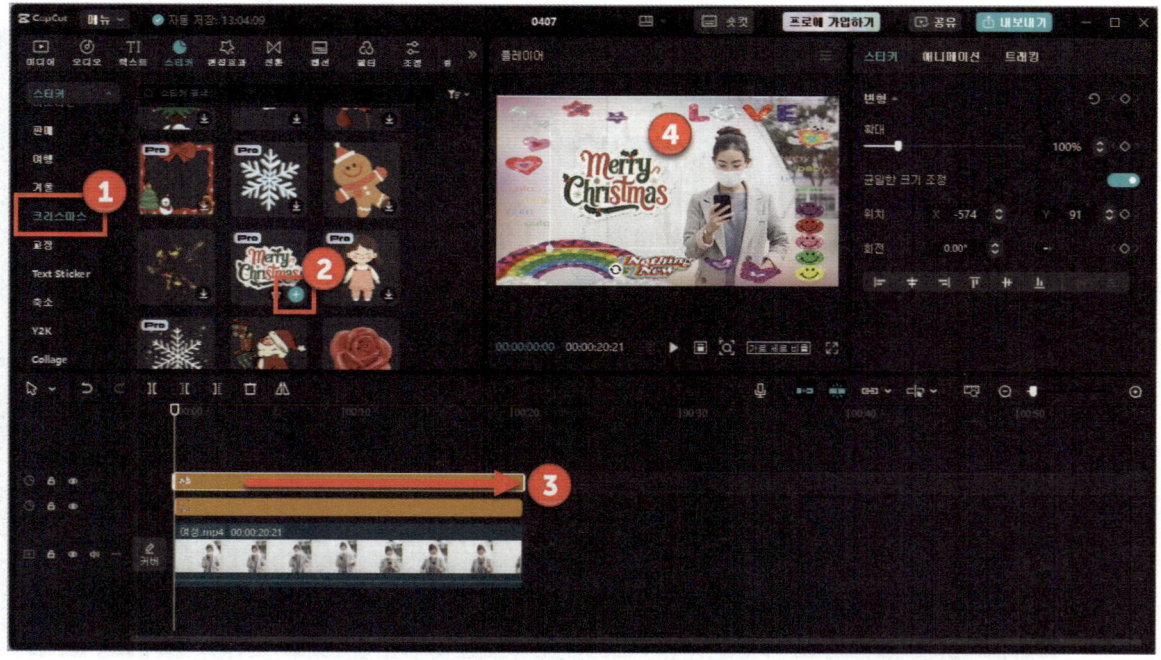

05 계속해서 세부 정보 창에서 **애니메이션**을 클릭한 후 **밀기 L**을 선택한 후, **아웃** 탭에서 **밀기 L**을 선택합니다.

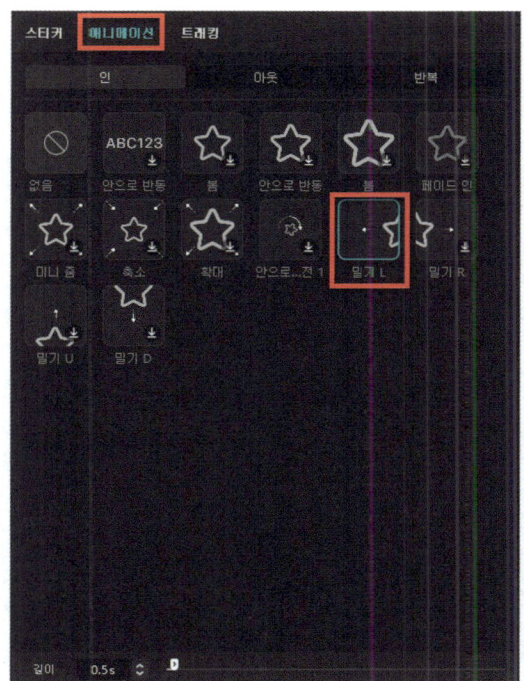 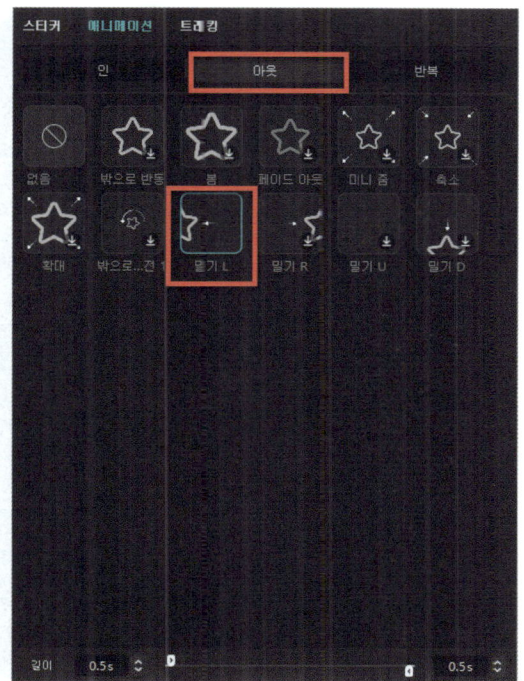

06 세부 정보 창에서 애니메이션 시작되는 시간을 **2초**로 조절하고, 아웃되는 시간을 **2초**로 조절한 후 재생해 봅니다. 2초 동안 왼쪽에서 나타났다가 2초 동안 왼쪽으로 사라지는 애니메이션이 지정된 것입니다.

CHAPTER 08 애니메이션 활용하기 **129**

07 이번에는 지금까지 만든 배경을 크로마키 클립용으로 만들어 보겠습니다. 메인 트랙에 삽입된 **❶클립에 마우스 우클릭**해서 **❷클립 교체**를 클릭합니다.

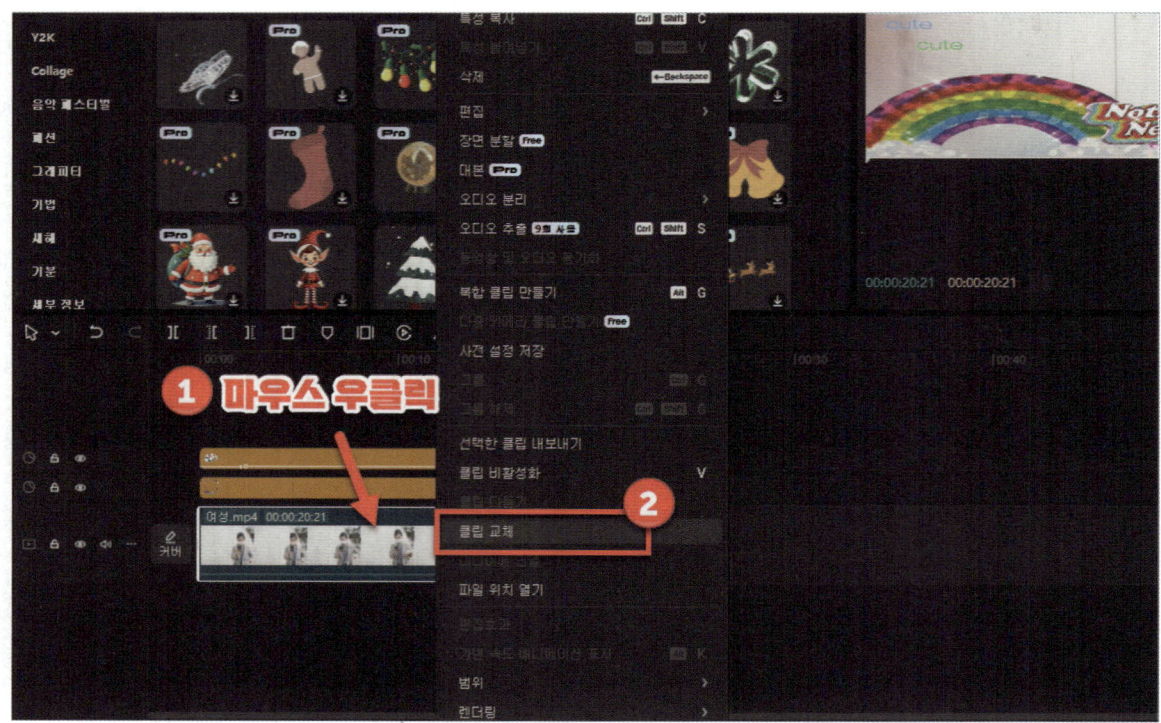

08 샘플파일이 저장되어 있는 **캡컷동영상편집** 폴더에서 **❸크로마키-배경** 파일을 선택한 후 **❹열기**를 클릭합니다.

09 ❺**클립 교체** 버튼을 클릭해서 영상 클립을 이미지 클립으로 크로마키할 수 있는 레이어로 변경합니다.

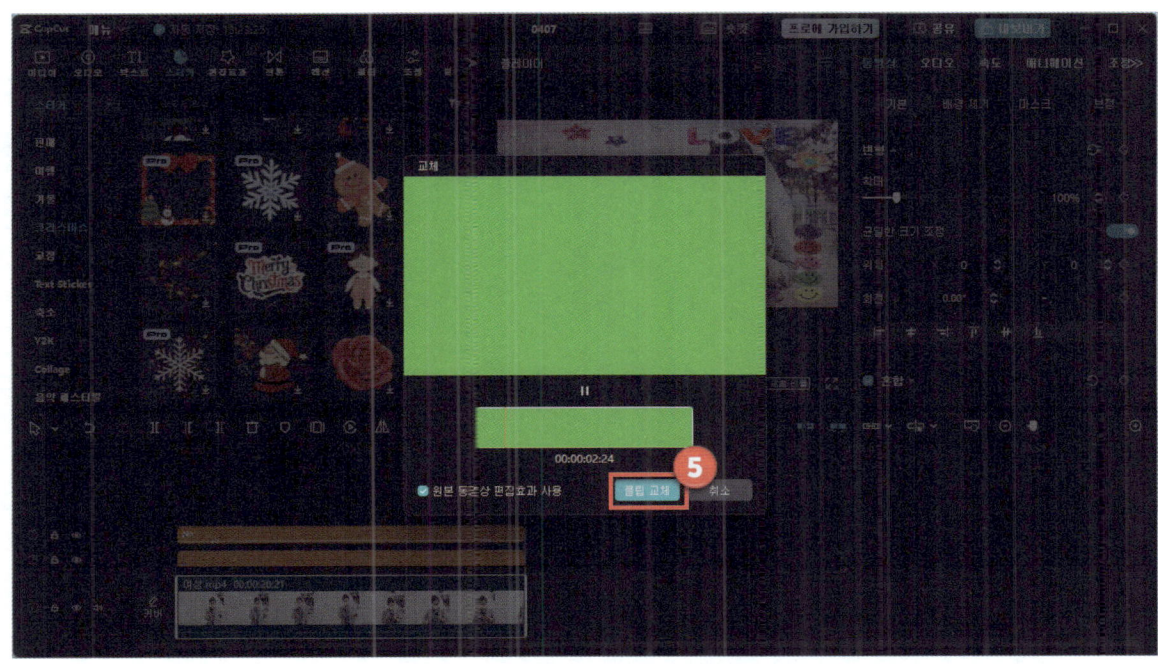

10 레이어를 모두 선택한 후 ❶**마우스 우클릭**을 눌러서 ❷**복합 클립 만들기**를 선택합니다.

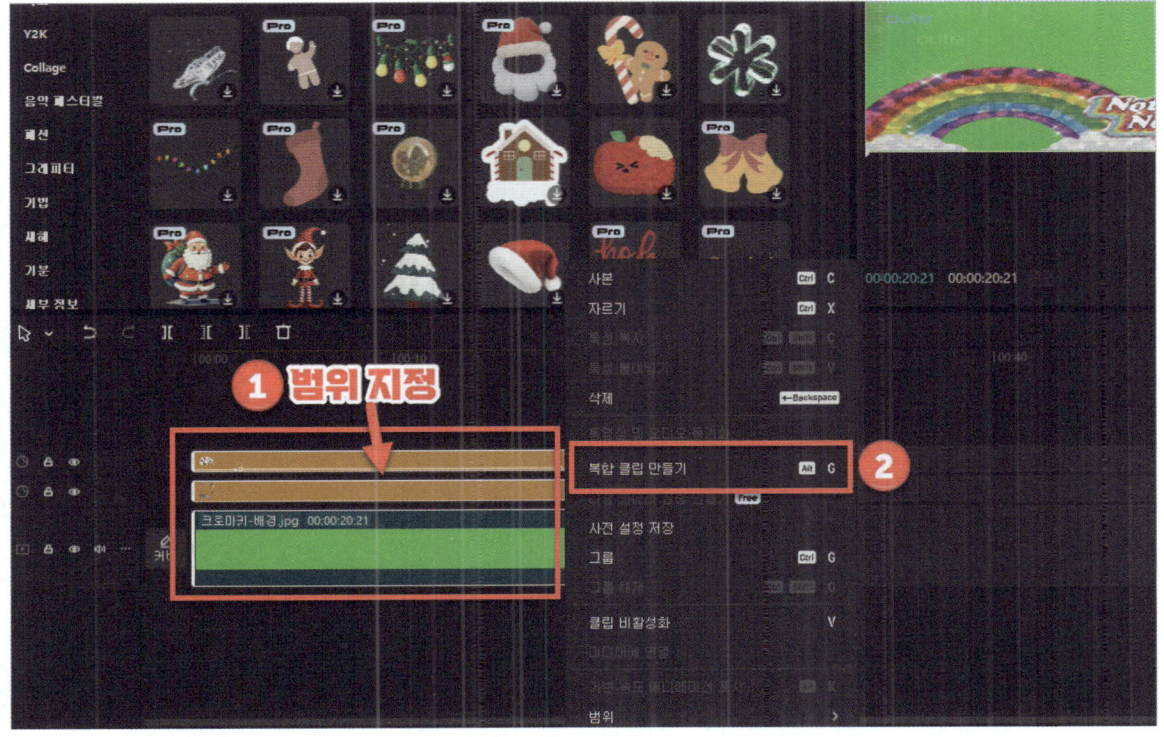

CHAPTER 08 애니메이션 활용하기   131

11 PRO버전 스티커를 사용한 경우에는 내보기할 수 없으므로, 복합 클립을 더블클릭한 후 ❶**PRO버전 스티커를 삭제**한 후 ❷**다른 무료 스티커를 추가**한 후 길이를 조절하고 애니메이션 효과를 지정합니다.

12 ❶**내보내기**를 클릭한 후 ❷**크로마키-프레임**으로 이름을 변경하고, ❸**내보내기**를 클릭합니다. 이제 제작된 동영상 클립은 다른 영상에 크로마키 용도로 사용할 수 있게 되었습니다.

STEP 2 - 텍스트 애니메이션

01 **프로젝트 만들기**에서 영상을 가져온 후 메인 트랙에 추가합니다.

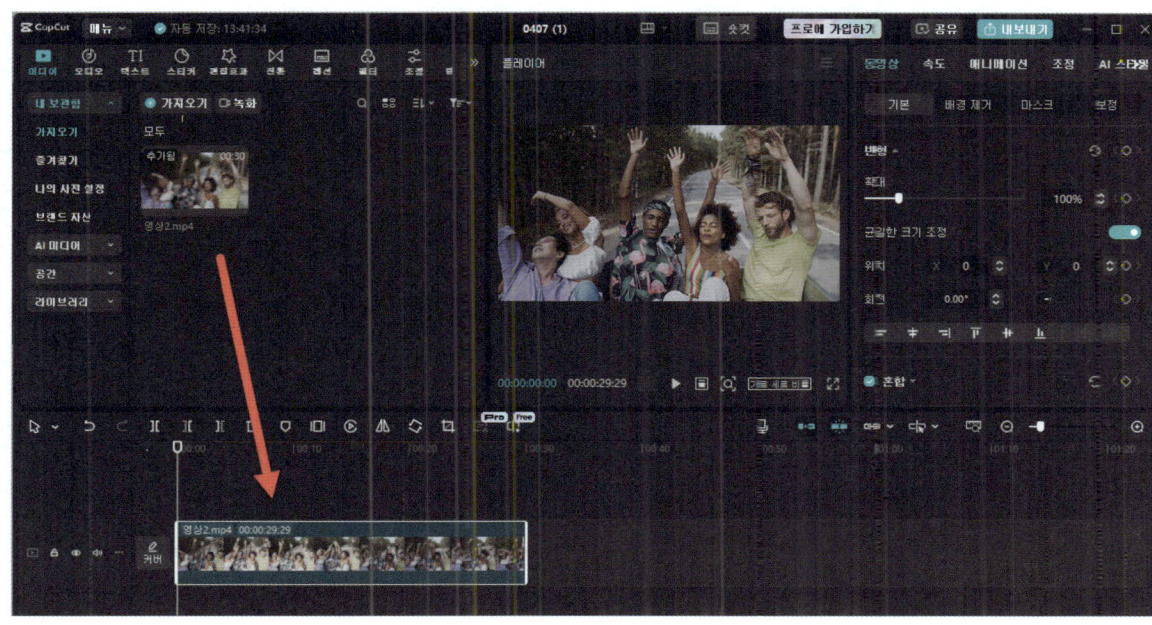

02 ❶**텍스트** 메뉴를 클릭한 후 ❷**기본 텍스트**의 ➕를 눌러서 레이어를 추가합니다. 플레이 헤드를 ❸**14:29**에 맞춘 후 텍스트 레이어의 길이를 늘여준 후, ❹"**한국여행**", ❺**완주대둔산체**, ❻**글꼴 크기** 35를 지정합니다.

03 플레이 헤드를 ❶약간 앞으로 이동한 후 기본 탭에서 마우스 휠을 아래로 굴려서 ❷획을 체크한 후 ❸두께 30을 지정합니다.

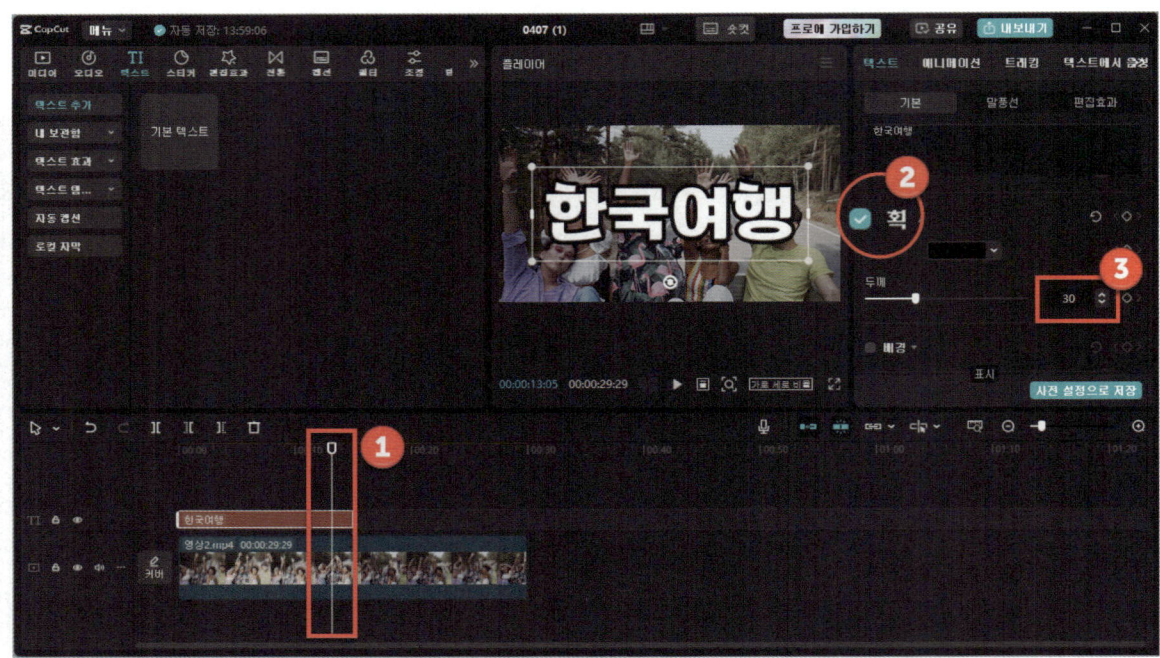

04 마우스 휠을 아래로 굴려서 아래에 있는 ❶곡선을 체크한 후 ❷강도 65를 지정하고 텍스트를 ❸위쪽으로 옮겨줍니다.

05 ❶애니메이션 탭을 클릭한 후 ❷반복을 선택하고 ❸접기 효과를 선택해 적용합니다.

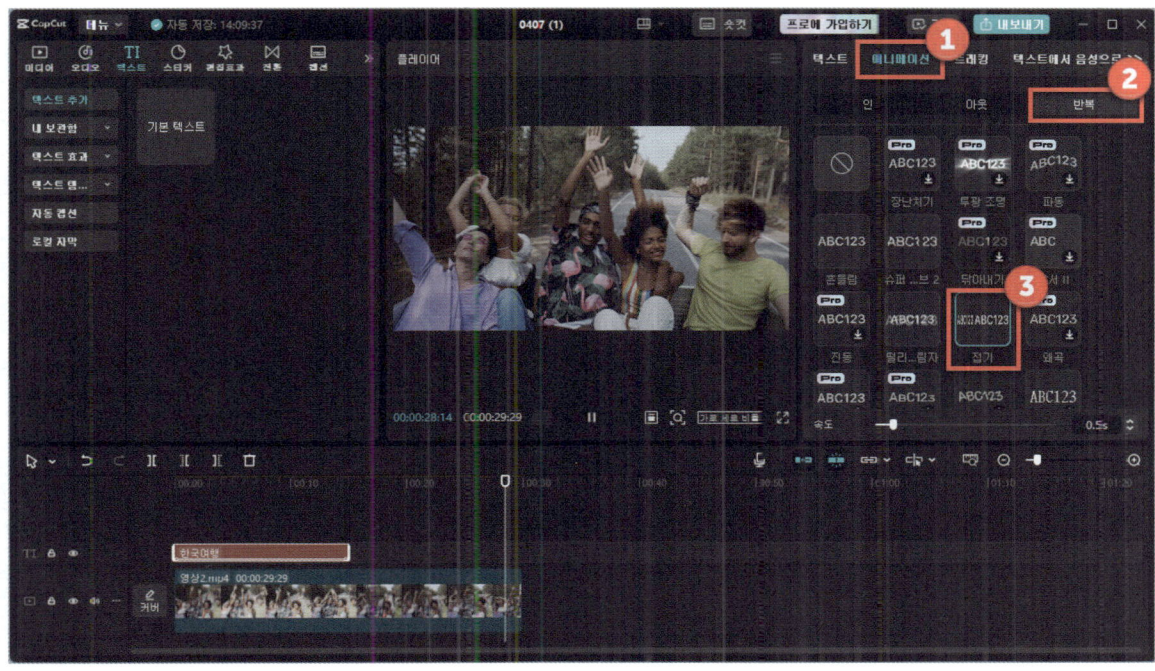

06 텍스트 클립에 ❶마우스 우클릭한 후 ❷사본을 클릭해서 복사를 합니다. 단축키 Ctrl + C 를 눌러 복사해도 됩니다.

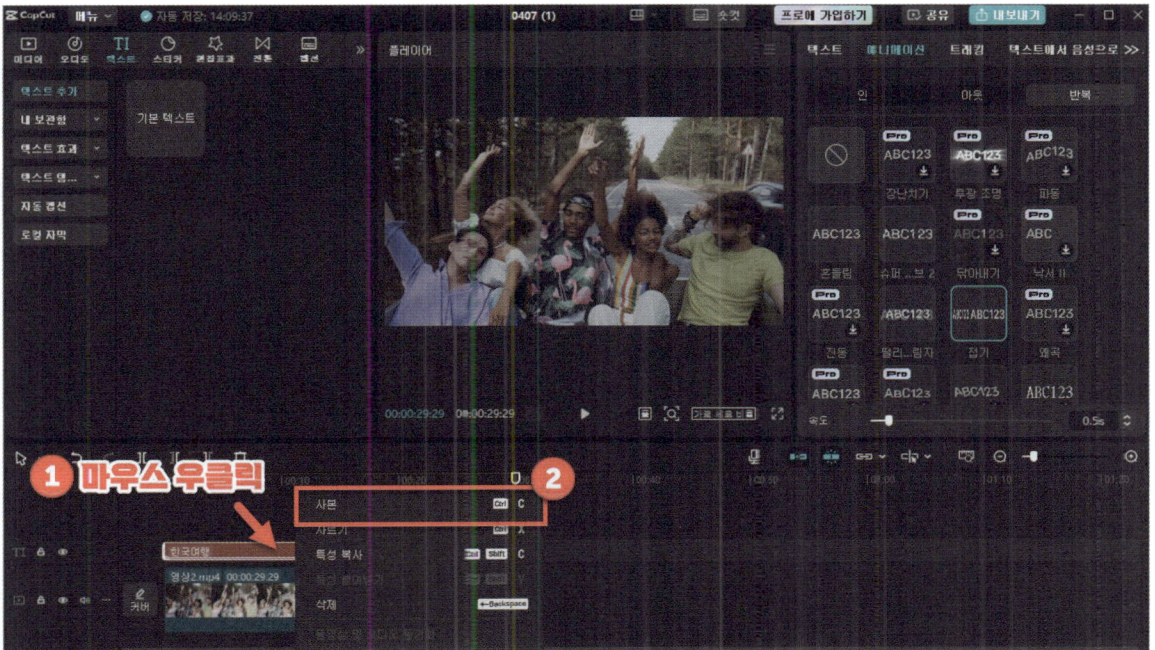

07 텍스트 클립 뒤에 ❶**플레이 헤드**를 위치시킨 후 ❷ `Ctrl` + `V` 를 눌러 붙여넣기를 하고 ❸**놀러와요**라는 내용으로 변경합니다.

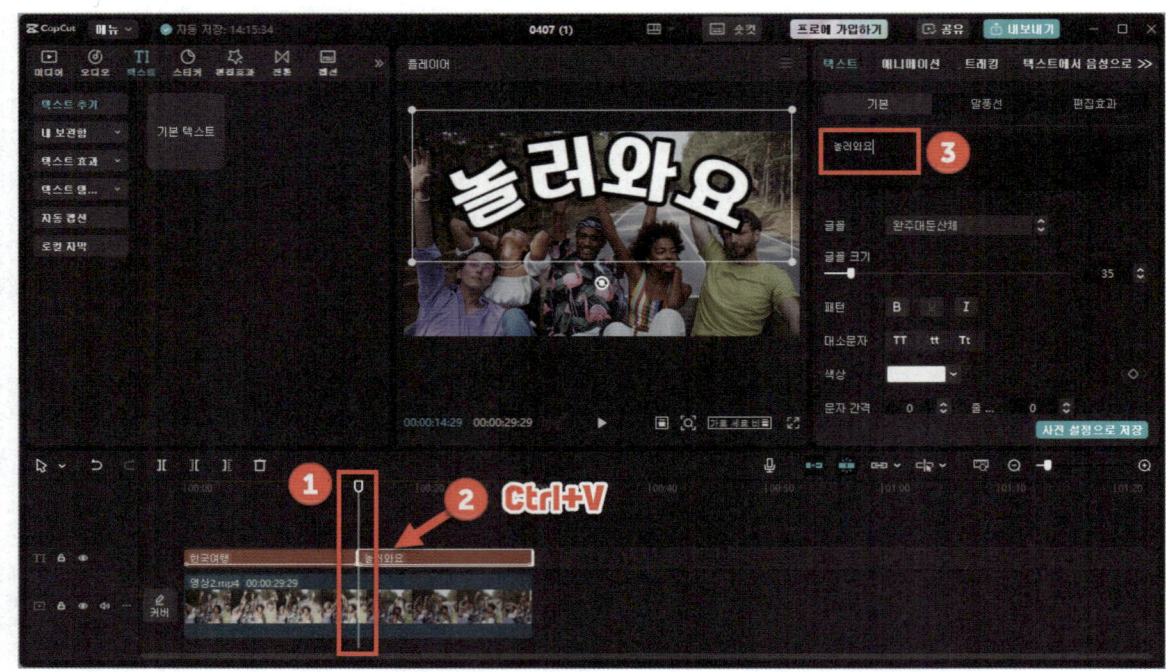

08 ❶**텍스트** 탭을 클릭한 후 ❷**말풍선** 분류를 누르고 ❸**원하는 템플릿**을 선택합니다. 여기서 글꼴은 고정되어 변경이 안될 수 있습니다. (**버전 변경으로 위치와 메뉴가 다르게 표현될 수 있음**)

09 **❶애니메이션** 탭에서 **❷다른 효과**를 선택해서 재생을 하면 텍스트 애니메이션이 변경되어 재생됩니다. 어떤 효과들이 있는지 직접 살펴보고 골라 보세요.

10 **텍스트** 메뉴의 **텍스트 템플릿**을 이용하면 더욱 다양한 텍스트 작업할 수 있으며, 세부 정보 창도 상황에 따라 변경됩니다.

STEP 3 - 키프레임 애니메이션

01 **프로젝트 만들기**를 눌러서 편집 화면이 나오면 세부 정보 창의 ❶**수정하기**를 클릭해서 해상도를 ❷**사용자 지정**으로 변경하고 ❸**저장**을 클릭합니다.

02 **가져오기**를 클릭해서 해당 영상을 열어준 후 메인 트랙에 영상을 넣어 줍니다. 상단에 파일명을 **"키프레임"**이라고 입력합니다.

03 플레이 헤드가 처음 위치에 놓인 상태에서 세부 정보 창에서 **변형**에 있는 **키프레임(마름모)**을 클릭해서 영상 처음에 키프레임 표시를 합니다.

04 플레이 헤드를 ❶**10초**로 이동시킨 후 세부 정보 창에서 ❷**확대 200%**를 지정하면 키프레임이 ❸**자동으로 추가**됩니다. 재생해 보면 10초까지 영상이 서서히 확대되는 것을 확인할 수 있습니다.

05 10초에 삽입된 **키프레임을 3초로 드래그해서 이동**한 후 재생을 해보면 빠르게 줌 인되는 것을 확인할 수 있습니다.

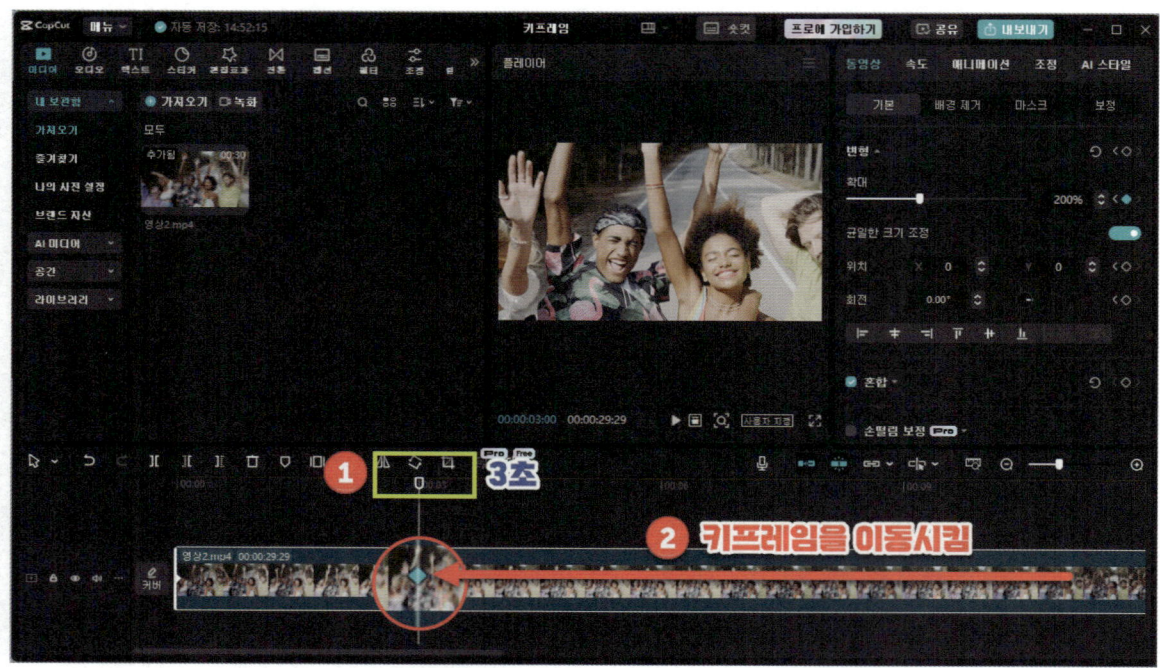

06 ❶**6초**에 플레이 헤드를 위치하고, 플레이어 영역에서 영상을 ❷**왼쪽으로 이동**을 시킨 후 ❸**300% 확대**를 합니다. [Home] 키를 눌러서 처음부터 재생하고 확인해 봅니다.

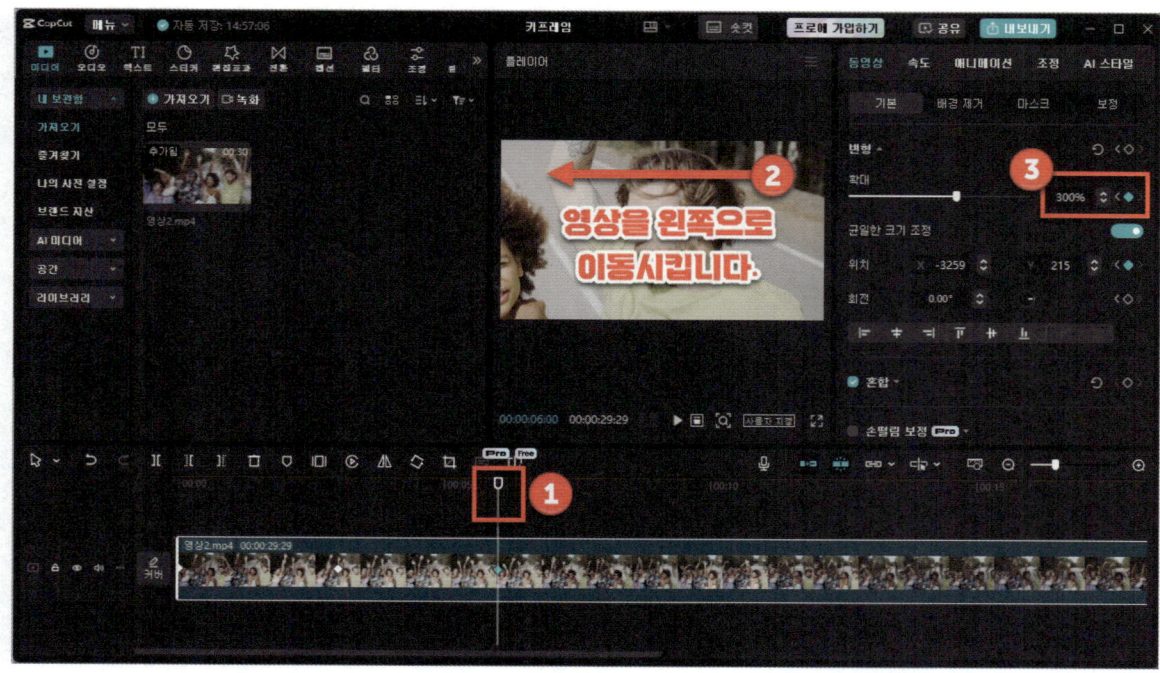

07 ❶10초에 플레이 헤드를 위치시킨 후 세부 정보 창에서 ❷혼합을 체크한 후 ❸키프레임을 클릭하고 ❹불투명도 0%로 조절합니다.

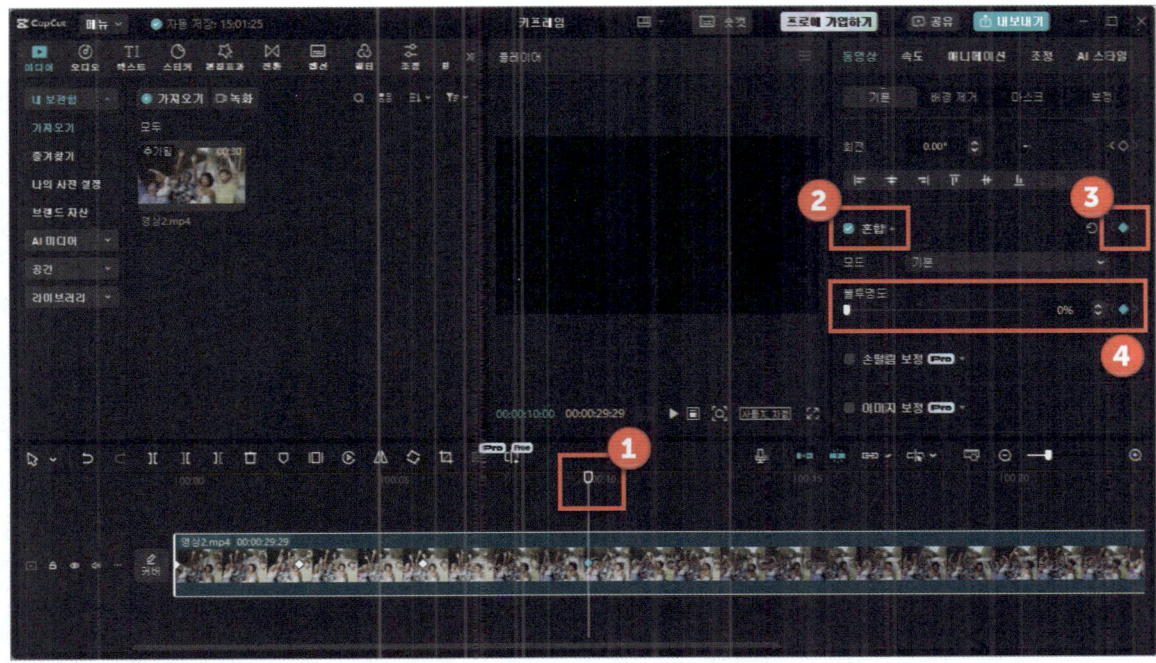

08 ❶15초에 플레이 헤드를 위치시킨 후 세부 정보 창에서 ❷불투명도를 100%로 변경하면 키프레임이 삽입되며 트랙에도 삽입된 것을 확인할 수 있습니다.

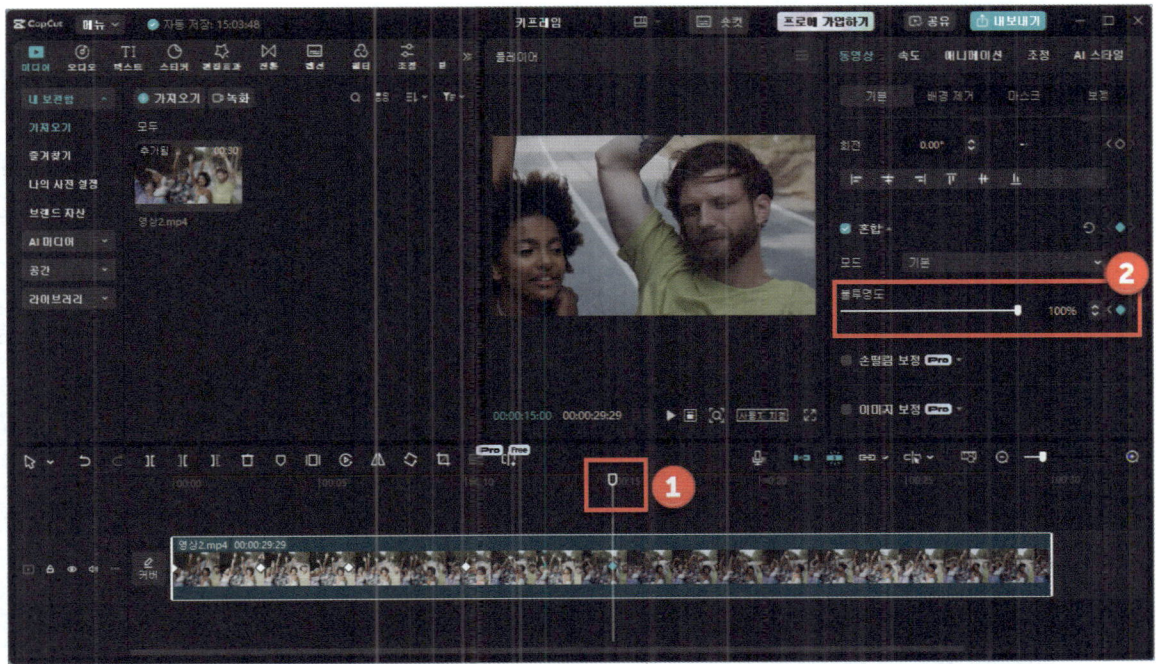

09 재생을 해보면 영상의 첫 부분이 불투명도가 0%로 지정이 되어 어둡게 됩니다. **❶첫 키프레임을 선택**한 후 세부 정보에서 **❷불투명도를 100%로 변경**합니다. 다시 재생하여 확인해 봅니다.

10 **❶20초** 키프레임에 플레이 헤드를 위치시킨 후 **❷확대를 100%**로 다시 변경한 후 **❸영상을 원래 위치로 이동**시켜서 재생해 보세요.

STEP 4 › 마스크 애니메이션

01 **프로젝트 만들기**에서 **수정하기**로 아래와 같이 설정하세요.

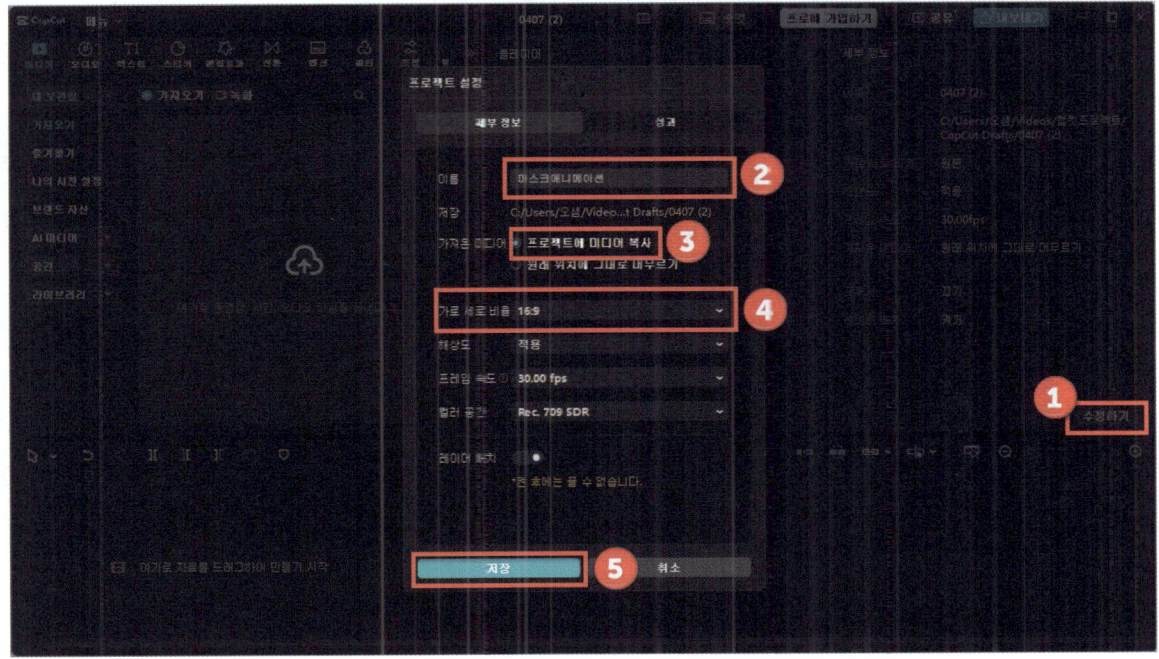

02 샘플파일이 저장되어 있는 **캡컷동영상편집** 폴더에서 **숲.mp4** 파일을 가져와서 메인 트랙에 추가합니다.

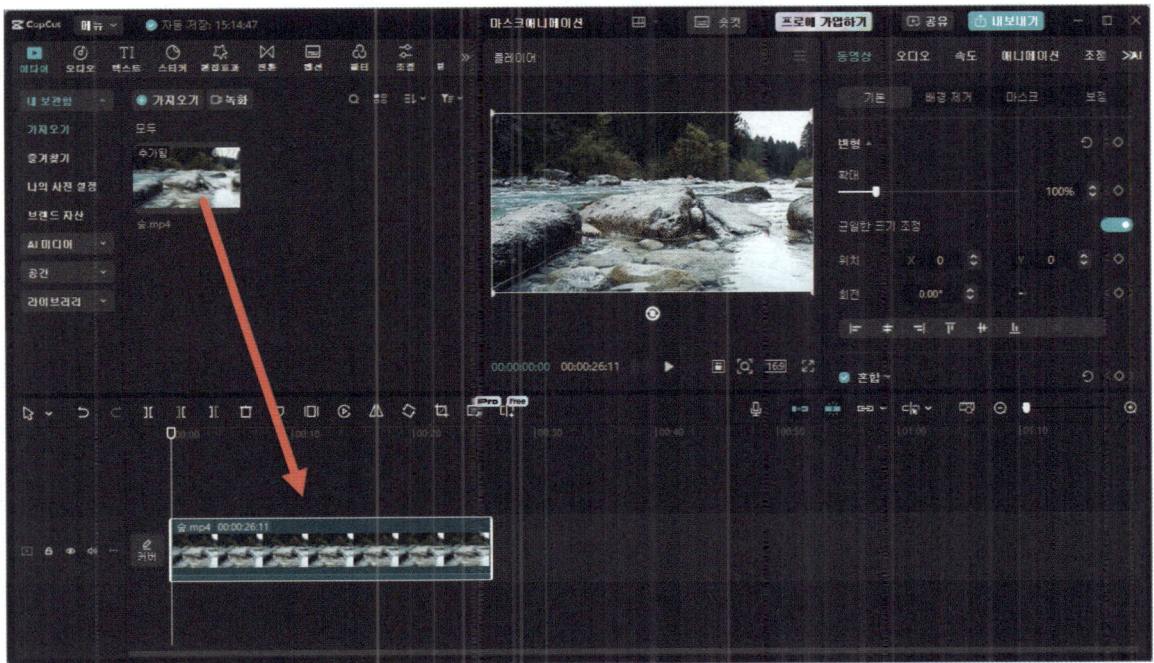

03 **필터▶스타일▶빈티지 페이드**를 차례대로 선택한 후 **메인 트랙으로 드래그**해서 적용해 봅니다.

04 세부 정보 창에서 적용된 필터를 변경하거나 제거**(필터이름에 마우스를 올려놓으면 휴지통 아이콘이 보임)**할 수 있습니다. 제거한 다음 다른 필터를 적용해 보고, 다시 **빈티지 페이드로 다시 적용해 놓습니다.**

05 ❶**텍스트** 메뉴에서 ❷**기본 텍스트**를 레이어2로 드래그해서 ❸**길이**를 영상 클립에 맞춰줍니다.

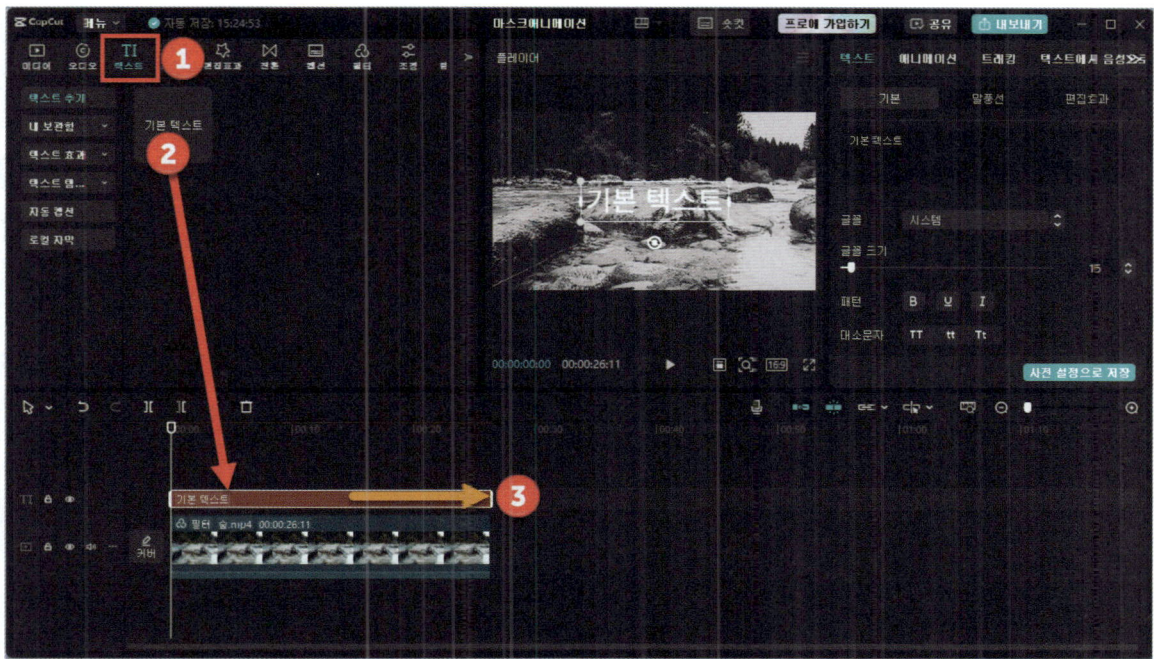

06 샘플파일이 저장되어 있는 **캡컷동영상편집** 폴더에서 "**서시.txt**" 파일을 열고 모든 내용을 블록 설정한 다음 **복사**하고 메모장을 닫아줍니다.

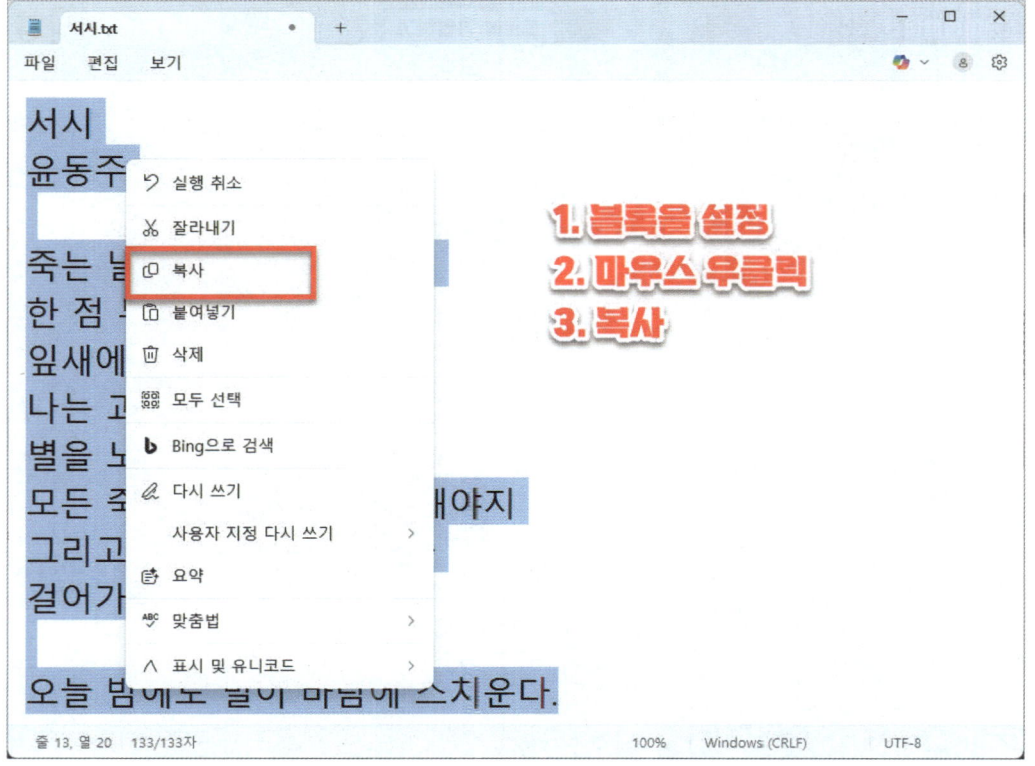

CHAPTER 08 애니메이션 활용하기 **145**

07 세부 정보 창에서 ❶ Ctrl + V 를 눌러 붙여넣기를 한 후, ❷글꼴 크기를 내용이 모두 보일 수 있도록 한 후 ❸줄간격은 3으로 맞춥니다.

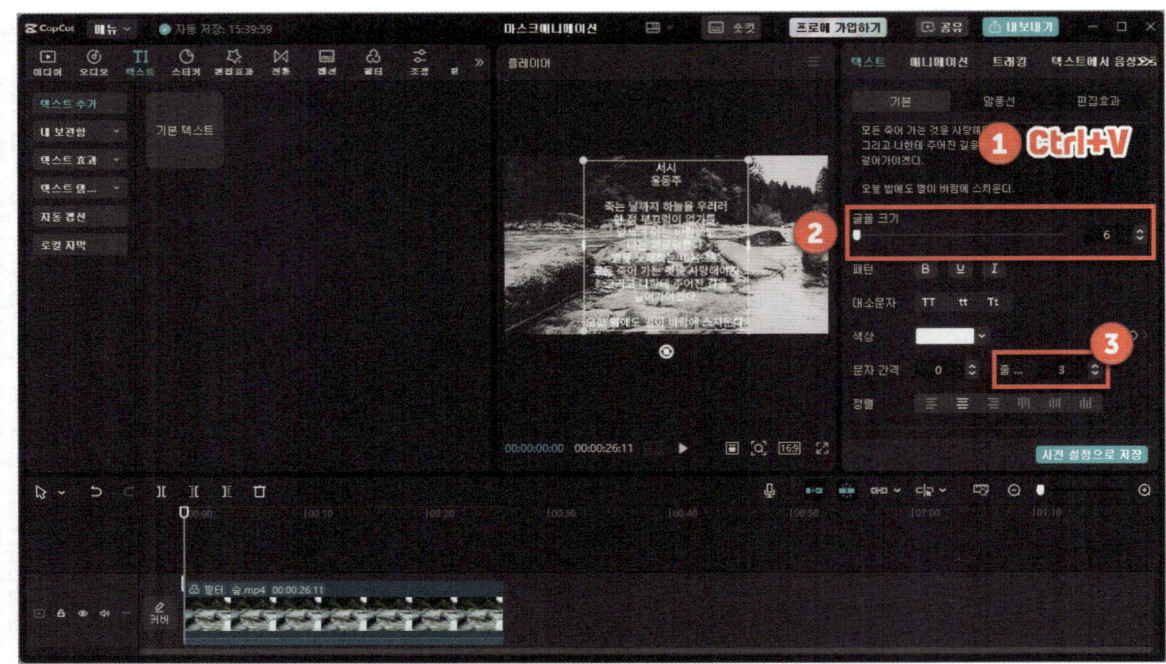

08 세부 정보창에서 마우스 휠을 아래로 굴려서 ❶획을 체크한 후 ❷두께 60을 지정합니다.

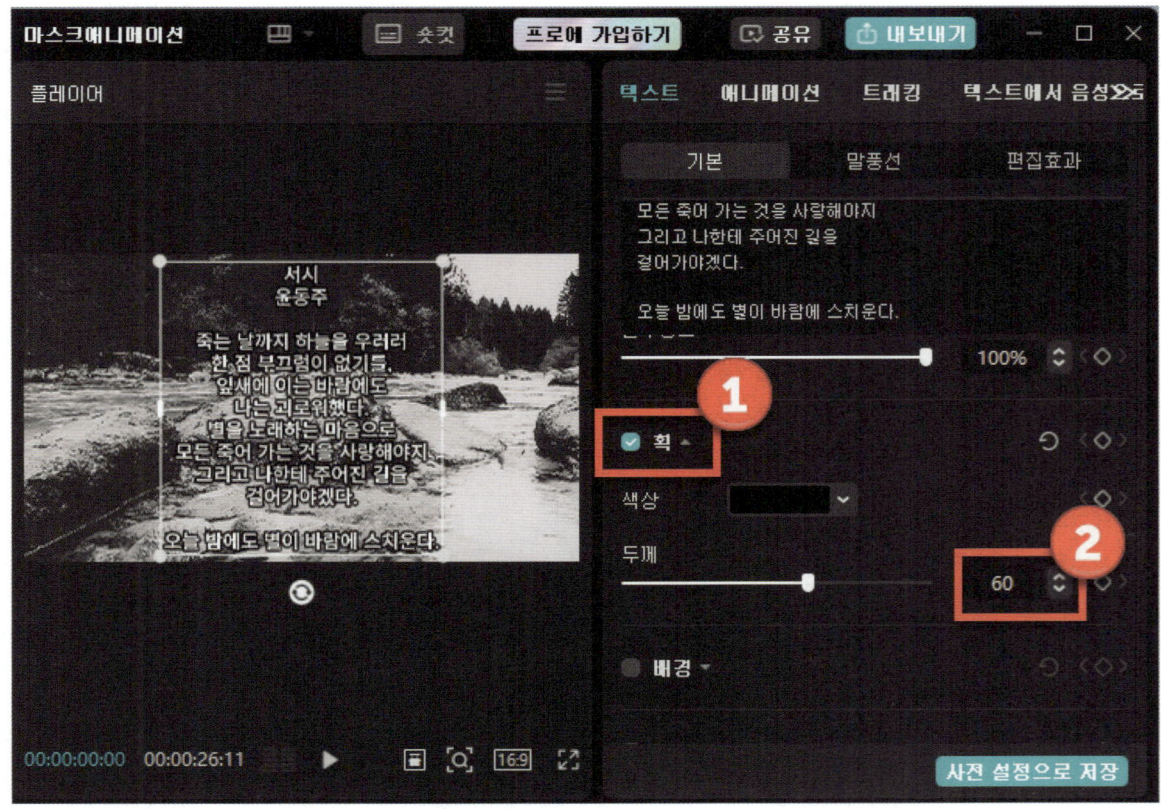

09 **텍스트 레이어**를 선택한 후 세부 정보 창에 보면 **마스크**라는 기능이 없는데, 이것을 해결하기 위해 **복합 클립 만들기**를 해줍니다.

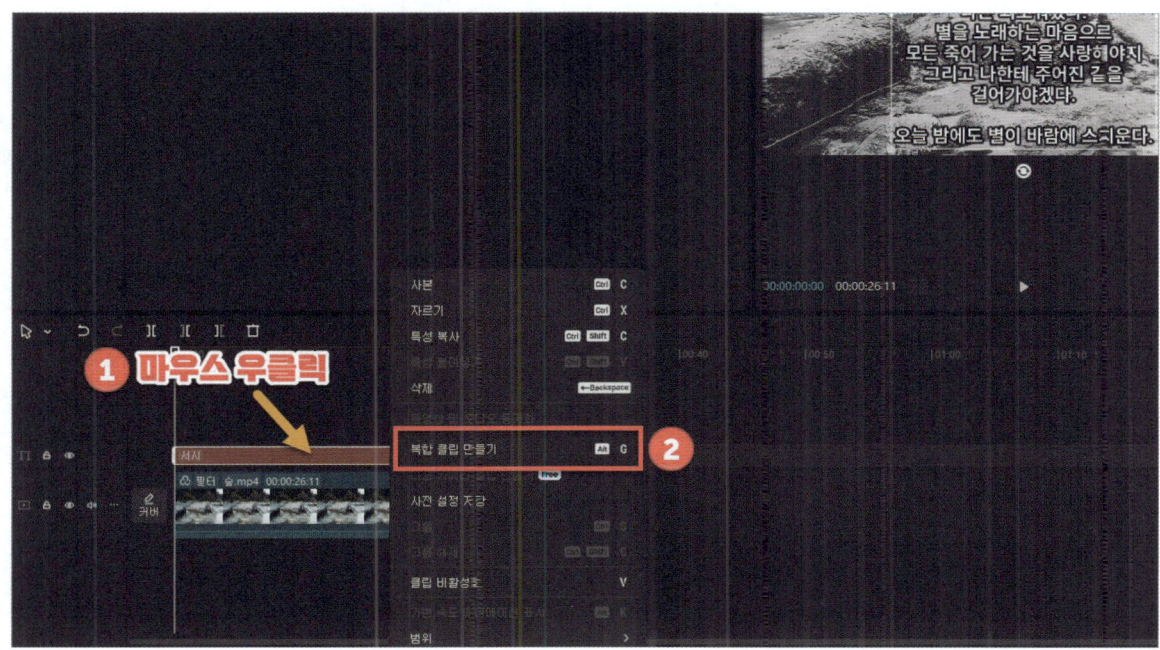

10 세부 정보 창에서 ❶**동영상** 탭을 누른 후 ❷**마스크**를 클릭하고 ❸**마스크 추가**를 클릭합니다.

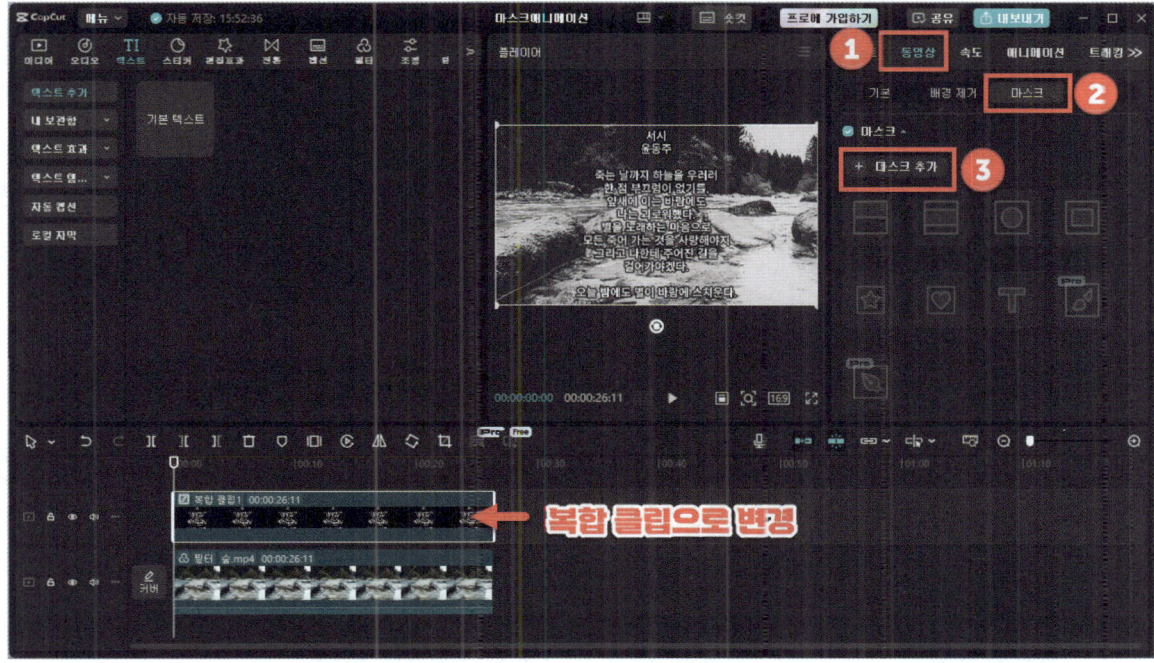

11 마스크 종류에서 **필름 스트립**을 선택합니다.

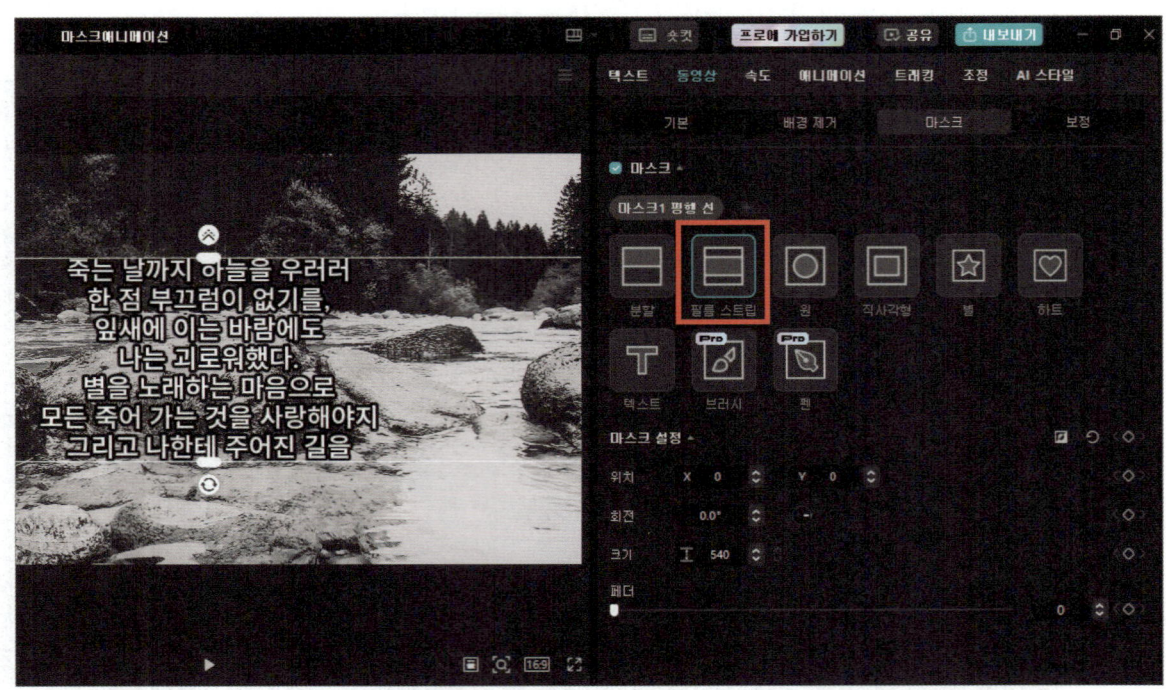

12 **아래 핸들러** 포인트를 **위로 드래그**해서 **위 핸들러**와 거의 겹치도록 이동시킵니다. 마스크의 종류에 따라 포인트의 역할이 다르게 변경되므로 다양한 마스크를 사용해 보세요.

13 겹쳐진 선에 마우스를 올려놓은 후 **영상 위쪽으로 이동**합니다. 마우스 화살표를 라인에 가져다 놓고 드래그를 잘 해보세요.

14 플레이 헤드를 ❶**가장 앞**으로 이동시킨 후, 세부 정보 창에서 마우스 휠을 아래로 굴려서 ❷**마스크 설정 키프레임**을 클릭합니다.

15 타임라인의 플레이 헤드를 ❶**10초**에 위치시킨 후, ❷**아래 핸들러**를 영상의 **아래로 이동**시켜서 내용이 모두 보이도록 합니다. 이렇게 하면 처음에는 안 보이다가 점점 아래로 마스크 이동으로 보이게 됩니다.

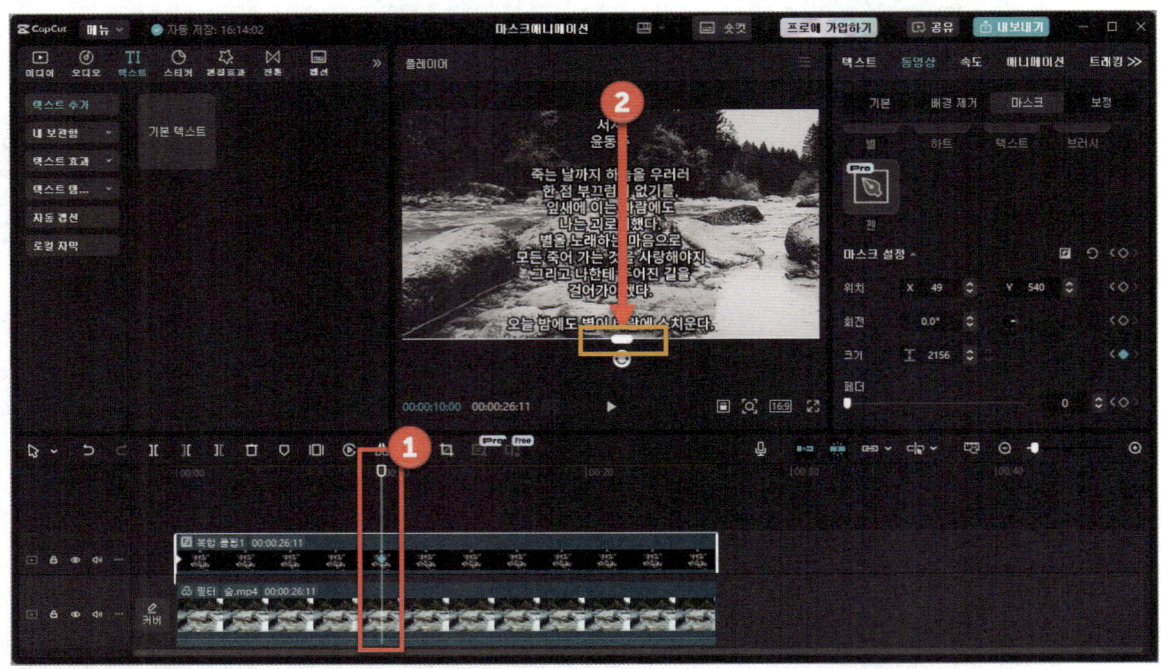

16 타임라인의 플레이 헤드를 ❶**20초**에 위치시킨 후 ❷**마스크 키프레임**을 클릭해서 보이는 시간을 **10초**로 유지합니다.

17 타임라인의 플레이 헤드를 ❶**영상 끝**으로 이동시킨 후, ❷**마스크 핸들러**를 드래그해서 **위로 이동**시켜서 내용이 보이지 않도록 합니다.

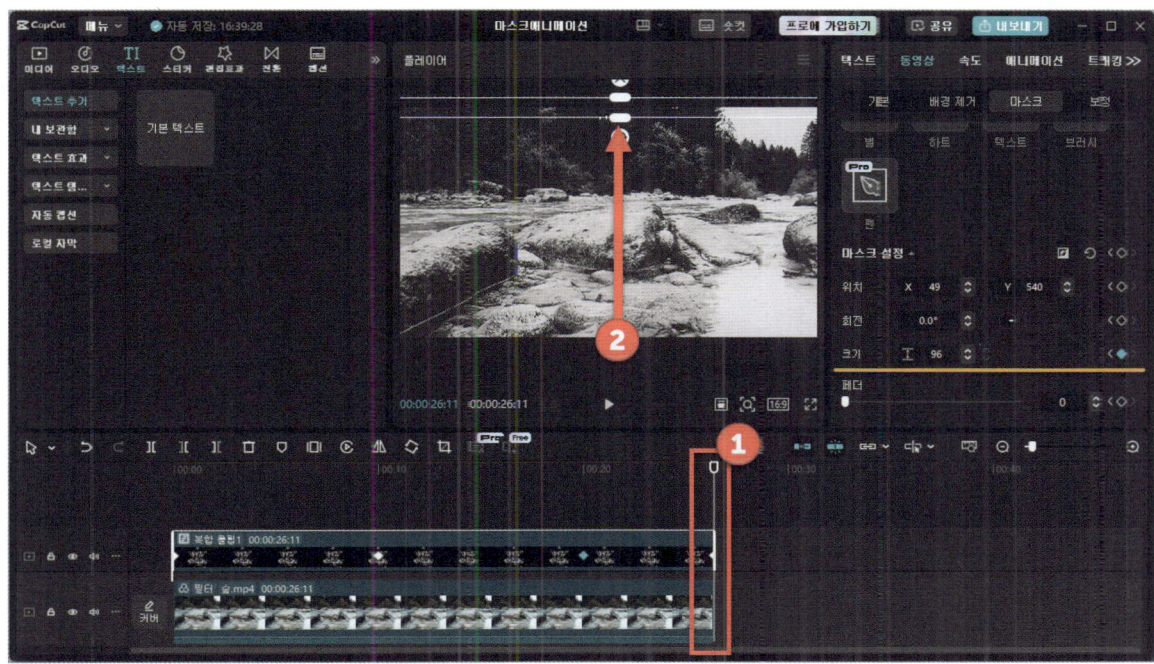

CHAPTER 09

텍스트 자동 캡션

자동 캡션 기능을 사용하면 동영상에 있는 음성을 텍스트로 자동 변환하여 자막과 같은 효과를 낼 수 있습니다. 여기에서는 유튜브 영상을 다운로드하여 동영상의 텍스트를 추출해보고 음성과 음악을 따로 분리하는 방법에 대해 살펴보겠습니다.

결과화면 미리보기

무엇을 배울까?

❶ 클립다운 유튜브 영상 다운로드
❷ 동영상에 자동 캡션 넣기

STEP 1 클립다운 유튜브 영상 다운로드

01 크롬 브라우저에서 **"클립다운"**을 검색한 후 사이트를 열어줍니다.

02 **다운로드 for Window**를 클릭해서 다운로드를 진행합니다.

03 파일탐색기에서 다운로드 받은 폴더로 이동해서 Clipdown 파일을 더블클릭하면 설치가 진행됩니다. 설치를 마친 후 실행 화면의 **다운로드 설정**에서 모두 **사용**으로 체크한 후 **적용**을 클릭합니다.

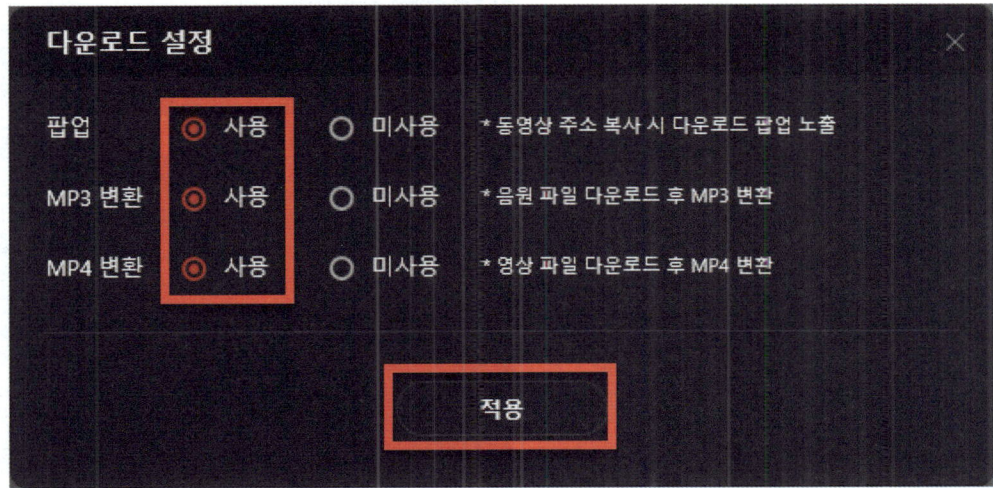

04 다운로드할 영상을 검색한 후 영상 재생을 해 보고 마음에 드는 영상에 마우스를 올리면 왼쪽상단에 ⬇(다운로드)를 클릭합니다.

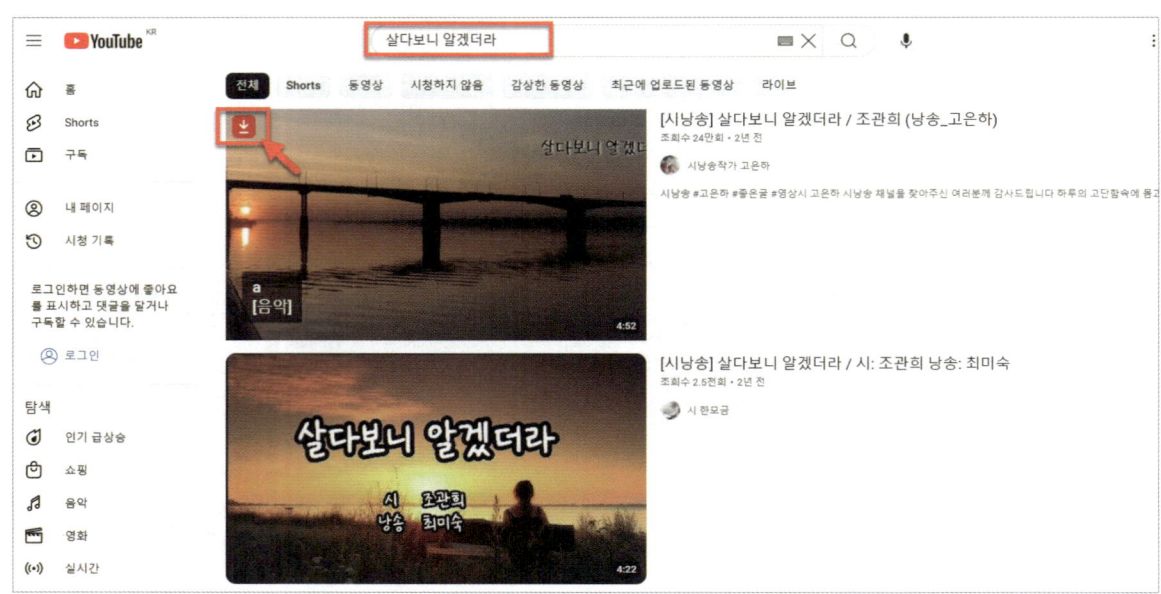

05 저작권 동의 안내를 읽어보고, **동의합니다**를 클릭합니다.

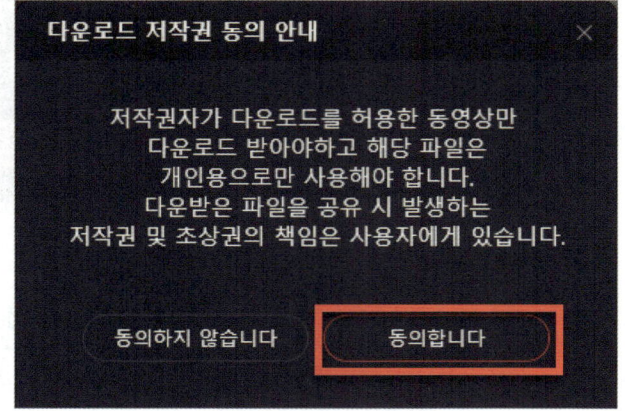

06 바로가기 추가는 해제하고, **다운로드**를 클릭합니다. 영상과 오디오로 구분해서 다운로드할 수도 있습니다. 저장 위치를 확인합니다.

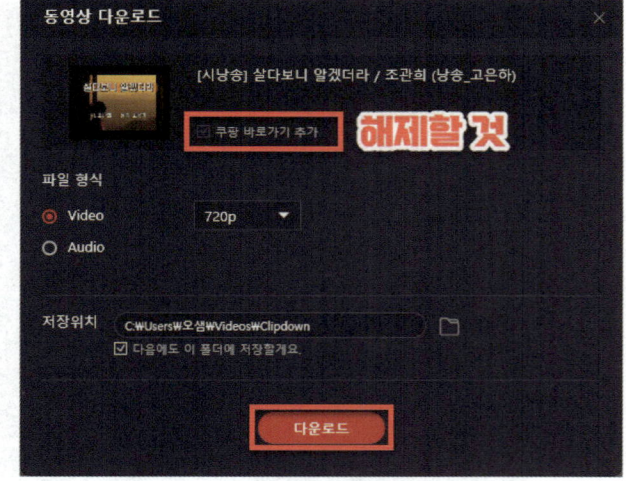

STEP 2 ▶ 동영상에 자동 캡션 넣기

01 **프로젝트 만들기**를 클릭하고 앞에서 다운로드 한 동영상 파일을 가져와 메인 트랙에 추가하고 프로젝트명은 **"살다보니알겠더라"**로 변경합니다.

02 ❶**텍스트** 메뉴에서 ❷**자동 캡션**▶❸**한국어**▶❹**생성**을 차례대로 클릭합니다.

03 아래와 같이 캡션 생성 중이라는 메시지가 보이고 끝까지 기다리면 생성이 됩니다. 현재 버전은 PRO기능으로 **내보내기**를 할 수 없습니다.

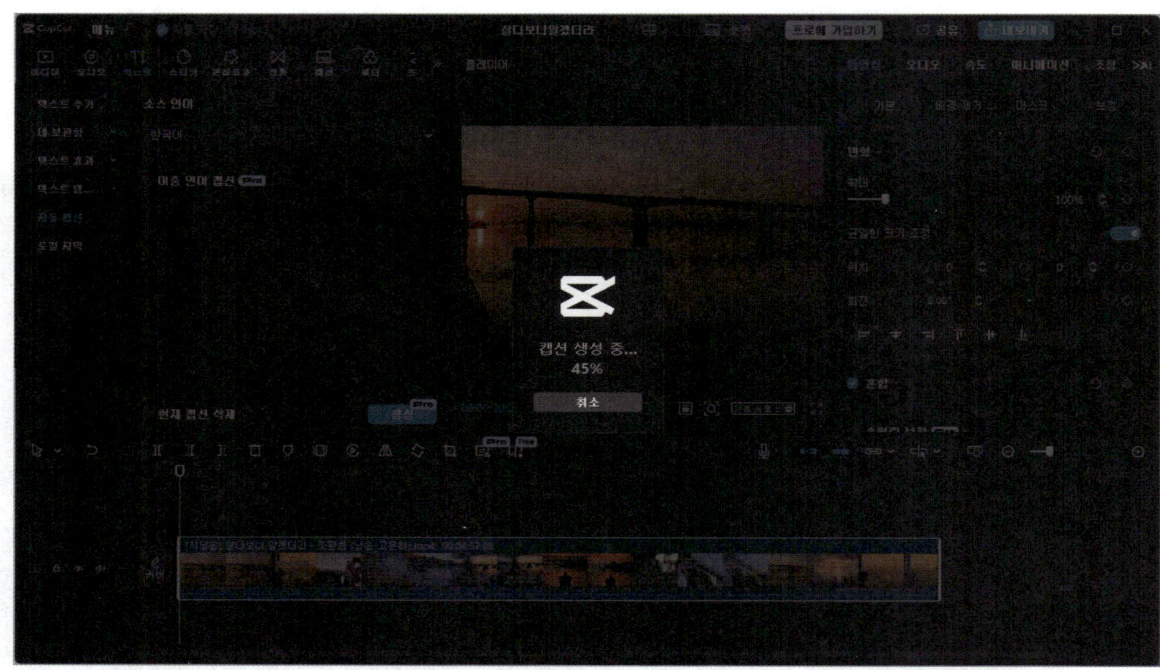

04 ❶**캡션이 모두 선택된 상태**에서 타임라인에 ❷**플레이 헤드**를 위치시킨 후 **기본** 탭에서 ❸**글꼴**을 두꺼운 것으로 변경한 후, ❹**글꼴 크기**는 10으로 변경해 줍니다.

05 마우스를 아래로 굴려서 이동하건 **획**을 체크한 후 두께는 **40**으로 지정하는데, 상황에 맞게 적당한 글꼴 크기와 두께를 정하면 됩니다.

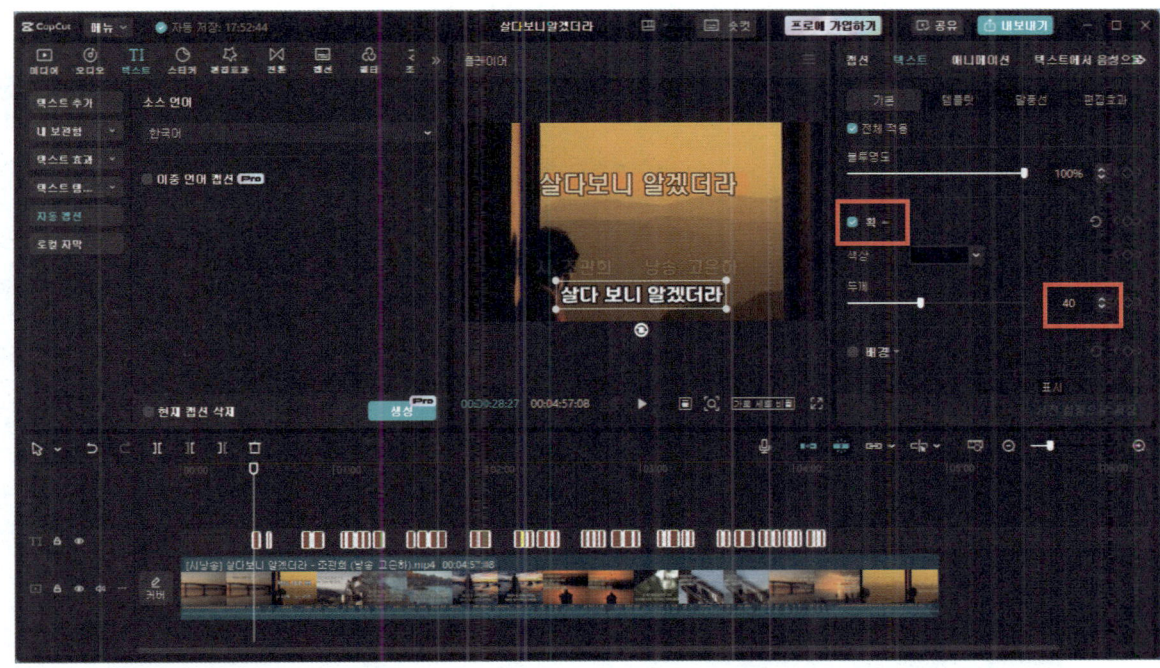

06 재생하면서 캡션 글자에 오타가 있을 때는 Spacebar 를 눌러서 멈춘 후에 세부 정보 창에서 **오타를 수정**합니다.

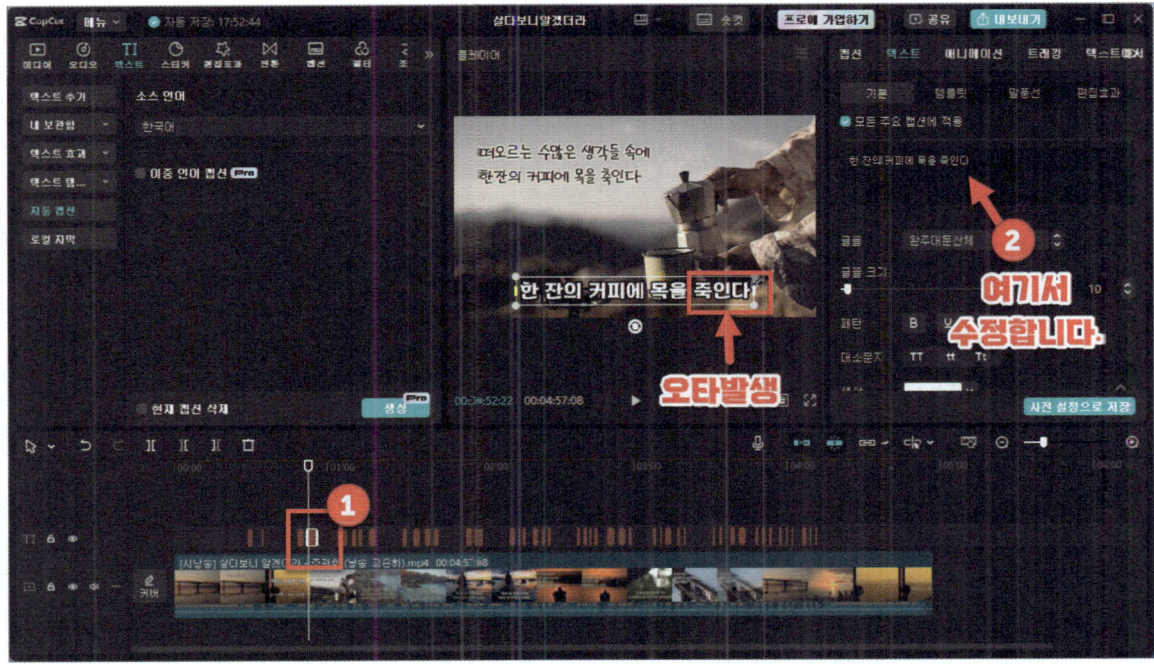

CHAPTER C9 텍스트 자동 캡션 157

07 ❶**첫 번째 텍스트 클립**을 선택하고, 플레이 헤드도 위치시킨 후, ❷**템플릿**을 누른 후 ❸**모든 주요 캡션에 적용을 해제**한 후, 아래에 적당한 ❹**캡션 템플릿**을 선택합니다. 이렇게 하면 특정 장면의 텍스트만 다르게 지정할 수 있습니다.

08 ❶**텍스트 클립을 모두 선택**한 후 ❷**텍스트에서 음성으로** 탭을 클릭하고, ❸**목소리 종류**를 선택한 후 ❹**음성 생성**을 클릭합니다.

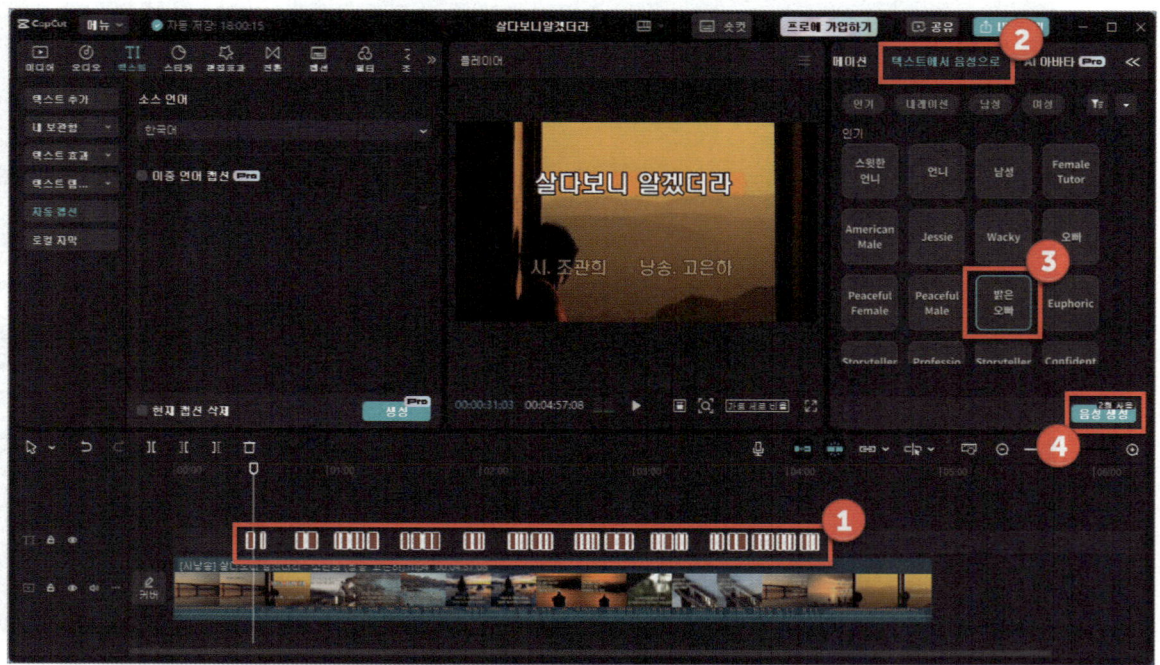

09 메인 트랙 아래쪽으로 음성 변환한 레이어가 추가되었습니다. 재생해서 들어브면 기존의 목소리와 음악이 겹쳐서 들립니다.

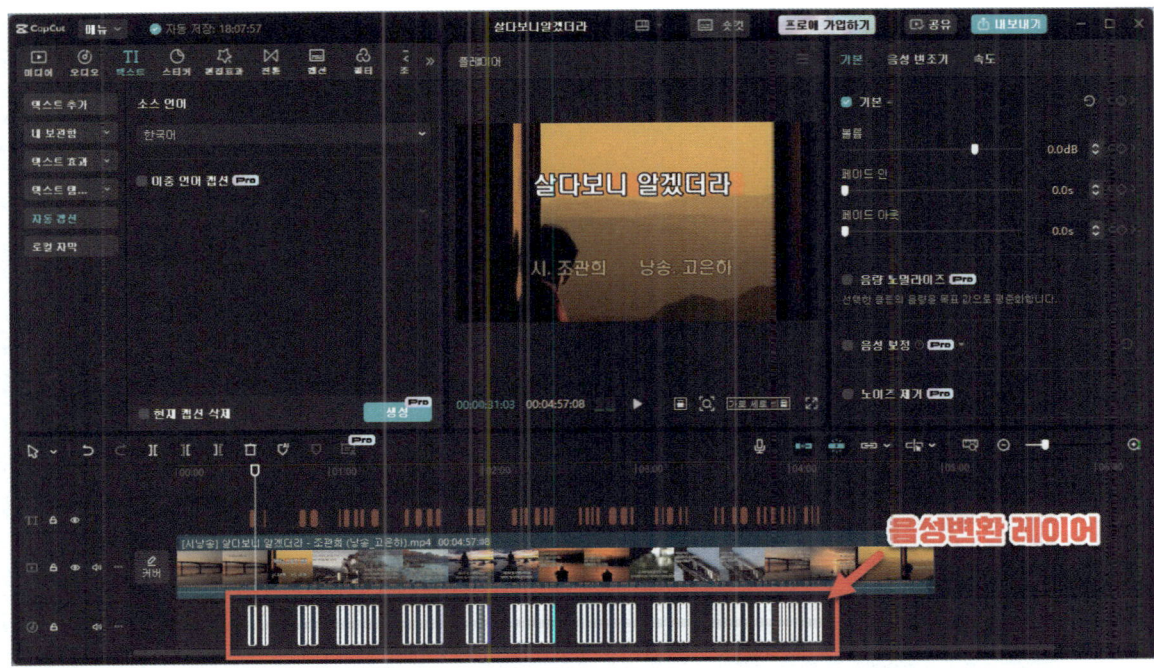

10 영상 클립에 음성과 음악이 포함되어 있어서 ❶**마우스 우클릭**한 후 ❷**오디오 추출**을 선택합니다. **오디오 분리** 기능을 활용하면 **오디오 음성**만 분리할 수 있습니다.

11 분리된 오디오에 마우스 우클릭을 해서 **오디오 분리 ▶ 음성**을 클릭해서 분리한 후 텍스트를 읽어줬던 ❶**캡컷 남성목소리**와 ❷**배경음악** 레이어를 제거합니다.

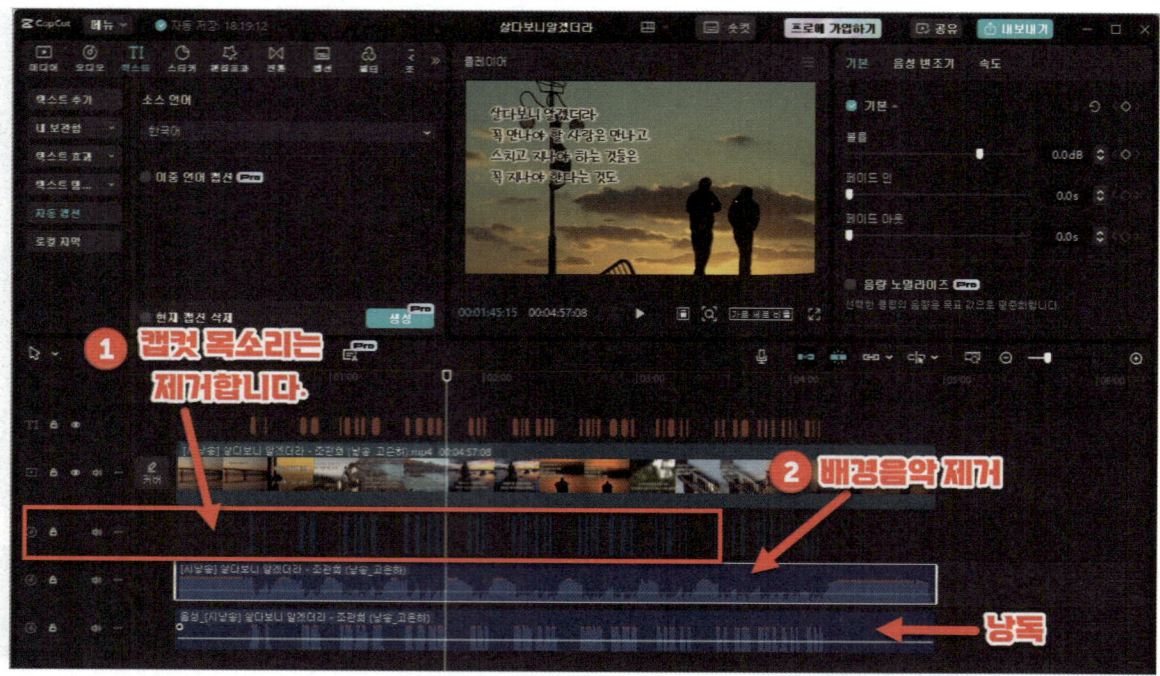

12 **오디오** 메뉴를 선택해서 적당한 음악을 들어본 후, 레이어로 끌어다 놓아줍니다. 음악 길이에 따라 여러 번 해주면 됩니다.

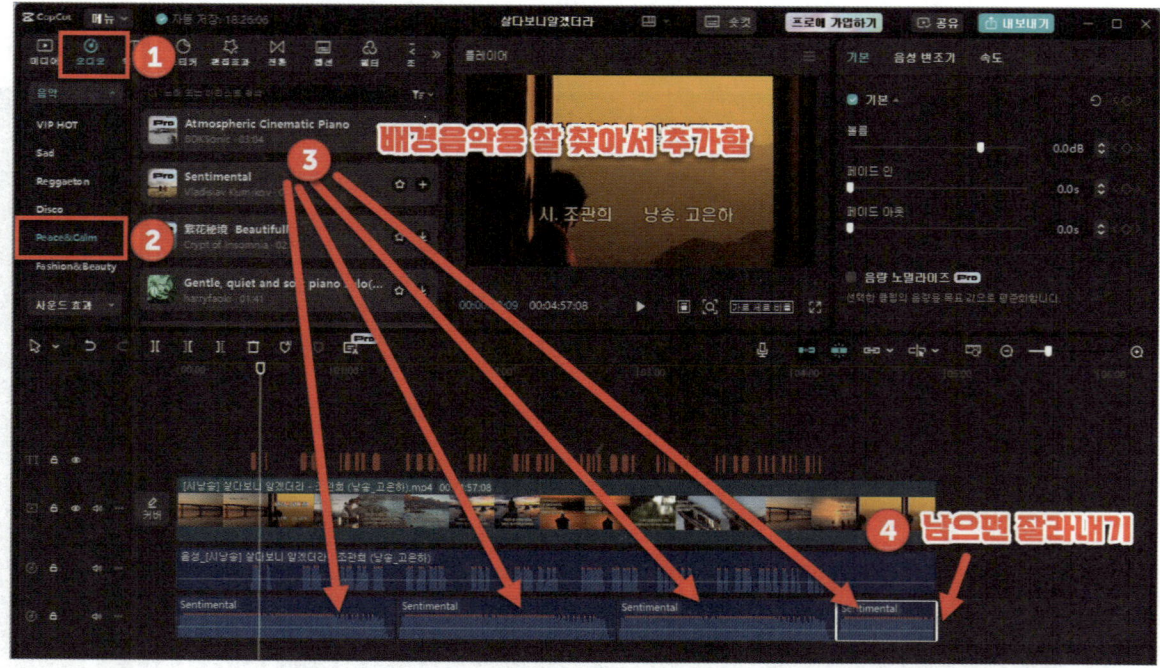

CHAPTER 10
캡컷 인공지능 사용하기

캡컷에도 인공지능(AI) 기능들이 포함되어 있습니다. 프롬프트에 입력한 내용을 기반으로 AI 이미지를 만들 수 있으며, 기존 영상에 포함된 인물의 얼굴을 보정하거나 다른 캐릭터로 바꾸는 것도 가능합니다. 신기한 캡컷의 AI 관련 기능들을 간단히 체험해 보겠습니다.

결과화면 미리보기

무엇을 배울까?

❶ 캡컷에 로그인하기
❷ AI 이미지 생성하기
❸ 쇼케이스 프롬프트 이용하기
❹ AI 생성과 보정 작업
❺ 얼굴 캐릭터 만들기
❻ 음성 변조기

STEP 1 ▶ 캡컷에 로그인하기

01 캡컷 AI 생성을 이용하기 위해 캡컷에 로그인을 해야 합니다.

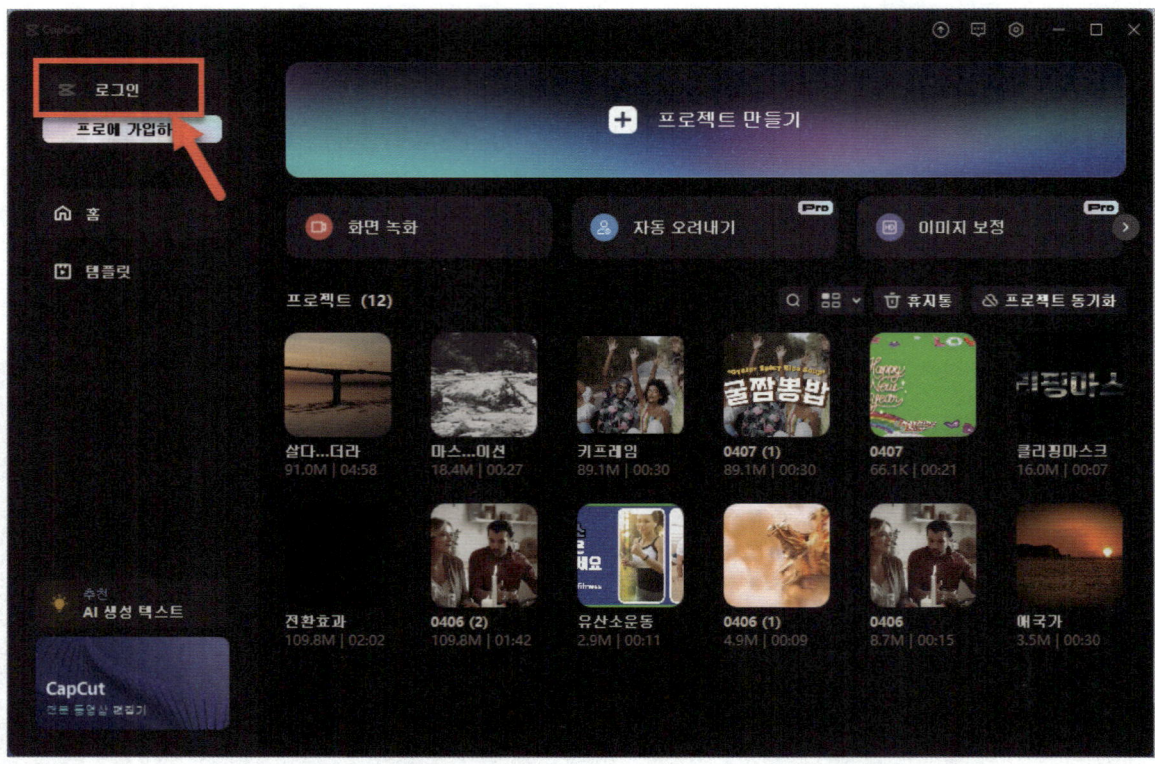

02 **Google로 로그인하기**를 클릭합니다. 웹브라우저에 로그인 화면이 표시됩니다.

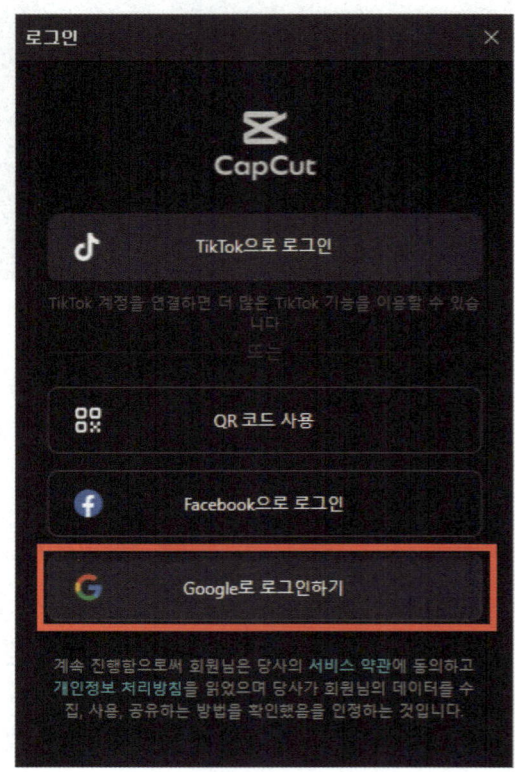

03 구글에 로그인된 상태에서는 **계정을 선택**하면 되고, 구글에 로그인이 되지 않은 상태라면 구글 계정과 비밀번호를 입력합니다.

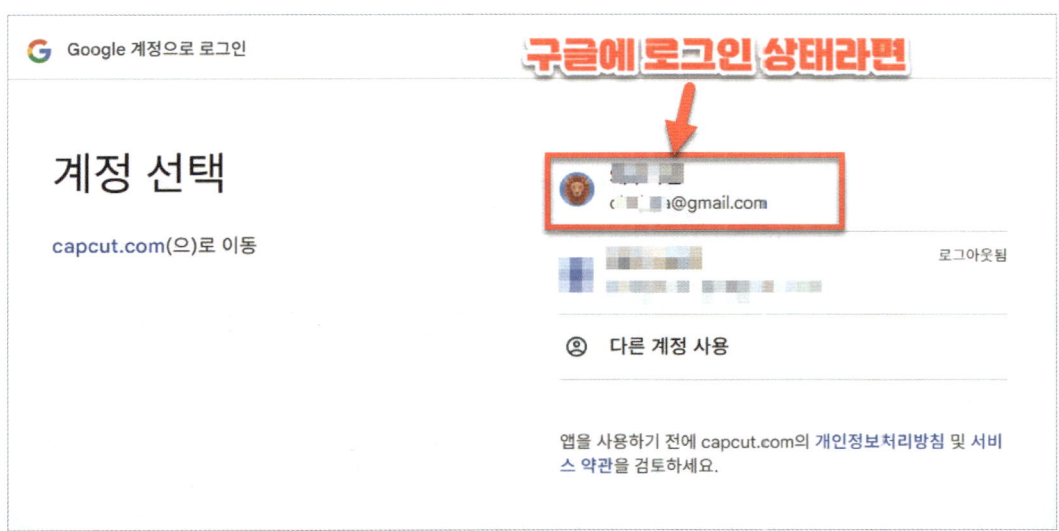

04 구글로 캡컷 서비스 로그인하기 위해서 **계속**을 클릭합니다.

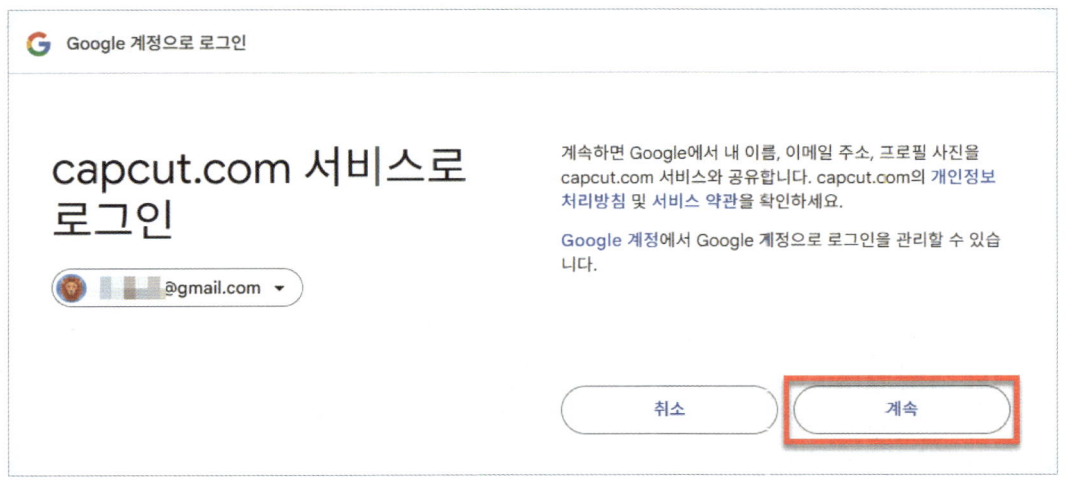

05 **CapCut 열기**를 클릭하면 캡컷에 로그인됩니다. **캡컷 앱을 종료할 때 반드시 로그아웃을 해야 하며, 크롬 브라우저를 사용할 경우 웹 브라우저의 구글 웹사이트에서도 로그아웃을 해야 합니다.**

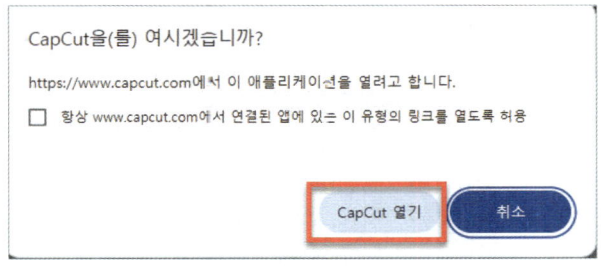

STEP 2 - AI 이미지 생성하기

01 **프로젝트 만들기**를 한 후 프로젝트 편집 창의 ❶**미디어** 패널에서 좌측에 있는 ❷ **AI 미디어**를 클릭합니다.

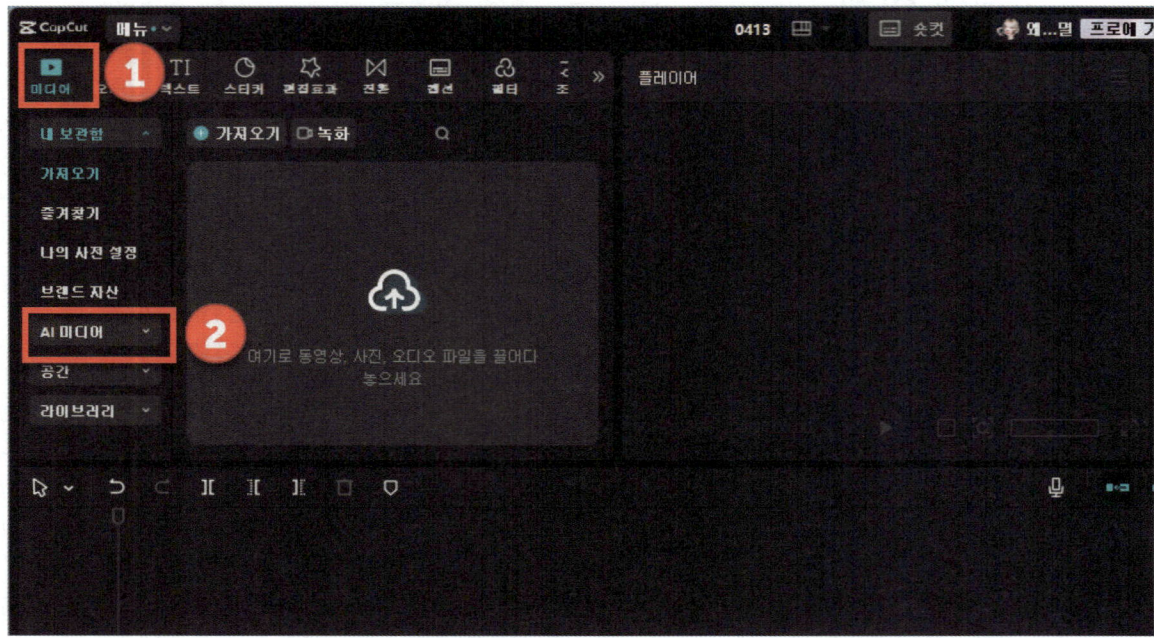

02 숏폼 영상을 만들기 위해 모델은 **General V2.0**으로, 비율은 **9:16**으로 선택합니다.

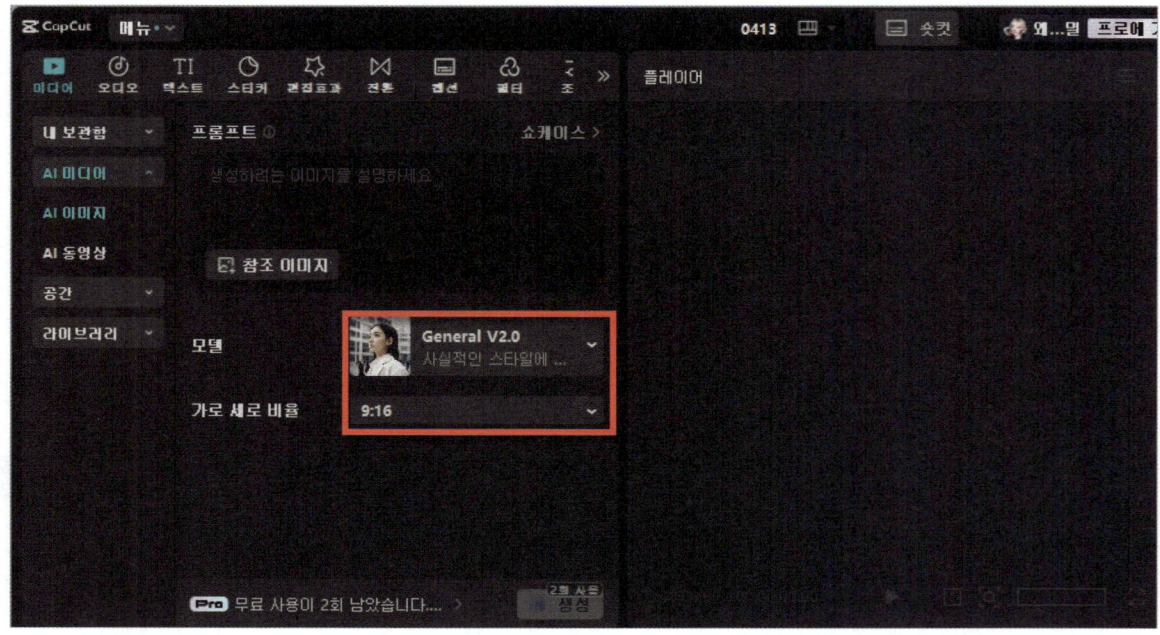

03 프롬프트에 ❶맑고 푸른 하늘, 뭉게 구름, 날아가는 여객기, 고품질 4K 해상도 라고 입력한 후 ❷생성을 클릭합니다. 권한 요청이 나오면 허용을 클릭합니다.

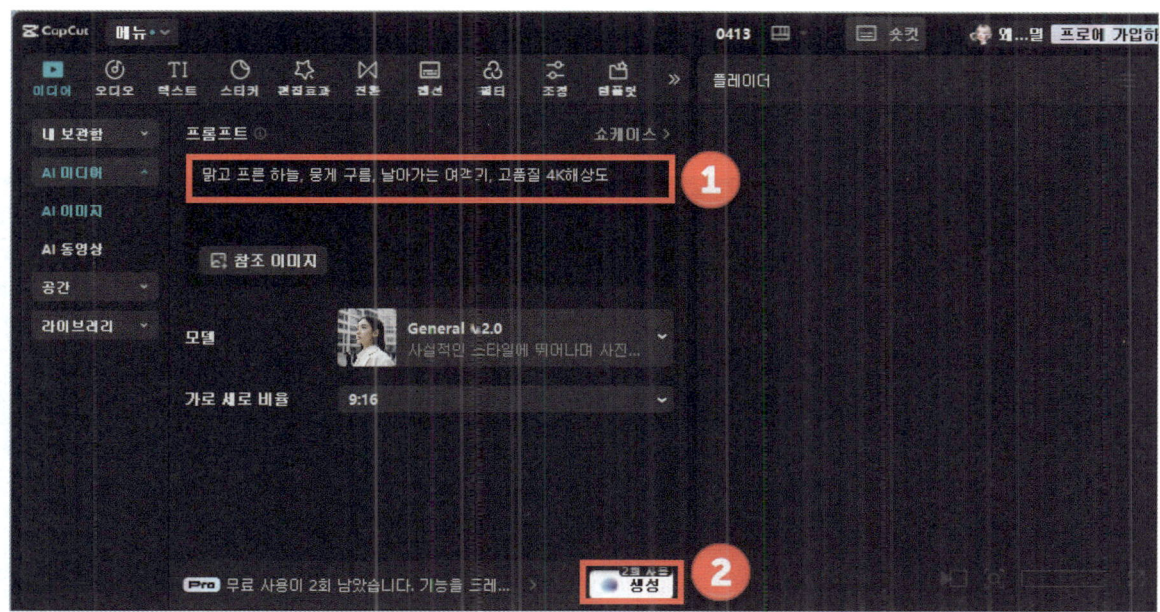

04 4컷의 AI 이미지가 생성됩니다. 원하는 이미지에 마우스를 올려놓은 후 [...]을 눌러 다운로드할 수 있습니다.

STEP 3 ▶ 쇼케이스 프롬프트 이용하기

01 **AI 이미지** 영역에서 직접 프롬프트를 입력하는 것이 아니라, **쇼케이스**를 클릭하면 여러 가지 이미지 샘플들이 나옵니다.

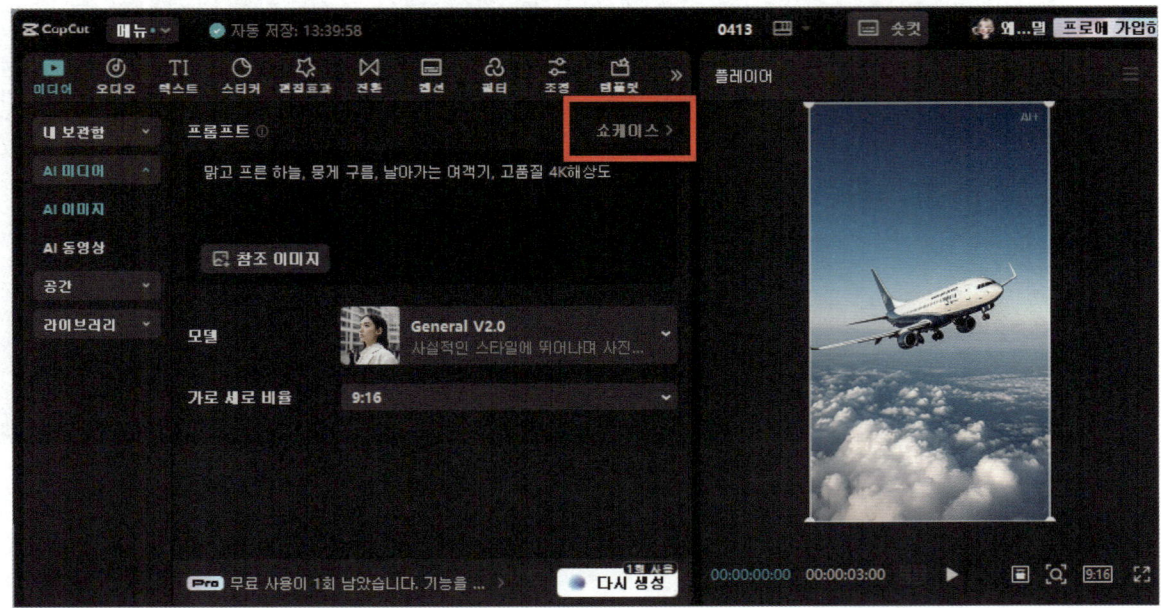

02 **풍경**에서 숏폼용 이미지에 사용할 것을 찾아 봅니다.

03 생성할 이미지에 마우스를 올려놓은 후 **프롬프트 사용**을 클릭하면 해당하는 영어가 프롬프트에 입력되었습니다.

04 **생성 또는 다시 생성 버튼**을 클릭하고 잠시 기다리면 4컷의 새로운 AI 이미지가 생성됩니다.

05 마음에 드는 이미지가 있다면 마우스를 올려놓은 후 **[...]**을 눌러 **다운로드**할 수 있습니다. 생성된 이미지를 다운로드해 저장해 놓으면 이후에 다시 사용할 수 있습니다.

06 다운로드할 폴더를 선택할 때 캡컷샘플 폴더가 있는 **동영상▶캡컷동영상편집▶폴더 선택**을 차례대로 클릭해서 저장하도록 합니다.

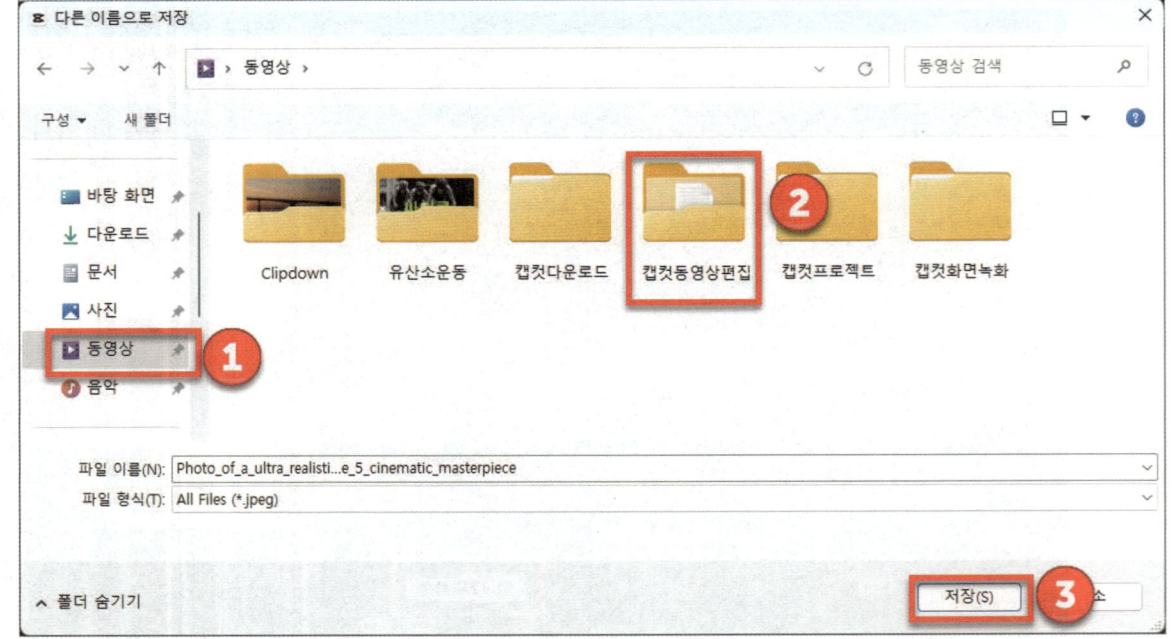

STEP 4 - AI 생성과 보정 작업

01 ClipDown 앱으로 **"ted"**를 검색하여 아래의 영상을 다운로드합니다. 영상을 찾기 힘들다면 "ted carole"로 범위를 좁혀 검색합니다.

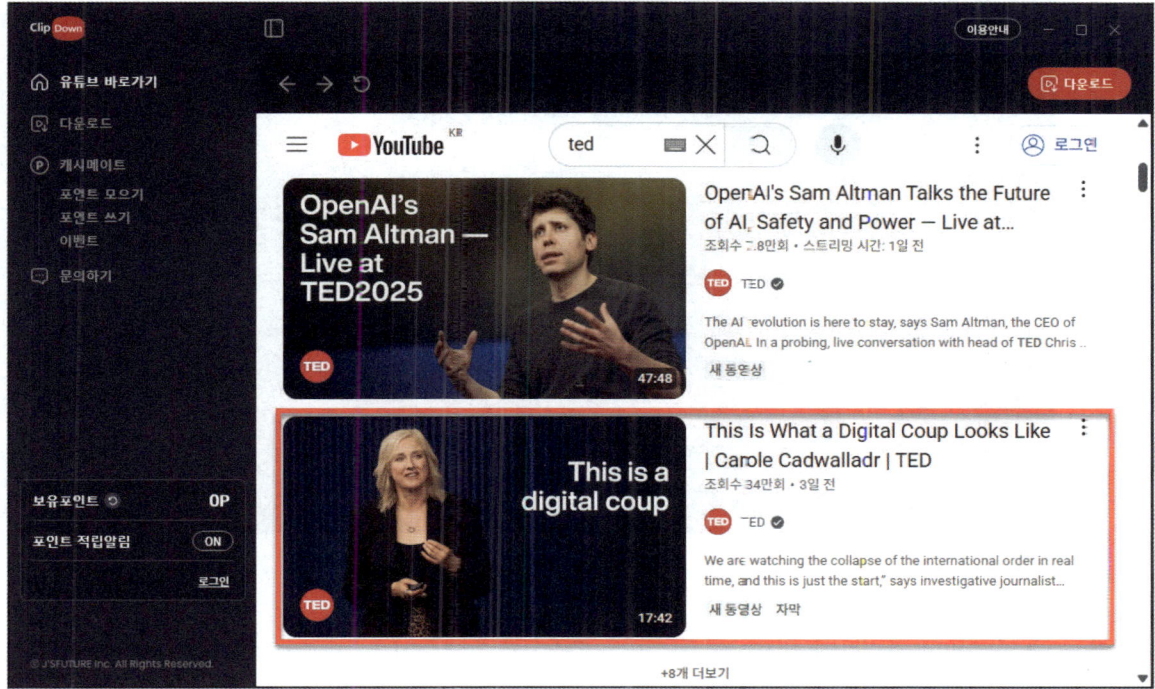

02 캡컷에서 **프로젝트 만들기**를 하고 앞에서 다운로드한 파일을 가져온 후 트랙에 추가합니다.

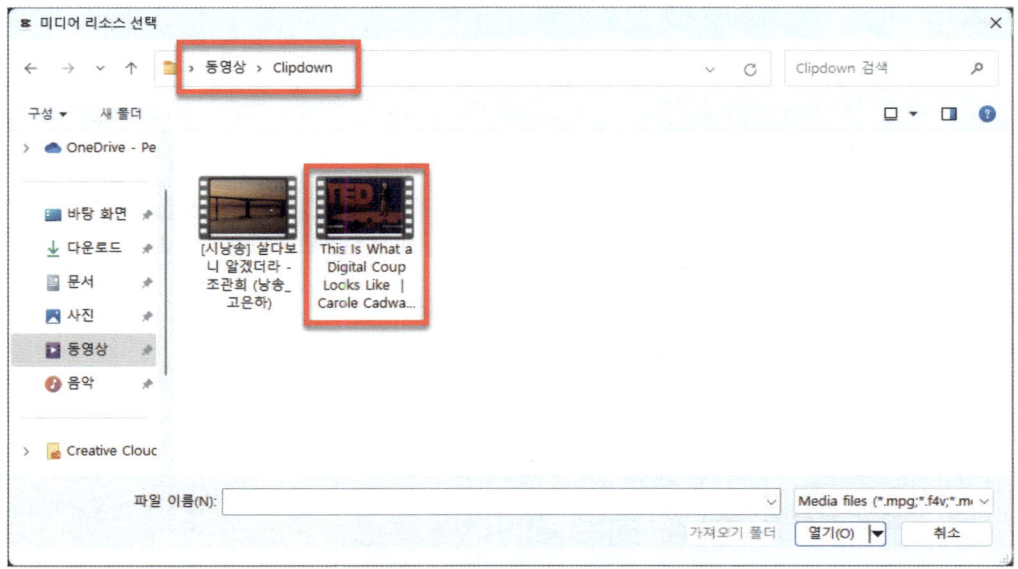

03 플레이 헤드를 ❶31초에 맞춘 후 세부 정보 창에서 ❷동영상▶보정 탭을 클릭합니다.

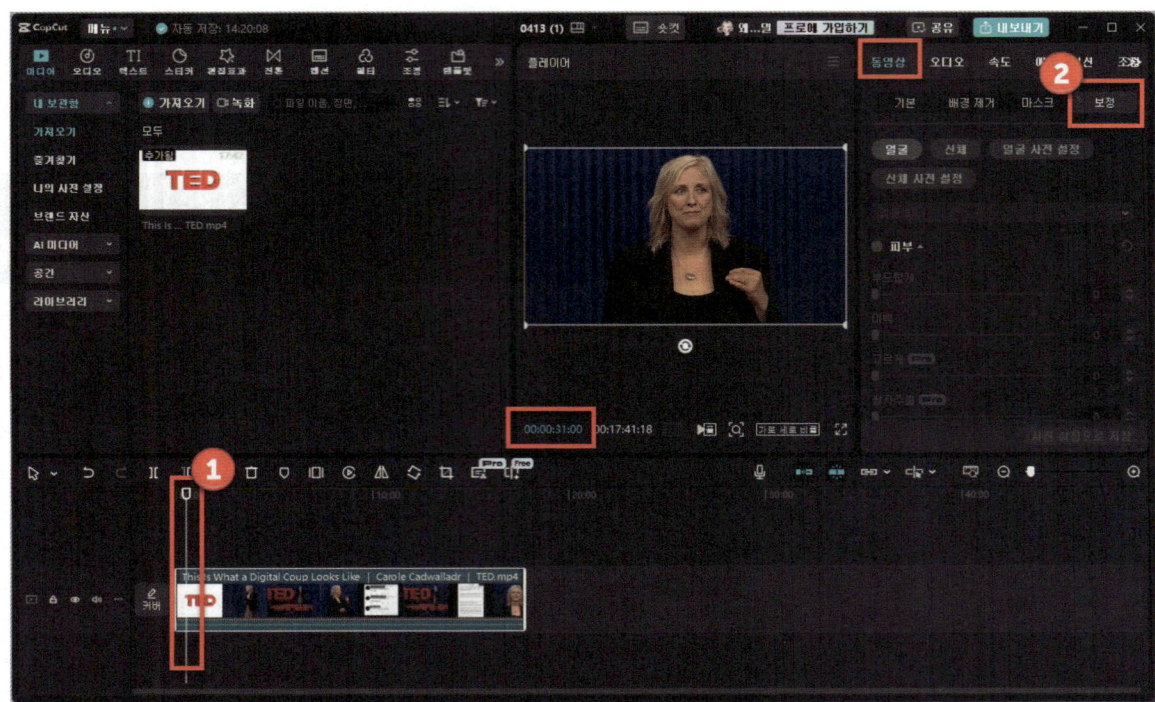

04 세부 정보창을 아래로 이동해서 ❶얼굴 항목이 나오면 체크를 한 후 ❷허용을 클릭합니다.

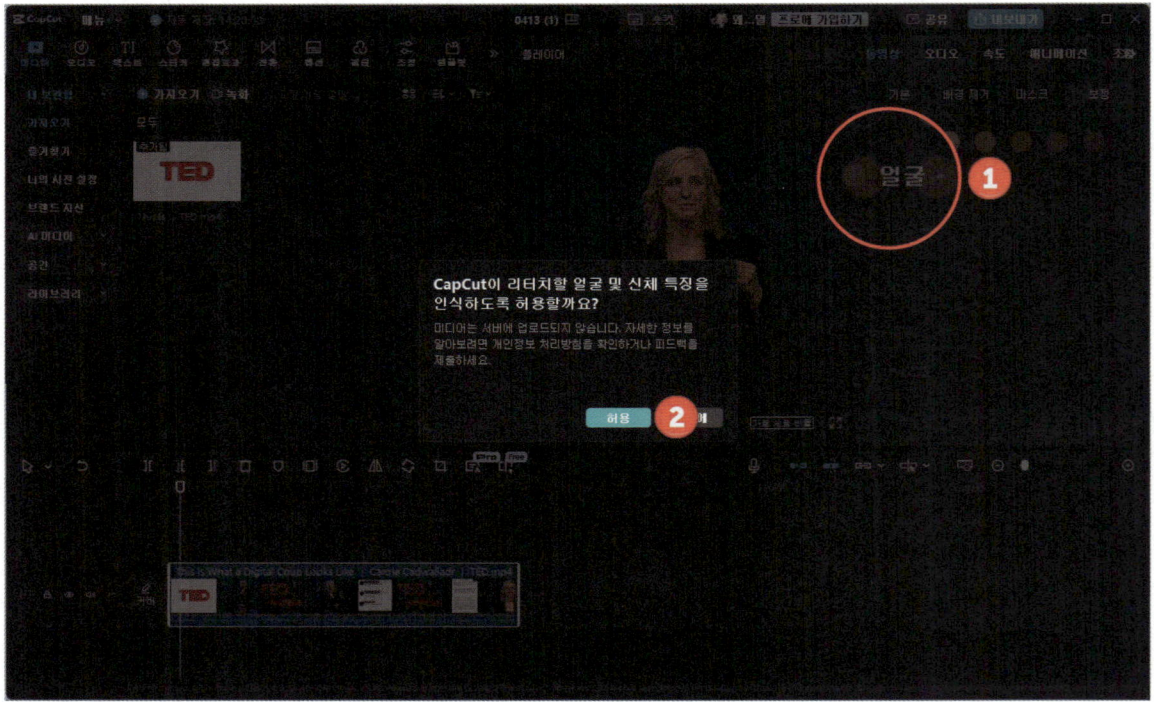

05 플레이어에서 ❶**줌인/줌아웃**으로 얼굴이 크게 보이도록 확대시킨 후, ❷**파란 사각 영역**을 이동시켜 화면에 얼굴이 보이도록 만들어 줍니다.

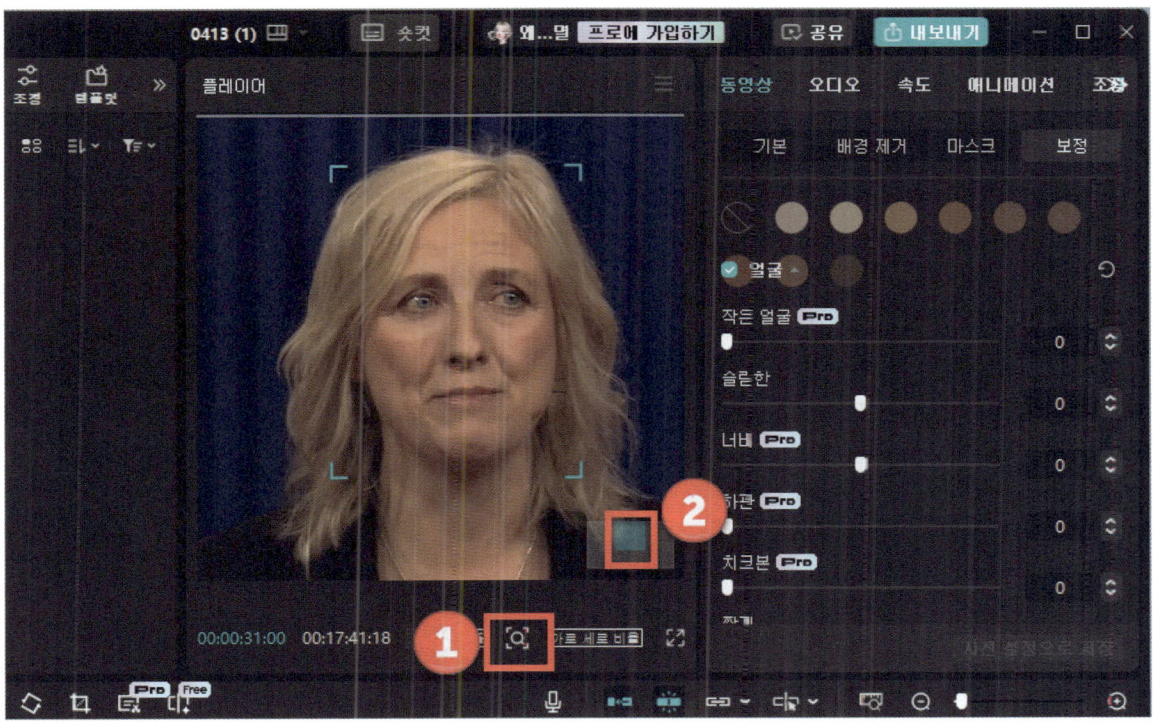

06 얼굴에 변화를 다양하게 적용하 보세요.

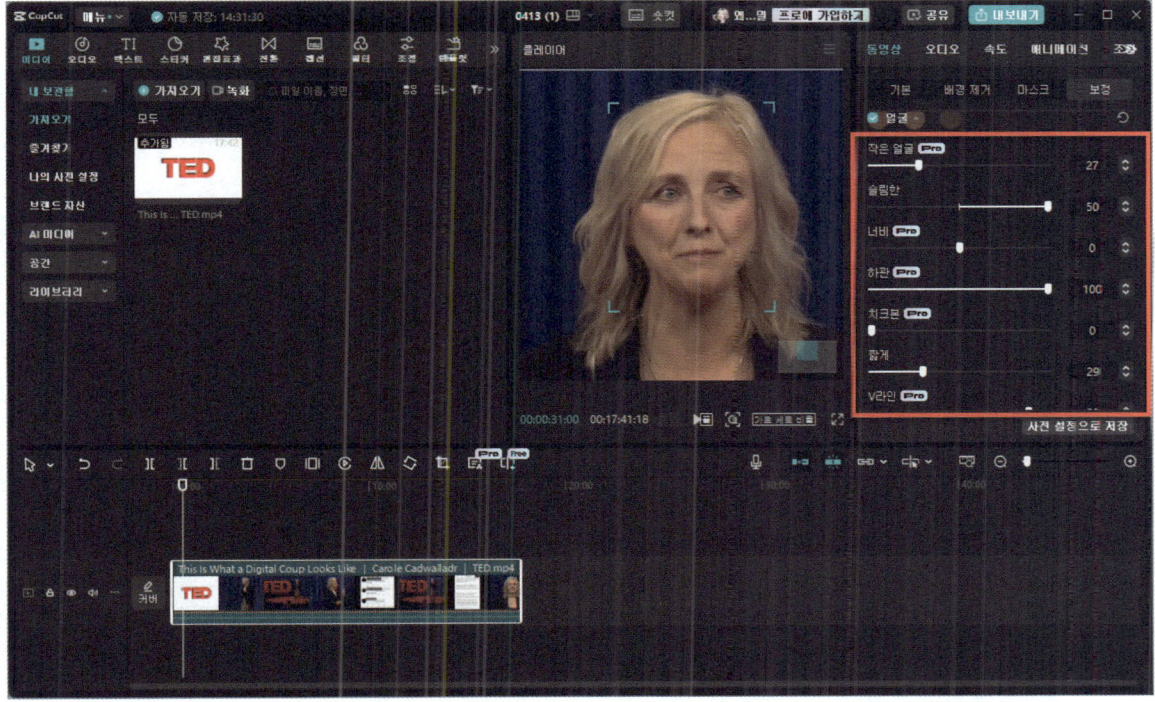

07 ❶**메이크업**을 체크한 후 ❷**립스틱**을 클릭해서 ❸**메두사**를 선택하면 영상이 끝날 때까지 바뀐 입술 색을 유지하게 됩니다.

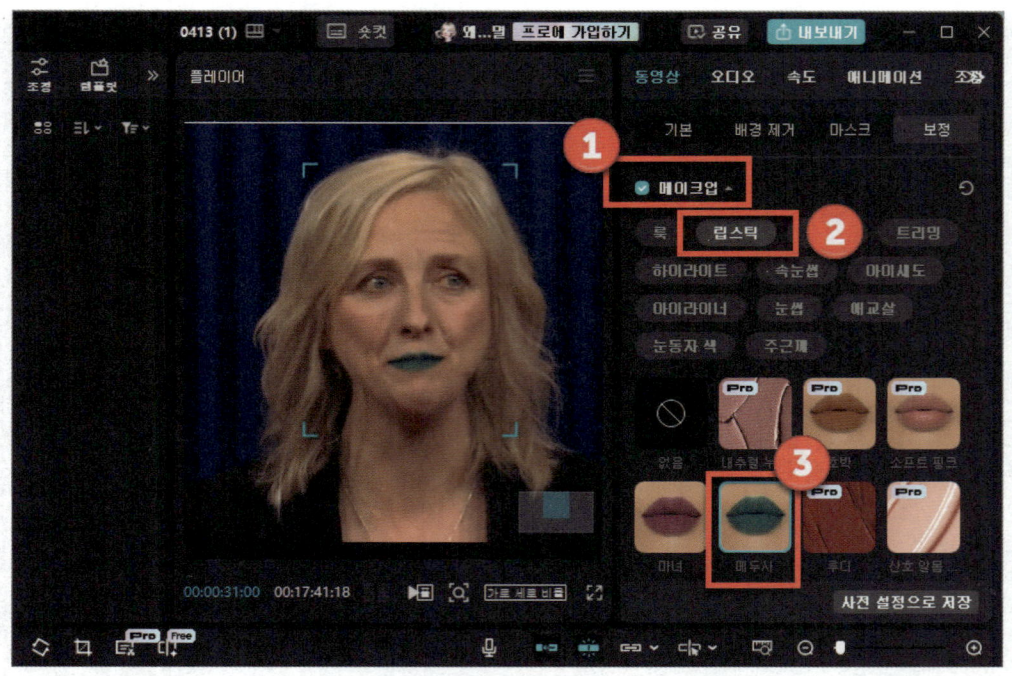

08 플레이어 창의 **줌인/줌아웃**을 눌러서 원래대로 조절한 후, 플레이 헤드를 ❶**2분 48초**로 이동해서 몸이 보이도록 하고, 세부 정보 창에서 ❷**신체**를 선택한 후 ❸**자동**을 체크합니다

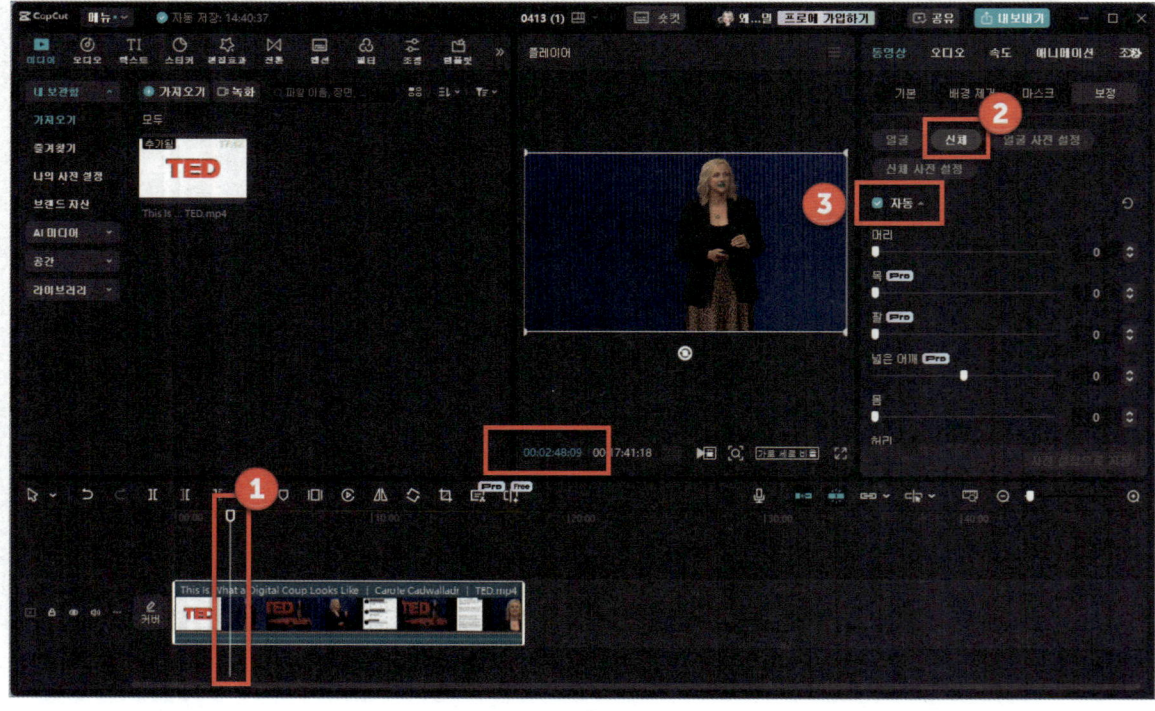

09 각 항목을 최대치로 이동시켜 변화되는 모습을 확인합니다. 체형이 완전히 변하고 있는 것을 알 수 있습니다.

10 **수동**으로 신체를 슬림하게 맞출 수도 있습니다. 재생해서 확인해 보면 적용한 결과가 유지되어 영상이 재생되는 것을 확인할 수 있습니다.

STEP 5 › 얼굴 캐릭터 만들기

01 새로운 프로젝트 창에서 다운로드한 파일을 추가한 후 플레이 헤드를 **31:00**으로 맞춥니다.

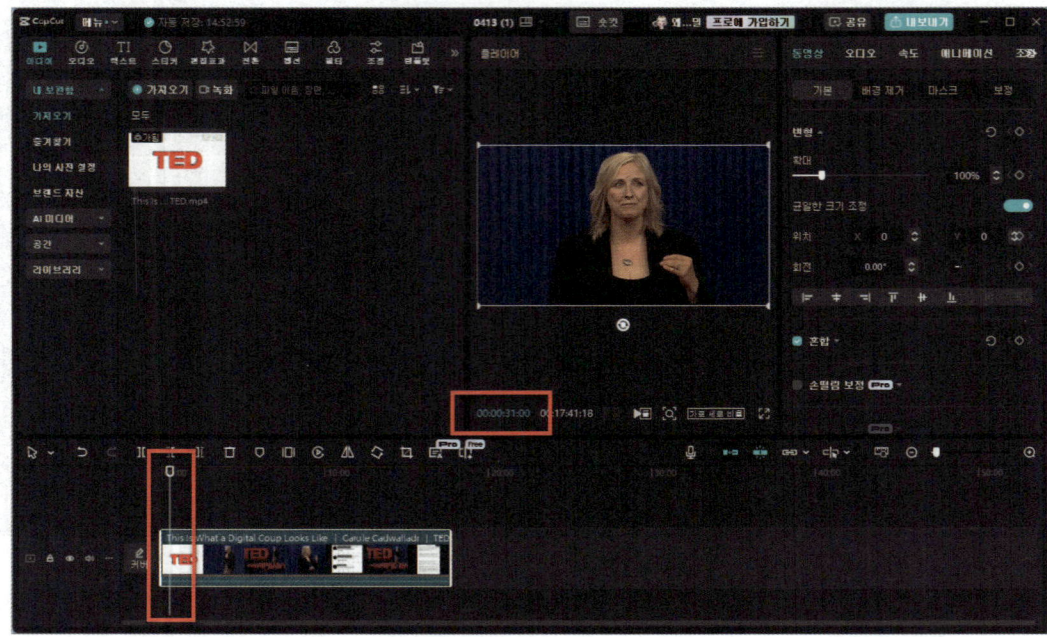

02 ❶**편집효과** 메뉴를 누른 후 ❷**신체 효과** 카테고리를 펼쳐주면 다양한 신체 효과가 나옵니다.

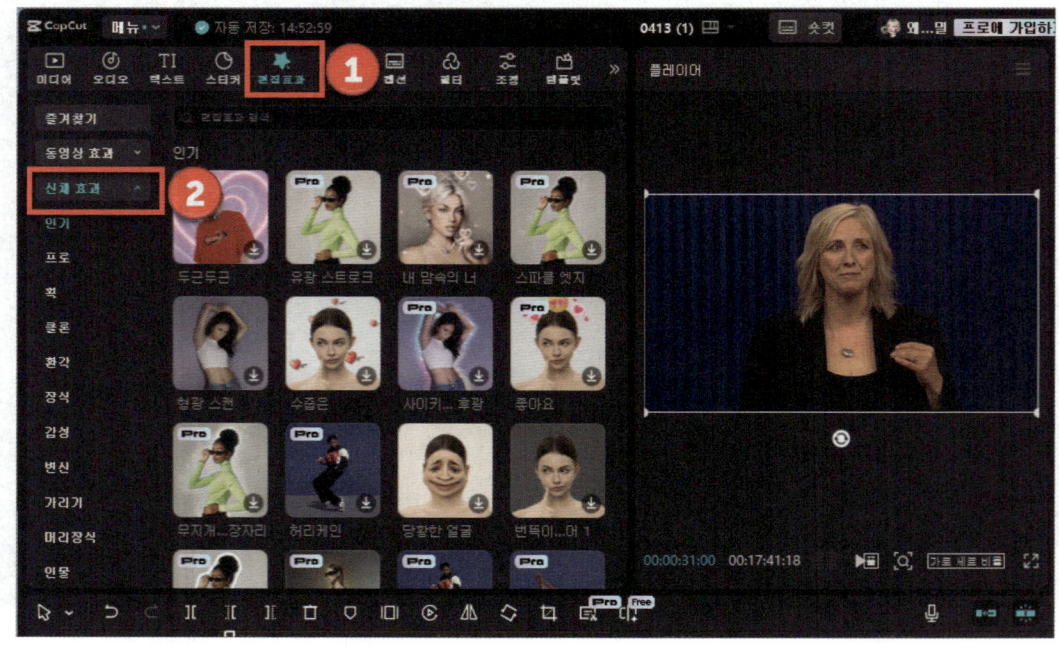

03 **신체 효과** 카테고리에서 ❶**이미지**를 선택하면 오른쪽 창에 다양한 캐릭터가 나오게 됩니다. ❷**여성 4**를 추가하고 ❸**재생 길이를** 조절합니다.

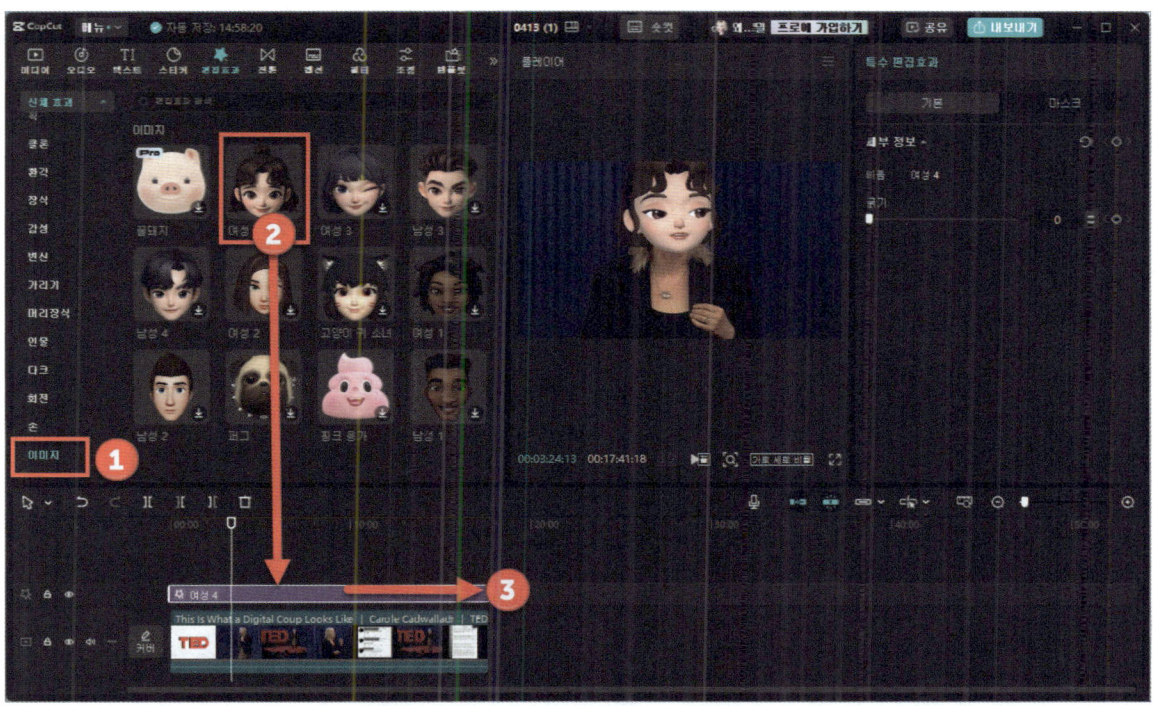

04 재생하면 얼굴의 방향이나 크기 등이 자동으로 조절되고, 눈과 입 모양도 변경되면서 적용되는 것을 확인할 수 있습니다. **"테드"**라는 제목으로 저장하고 프로젝트 창을 종료합니다.

STEP 6 ▶ 음성 변조기

01 캡컷 대시보드 창에서 앞 과정에서 저장한 **"테드"** 결과물을 클릭합니다.

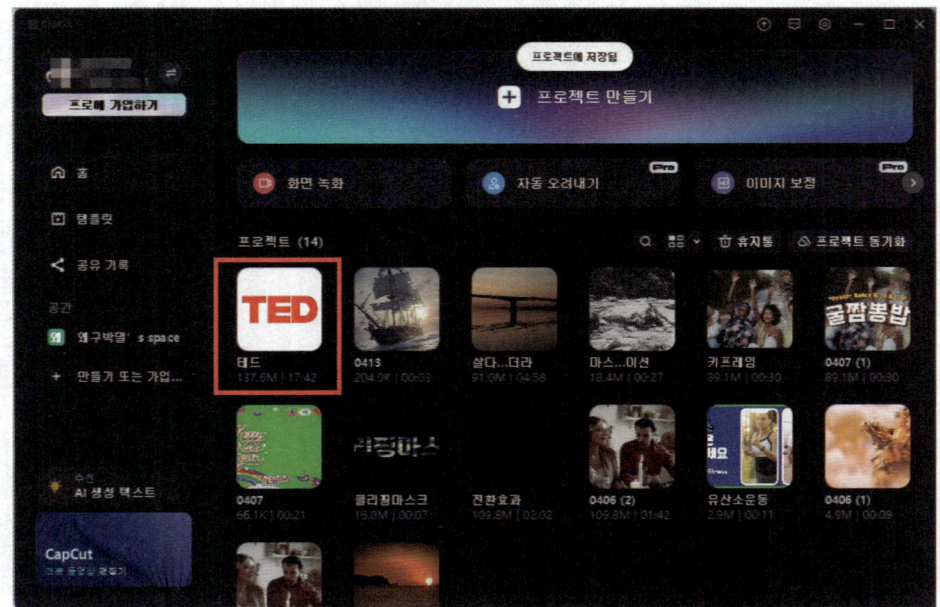

02 ❶**영상 트랙**을 선택한 후 세부 정보 창에서 ❷**오디오**를 클릭한 다음 ❸**음성 변조기**를 클릭하면 **음성 필터**가 표시됩니다.

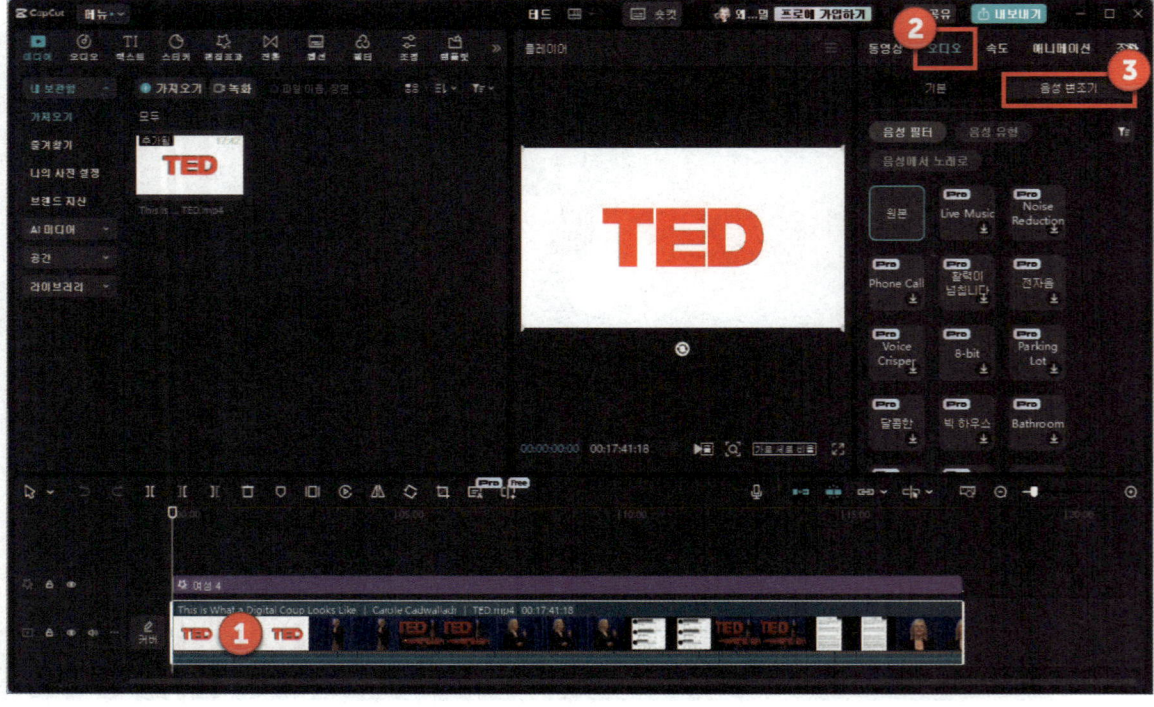

03
❶원하는 필터를 선택하면 바로 재생되는데, 아래쪽에 표시된 **❷조절 막대**를 이용해 세부 효과를 조정할 수 있습니다.

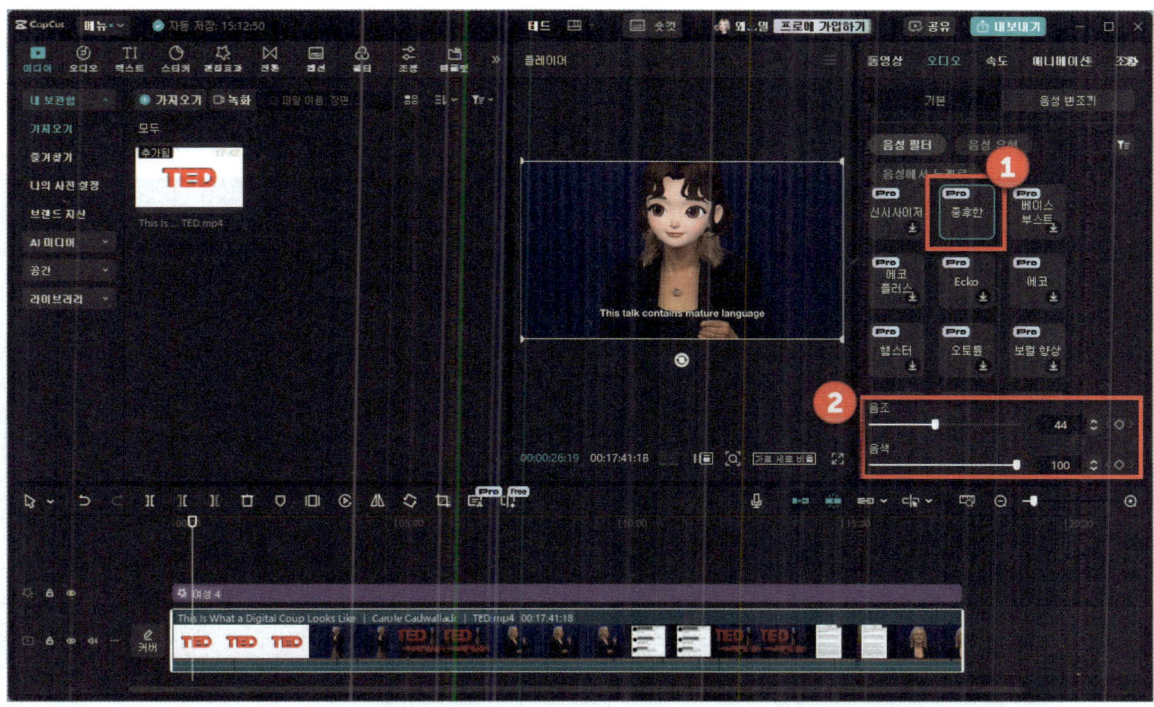

04
음성 필터를 가장 위에 있는 **원본**으로 변경(초기화)한 후, **음성 유형** 탭에서 **제시**를 선택해서 들어봅니다. 음성 필터는 10분을 초과하는 클립에는 적용할 수 없으므로 **먼저 영상을 10분 이내**로 잘라내야 합니다.

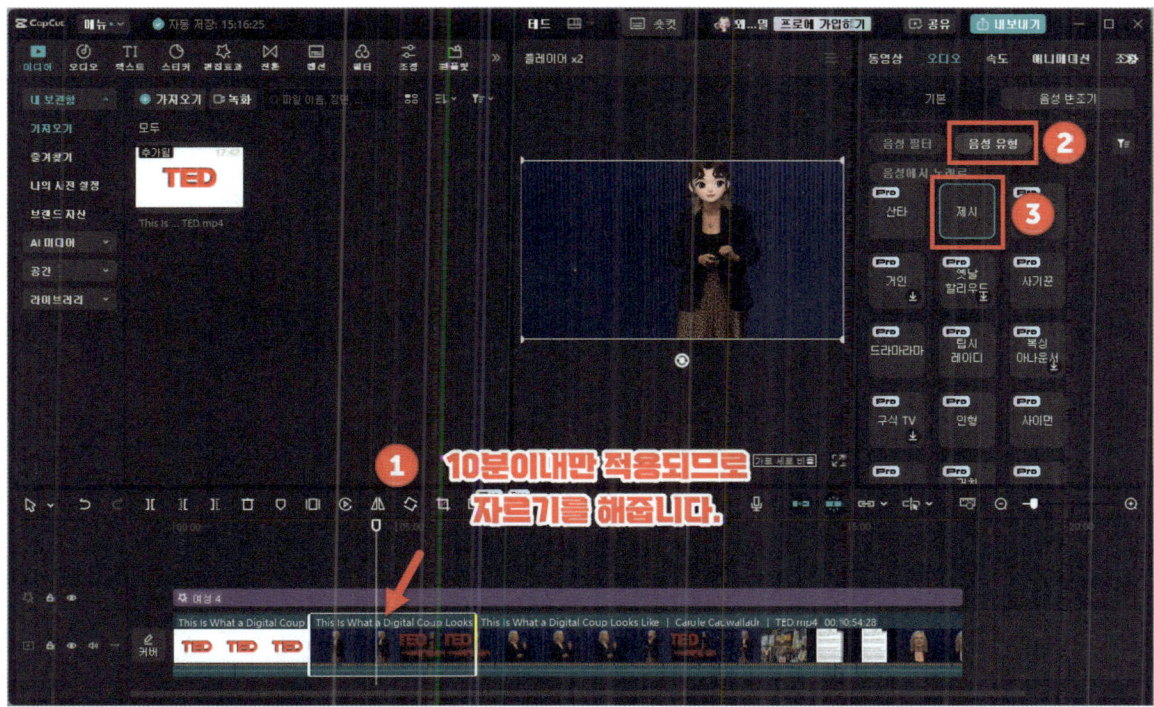

 # 로그아웃

01 캡컷 사용을 마쳤다면 대시보드에서 좌측 상단 계정 버튼을 클릭해서 **로그아웃**을 시켜줘야 합니다.

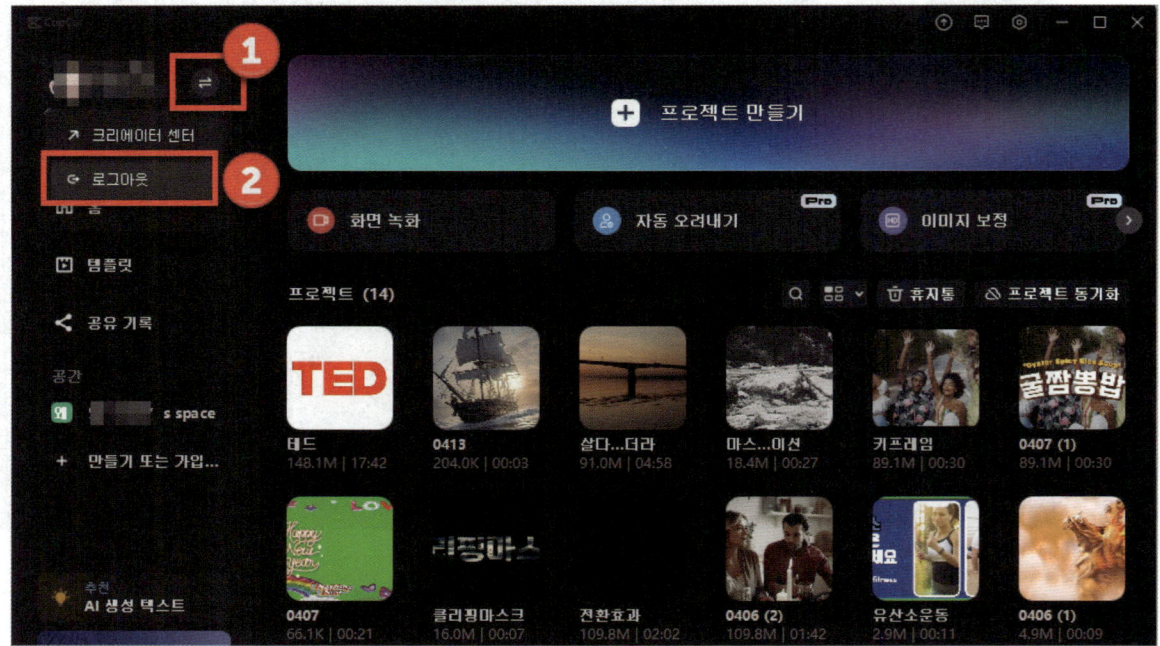

02 로그인했을 때 실행되었던 **웹 브라우저(구글 크롬, 엣지)**를 실행한 후 **Google 검색 사이트**로 이동을 해 보면, **구글 계정**이 로그인 상태로 있습니다. 공동으로 사용하는 컴퓨터에서는 반드시 **로그아웃**을 해줘야만 합니다.

 **단축키 설정**

01 타임라인 단축키

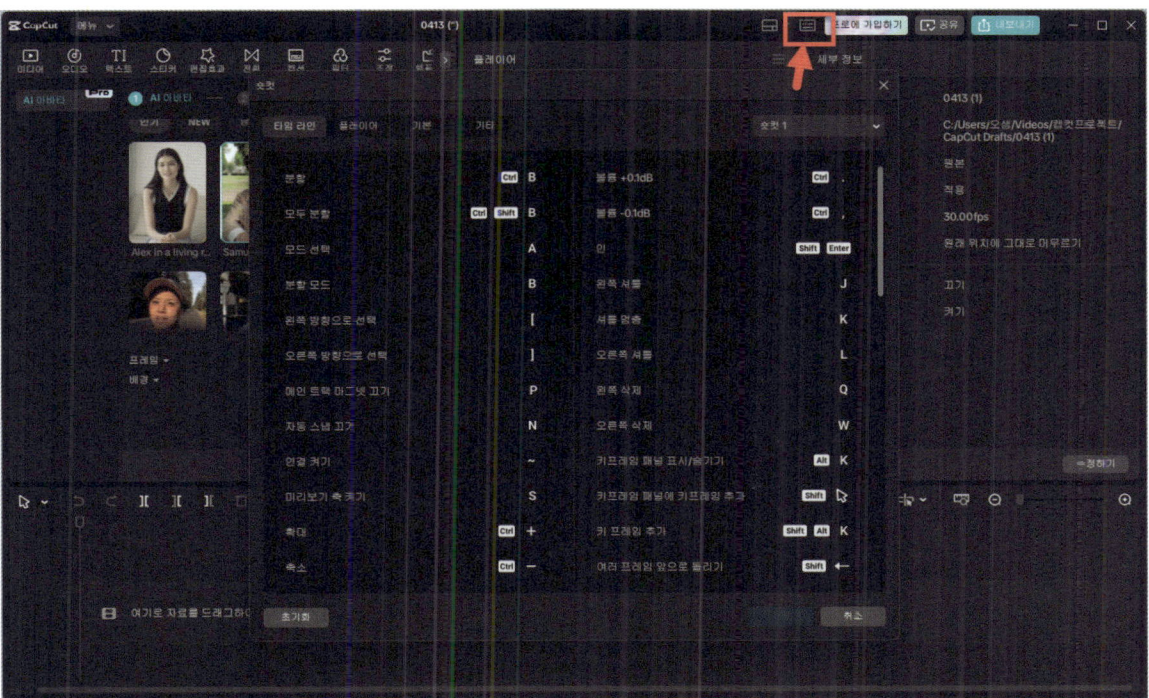

02 기본 단축키

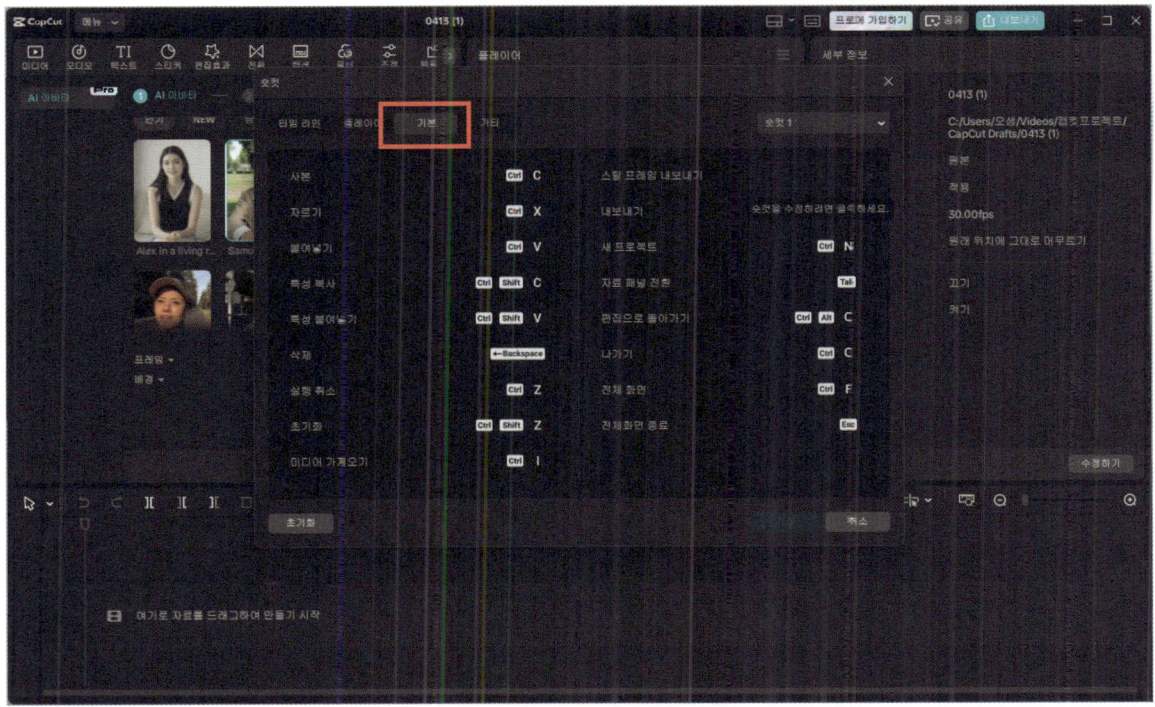

단축키 종류

단축키	기능
자료 패널 전환 (Tab)	가져오기, 오디오, 텍스트 등 패널 전환
분할 (Ctrl + B)	해당 클립만 나누기
모두 분할 (Ctrl + Shift + B)	플레이 헤드의 모든 레이어를 분할
확대 (Ctrl + +)	트랙에 있는 클립을 늘여서 봄
축소 (Ctrl + -)	트랙에 있는 클립을 줄여서 봄
좌우 이동 (Alt + 휠)	타임라인의 좌/우를 이동해서 보여줌
이전 프레임 (←)	1프레임 왼쪽으로 이동
다음 프레임 (→)	1프레임 오른쪽으로 이동
처음 프레임 위치 설정 (Home)	타임라인 처음으로 이동
마지막 프레임 위치 설정 (End)	타임라인 끝으로 이동
클립 처음 (↑)	선택한 클립의 처음으로 이동
클립 끝 (↓)	선택한 클립의 끝으로 이동
인 포인트 (I)	내보내기 할 때 시작 위치

단축키	기능
아웃 포인트 (O)	내보내기 할 때 마지막 위치
내보내기 (Ctrl + E)	동영상으로 제작하는 화면
복합 클립 만들기 (Alt + G)	레이어를 1개로 병합
왼쪽 재생 (J)	뒤로 실행
재생 멈춤 (K)	실행 멈춤
오른쪽 재생 (L)	앞으로 실행
타임라인에 맞게 조정 (Shift + Z)	타임라인 영역에 클립이 모두 보임
재생/일시 정지 (Spacebar)	영상을 재생하거나 일시정지
미디어 가져오기 (Ctrl + I)	장치에서 미디어 가져오기
전체화면 (Ctrl + F)	대시보드와 프로젝트 창을 최대화
전체화면 종료 (Esc)	전체화면을 이전 크기로 되돌림
나가기 (Ctrl + Q)	캡컷 끝내기

 ## 스틸 프레임

스틸 프레임 내보내기는 영상 속에 프레임을 이미지로 저장하는 기능입니다. 숏컷 창의 [기본] 탭에 단축키를 직접 설정해 보세요. (단축키는 Ctrl + ' 로 설정할 것)

처음 단축키를 설정할 때 로그인하지 않았다는 메시지 창이 나오면 **계속 편집** 버튼을 클릭한 다음 단축키 설정 후 저장합니다.

- MEMO

- MEMO